幼儿园教师教育丛书

幼儿园数学教育与活动设计

许卓娅／主编　王银玲／编著

長春出版社
全国百佳图书出版单位

图书在版编目(CIP)数据

幼儿园数学教育与活动设计 / 王银玲编著. —长春:长春出版社,2013.8
(幼儿园教师教育丛书 / 许卓娅主编)
ISBN 978-7-5445-3019-4

Ⅰ.①幼… Ⅱ.①王… Ⅲ.①数学课-学前教育-教学参考资料 Ⅳ.①G613.4

中国版本图书馆 CIP 数据核字(2013)第 178257 号

幼儿园数学教育与活动设计

编　　著:王银玲
责任编辑:王　莹
封面设计:庄宝仁

出版发行:長春出版社　　总编室电话:0431-88563443
发行部电话:0431-88561180　　邮购零售电话:0431-88561177
地　　址:吉林省长春市建设街 1377 号
邮　　编:130061
网　　址:www.cccbs.net
制　　版:渲彩工作室
印　　刷:长春市东文印刷厂
经　　销:新华书店

开　　本:787 毫米×1092 毫米　1/16
字　　数:208 千字
印　　张:16.75
版　　次:2013 年 8 月第 1 版
印　　次:2013 年 8 月第 1 次印刷
定　　价:33.5 元

前 言

本套教材的宗旨在于力争将这些年来幼儿园教育教学改革的一些理论理想落实到教师的具体教育教学的行为中，将这些年来幼儿园教育教学改革的一些实际经验与理论理想相互衔接成为一体。

在本教材中，我们重点要体现的理论理想有：

1. 将学科或领域教学全面整合于促进幼儿学科或领域知识技能、社会情感和学习品质全面发展的核心目标之下。

2. 将以上全面发展的教育贯穿渗透于幼儿园的一日生活之中。

3. 用“学以致用”的原则统领学科或领域之间的自然整合，并使学科或领域的知识技能自然应用于幼儿的真实生活。

4. 将观察模仿学习、探究创造学习、问题解决学习和反思批判学习和谐结合，形成相互支持相互促进的关系。

5. 将说理和案例自然结合，帮助在职学习者更好地学以致用。

我们的教育信念和相关的实践经验，都已经体现在这套教材的整体结构以及其中的说理和案例之中，希望学习者不但能够反复对照理论和案例来理解教材中的观点，而且还同时能够通过自己的亲身体验和独立思考来验证和进一步完善自己的教育教学实践。

目　录

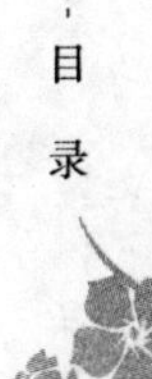

绪 论

一、什么是数学

(一)数学的含义

一般认为,数学是一门研究现实世界的数量关系和空间形式的科学,"数"和"形"是数学的两个基本范畴。但随着社会的不断发展,数学的研究对象也逐渐超出了"数"和"形"的基本范畴,它可以包括客观世界中的任何形式和关系。[①] 从数学的本质来看,它不是探究对象的内容,而是研究其形式。从不同的角度,我们可以对数学有不同的理解。

数学是一种语言,它被用来描述日常生活中的普通事件,也被用来描述商业、科学、技术中的复杂事件。[②] 数学是一个知识体系,是一个由符号、概念和规则等构成的相对稳定,且具有开放性的逻辑结构系统,它包含着人类现已积累的数学探索、发现与创造的一系列成果。数学也是一种思维方式,更准确地说,它是一种面向现实的抽象思维方式。其特点是把具体问题上升为抽象的数学问题,再通过解决抽象的数学问题,将其应用到其他大量具体的问题解决之中,因此数学也被人们称为锻炼思维的体操。

(二)数学的特点

首先,数学具有抽象性。数学研究的对象是具体事物的抽象形式,例如:基数6是对6个苹果、6个人、6辆汽车、6天时间等所有元素为6个的有限集合共同特征的描述。这里的苹果、人、汽车、时间等具体事物的内容都不重要了,只剩下了数量关系,即有限集合中元素的个数。英国数学家罗素曾说:"当人们发现一对雏鸡和两天之间有某种共同的东西(数字2)时,数学就诞生了。"与其他学科相比,数学的抽象程度是十分彻底的。

其次,数学具有严谨性。数学中的每一个定理都需要严格的证明才能成立,

① 课程教材研究所数学课程教材研究开发中心.现代数学概论[M].北京:人民教育出版社,2003:1.

② 高向斌.小学数学教学与研究[M].北京:人民教育出版社,2011:2.

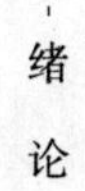

推理过程是严密的，数学结论是确定的。

最后，数学还具有应用的广泛性。数学能够解决人们日常生活、生产实践中涉及数量关系、空间形式的问题。数学既是科学的“皇后”——身份尊贵、地位显赫，又是科学的“奴仆”——为其他学科奠定基础、提供服务，其他各门学科在一定程度上都要依赖于数学。

二、儿童数学概念、技能与能力的发展

儿童数学的学习是儿童形成自己数、量、形、时间与空间、关系等概念、技能和能力的过程。罗莎琳德·查尔斯沃斯(Rosalind Charlesworth)结合皮亚杰提出的认知发展阶段，考察和描述了儿童从出生到小学阶段的数学概念与技能发展的先后阶段，见下表。①

阶段	第二部分 基础的	第三部分 应用的	第四部分 较高水平	第五部分 小学的
感知动作 (出生—2岁)	观察 问题解决 一一对应 数 形 空间感			
前运算 (2—7岁)	集合与分类 比较 计数 部分与整体 语言	排序与模式 自然测量： 重量 长度 温度 容积 时间 顺序	数字符号 集合与符号	
过渡 (5—7岁)		图表	具体的加减运算	
具体运算 (7—11岁)				整数运算 小数 数的性质 位值 几何 运用标准的计量单位

① [美]罗莎琳德·查尔斯沃斯(Rosalind Charlesworth).3—8岁儿童的数学经验[M].潘月娟，译.北京：人民教育出版社，2007:2.

三、幼儿园数学教育的目标

(一)总目标

教育部2001年发布的《幼儿园教育指导纲要(试行)》明确提出了幼儿园数学教育的目标:"能从生活和游戏中感受事物的数量关系并体验到数学的重要和有趣。"相关的内容与要求是"引导幼儿对周围环境中的数、量、形、时间和空间等现象产生兴趣,初步建构数的概念,并学习用简单的数学方法解决生活和游戏中某些简单的问题"。这为我们确定幼儿园数学教育的目标提供了参考依据。

幼儿园数学教育主要追求三个方面的价值:一是促进幼儿思维的发展,由于数学是抽象的思维过程,学习数学实质上就是发展思维,特别是经历从具体形象思维到抽象逻辑思维的过渡;二是培养幼儿用数学方法解决问题的能力,感受数学的广泛应用和重要;三是培养幼儿学习数学的兴趣和探究的热情,感受数学的趣味和吸引力。

(二)不同年龄段的关键经验

在教育部2012年10月9日发布的《3—6岁儿童学习与发展指南》中,数学认知部分提出了以下三条目标,在每条目标下又明确列出了不同年龄段的典型表现:

目标1　初步感知生活中数学的有用和有趣

3—4岁	4—5岁	5—6岁
1. 感知和发现周围物体的形状是多种多样的,对不同的形状感兴趣。 2. 体验和发现生活中很多地方都用到数。	1. 在教师指导下,感知和体会有些事物可以用形状来描述。 2. 在教师指导下,感知和体会有些事物可以用数来描述,对环境中各种数字的含义有进一步探究的兴趣。	1. 能发现和体会到按一定规律排列的物体比较整齐、美观。 2. 能发现生活中许多问题都可以用数学的方法来解决,体验解决问题的乐趣。

目标2　感知和理解数、量及数量关系

3—4岁	4—5岁	5—6岁
1. 能感知和区分物体的大小、多少、高矮等量的方面的特点,并能用相应的词表示。 2. 能通过一一对应的方法比较两组物体的多少。 3. 能手口一致地点数5个以内的物体,并能说出总数,能按数取物。 4. 能用数词描述事物或动作。如"我有4本图书"。	1. 能感知和区分物体的粗细、厚薄、轻重等量的方面的特点,并能用相应的词语描述。 2. 能通过数数比较两组物体的多少。 3. 能通过实际操作理解数与数之间的关系,如5比4多1;2和3加在一起是5。 4. 会用数词描述事物的排列顺序和位置。	1. 初步理解量的相对性。 2. 借助实际情景和操作(如合并或拿取)理解"加"和"减"的实际意义。 3. 能通过实物操作或其他方法进行10以内的加减运算。 4. 能用简单的图表表示简单的数量关系。

目标 3　感知形状与空间关系

3—4 岁	4—5 岁	5—6 岁
1. 能注意物体较明显的形状特征，并能用自己的语言描述。 2. 能感知物体基本的空间位置与方位，理解上下、前后、里外等方位词。	1. 能感知物体的形体结构特征，画出或拼搭出该物体的造型。 2. 能感知和发现常见几何图形的基本特征，并能进行分类。 3. 能使用上下、前后、里外、中间、旁边等方位词描述物体的位置和运动方向。	1. 能用常见的几何形体有创意地拼搭和画出物体的造型。 2. 能按语言指示或根据简单示意图正确取放物品。 3. 能辨别自己的左右。

根据教育部 2001 年发布的《幼儿园教育指导纲要（试行）》和 2012 年发布的《3—6 岁儿童学习与发展指南》，我们从数、量、形、时间与空间、关系五个方面详细列举了幼儿园数学教育所涉及的关键经验，见下表。

表 0—2　“数”的关键经验

	3—4 岁	4—5 岁	5—6 岁
基数	1. 熟悉 10 以内各数的顺序，能正确唱数到 10。 2. 能手口一致地点数 5 个以内的物体，并能说出总数，能按数取物。 3. 能用数词描述事物或动作。 4. 能通过一一对应的方法比较两组物体的多少。	1. 能正确唱数到 20，并能从任意数开始顺数、倒数。 2. 正确点数 10 以内的实物，并能说出总数，能按数取物。 3. 开始不受空间排列形式和物品大小等因素的影响，正确判断 10 以内物品的数量，初步感知 10 以内数的守恒。 4. 能通过实际操作理解数与数之间的关系，如 2 和 3 加在一起是 5。感知和体验 10 以内相邻两个数之间“多 1”和“少 1”的关系。如 5 比 4 多 1，4 比 5 少 1。 5. 能通过数数比较两组物体的多少。	1. 在唱数的基础上，初步了解个位、十位上的数表示的数量是不同的，初步感知数位的含义。 2. 初步尝试按数群计数，体验不同的计数方法。 3. 能通过实际操作理解 10 以内单数和双数的概念，以及 10 以内相邻数的概念。
序数		1. 能从不同方向（从左到右、从右到左、从上到下、从下到上、从前到后、从后到前）确认 10 以内物体的排列次序。 2. 理解序数的含义，会用序数词描述 10 以内物体的排列顺序和位置。	1. 能够同时考虑两个方向，确认物体的排列次序。 2. 能够发现和理解生活中常见的应用序数的情况。

	3—4岁	4—5岁	5—6岁
数字与数学符号	体验和发现生活中很多地方都用到数字。	1. 在教师指导下，感知和体会有些事物可以用数字来描述，对生活中各种数字的含义有进一步探究的兴趣。 2. 认读1—10的阿拉伯数字，能用数字正确表示10以内物体的数量。	1. 认读数字0，理解0的实际意义。 2. 能够正确书写10以内的阿拉伯数字，书写姿势正确，在生活和游戏中乐于使用数字，感受到数字的有用。 3. 在教师指导下对生活中简单的数学符号感兴趣。 4. 了解"＋""－""＝""＞""＜"的含义，能够运用这些符号表示简单的数量关系。
加减运算	结合实际情境感知物体数量多少的变化。	借助实际情境和操作（如合并或拿取）感知"加"和"减"的含义。	1. 借助实际情境和操作（如合并或拿取）理解"加"和"减"的实际意义。 2. 能通过实物操作或其他方法进行10以内的加减运算。 3. 能够运用加减运算来解决生活和游戏中遇到的简单问题。

表0—3 "量"的关键经验

	3—4岁	4—5岁	5—6岁
测量长度	1. 能感知和区分物体的大小、高矮、长短等量方面的特点，并能用相应的词表示。 2. 会用直接比较的方式判断两个物体的长短、高矮。	1. 能感知和区分物体的粗细、厚薄等量的方面的特点，并能用相应的词语描述。 2. 能借助其他物体比较实物的长短、高矮、粗细和厚薄等。	1. 初步理解长短、高矮、粗细、厚薄、宽窄等量的相对性。 2. 感知物体长度的守恒。 3. 会以某个物体为单位来进行长度测量和比较。
测量重量	初步感知物体的重量特征，能听懂描述物体轻重的常用词语。	能感知和区分物体的重量特征，并能用相应的词表示。	1. 初步理解重量的相对性。 2. 感知物体重量的守恒。 3. 初步理解物体重量与体积之间的不对应关系，比如一块海绵体积虽然很大，但重量却可能很轻。 4. 结合实际情境体验用地秤、天平等常见工具测量重量。
测量容积	初步感知物体的容积特征，能听懂描述容积大小的常用词语。	能结合生活情境感知和区分物体的容积特征，能初步描述物体的容积，如这个杯子能盛更多的水等。	1. 感知液体容积的守恒现象。 2. 能在教师的指导下，尝试运用目测、量杯测量等方法比较两个物体的容积大小。

	3—4 岁	4—5 岁	5—6 岁
测量温度	初步感知物体的温度特征，能听懂描述温度高低的常用词语。	能结合生活情境感知和区分物体的温度特征，能初步描述物体的温度。	1. 感知和体会体温、气温等都可以用数字来描述，对相关数字的含义有进一步探究的兴趣。 2. 在教师的帮助下，尝试运用体温计、温度计等常见工具来测量温度。

表 0—4 “形”的关键经验

	3—4 岁	4—5 岁	5—6 岁
物体的形状	1. 感知和发现周围物体的形状是多种多样的，对不同的形状感兴趣。 2. 能注意物体较明显的形状特征，并能用自己的语言描述。	1. 在教师的指导下，感知和体会有些事物可以用形状来描述。 2. 能感知物体的形体结构特征，画出或拼搭出该物体的造型。	能用常见的几何形体有创意地拼搭和画出物体的造型。
常见的平面图形	1. 初步认识圆形、三角形和正方形等常见的平面图形。 2. 能够不受颜色、大小等具体特征的影响，辨认出圆形、三角形和正方形。	1. 初步认识长方形、椭圆形和梯形等常见的平面图形。 2. 能够不受颜色、大小、摆放位置、旋转角度等因素的影响，辨认出长方形、椭圆形和梯形。 3. 感知和发现常见平面几何图形的基本特征，并能进行分类。	
常见的立体图形			1. 初步认识球体、圆柱体、正方体和长方体等常见的立体几何图形。 2. 能感知和发现常见立体几何图形的基本特征，并能进行分类。 3. 能够区分平面几何图形和立体几何图形。

表 0—5 “时间”与“空间”的关键经验

	3—4 岁	4—5 岁	5—6 岁
时间	能够区分早上、中午、下午、白天和晚上。	能够区分昨天、今天和明天。	1. 感知和体会借助某种方法或工具可以记录时间的长短，如沙漏、时钟等。 2. 初步认识时钟，会看整点、半点，能按钟点说出一天的主要活动。 3. 初步认识日历，了解年、月、日、四季、星期的名称及顺序。 4. 感受时间的不可逆性，有初步的珍惜时间的意识。

	3—4 岁	4—5 岁	5—6 岁
空间	能感知物体基本的空间方位，理解上下、前后、里外等方位词。	能使用上下、前后、里外、中间、旁边等方位词描述物体的位置和运动方向。	1. 能按语言指示或根据简单的示意图正确取放物品。 2. 能辨别自己的左右。

表 0—6 “关系”的关键经验

	3—4 岁	4—5 岁	5—6 岁
分类：类包含关系	能根据一种外部特征给物体分类，如形状、颜色、大小、长短、高矮等。	能按功用给生活中常见的物体分类。	1. 能根据两种或两种以上的特征给物体分类。 2. 能按照简单的类别概念给常见的物体分类。 3. 能按照自己的标准给物体分类并说明分类的理由。
排序与模式：序列关系	1. 能按大小、高矮、长短给 3 个常见的物体排序。 2. 初步感知具有重复性旋律或词语的音乐、儿歌和故事的重复性特点。 3. 能发现和正确模仿物体简单的排列规律，如 ABAB 等。	1. 能按物体大小、长短、高矮、粗细、厚薄、多少等量的递增或递减顺序排列 5 个以内的物体。 2. 能发现并说出事物排列的简单规律，如 ABAB、ABCABC 等。	1. 能发现和体会到按一定顺序排列的物体比较整齐、美观。 2. 感知和发现生活中许多事物都是按一定规律排列的，如一周七天、一年四季等。 3. 能发现事物简单的排列规律，并尝试创造新的排列规律。
部分与整体：分合关系	1. 借助实际情境和操作(如合并或分开)初步了解 3 以内总数与部分数的关系，如 1 和 2 加在一起是 3，3 可以分成 1 和 2。 2. 运用常见的平面几何图形拼板进行拼摆时，能够解决需要使用 3 块拼板的拼图任务。	1. 借助实际情境和操作初步了解 5 以内总数与部分数的关系，如 2 和 3 加在一起是 5，5 可以分成 2 和 3。 2. 运用常见的平面几何图形拼板进行拼摆时，能够解决需要使用 4 块拼板的拼图任务。	1. 借助实际情境和操作初步理解 10 以内各数的分解与组成的情况。 2. 运用常见的平面几何图形拼板进行拼摆时，能够解决需要使用 5 块拼板的拼图任务。 3. 初步理解等分的含义，能将一个外形比较规则的实物或几何图形二等分或四等分。
简单统计与图表记录：表征数量关系	尝试通过摆放实物等操作活动来表示简单的数量关系。	尝试用图画、数字、图画加数字等方法来表示简单的数量关系。	1. 能围绕某一问题运用计数、测量等方法初步收集数据，并能进行汇总、比较和报告自己的发现。 2. 能用简单的记录表、统计图等表示简单的数量关系。

四、幼儿园数学教育的实施途径

归纳起来,幼儿园数学教育主要有以下几种实施途径:

(一)一日生活

幼儿园的一日生活是指幼儿在一天中要进行的各种常规性活动,如:入园、就餐、午睡、取放物品、离园等。这些活动在幼儿园里每天都会自然而然地发生,构成了幼儿所处的实际情境。在这些活动中,幼儿所遇到的与数学有关的问题往往是真实的问题,是结合情境的具体问题,是会反复出现的问题,也是幼儿自己的问题。思考和解决这些问题,幼儿能够切身感受到数学与生活的紧密联系,不断增强运用数学知识、方法解决实际问题的能力。案例“一样的东西放一起”关注到在一日生活的晨间接待环节、晨间锻炼环节、盥洗环节,幼儿需要整理、收拾相关物品的事实,有目的、有意识地提出将相同物品归为一类、按大小不同分别归类等分类的操作要求。这对于幼儿理解分类的概念、掌握一定的分类技能、积累分类的具体经验都具有重要的价值。

案例　一样的东西放一起(小班)

活动目标

1. 知道收拾材料时要将一样的东西放在一起。

2. 感受物品归类在生活中的运用。

3. 初步养成将用过的材料送回原处的良好习惯。

活动准备

区域材料、晨间锻炼材料等。

活动过程

1. 晨间接待环节。

(1)晨间活动时,教师请先来的幼儿玩区域游戏。活动结束时,教师可引导幼儿将相同的物品归类放回原处。

师:我们马上要去锻炼身体啦,游戏材料也要回去休息。想一想,游戏材料原来是放在哪儿的?哪些材料是好朋友,是要放在一起的?你要把它们送回原来放的地方哦!

(2)教师提醒幼儿将同一类的材料放在一起,如:油画棒和油画棒放一起;绘画纸和绘画纸放一起;小动物卡片和小动物卡片放一起;同样的小玩具放一起等等。

2. 晨间锻炼环节。

(1)开始锻炼身体时，教师引导幼儿观察。

师：今天我们和小沙袋、小球玩游戏，看看它们放在哪儿？

(2)锻炼结束时，教师引导幼儿将材料按类送回原处。

师：看看你拿的是什么？它们的家在哪儿呢？你来把它们送回家。球和球放一起，沙袋和沙袋放一起。

3. 盥洗环节。

如果肥皂盒有大小区分，要提醒幼儿根据肥皂的大小摆放。

师：小手请肥皂朋友洗干净，要记得把肥皂朋友送回家哦！大肥皂喜欢住大房子，小肥皂喜欢住小房子。看看你手上的肥皂是大的还是小的？

（案例提供：江苏省南京市中华路幼儿园　唐晓艳）

(二)室内外游戏活动

室内外游戏活动包括室内游戏和户外游戏两大类。在室内的数学区、益智区等活动区中，教师放置包含数、量、形、时间与空间、关系等数学关键经验的操作材料，给幼儿提供个体自主操作和同伴间讨论交流的机会，同时对幼儿进行个别观察与指导，准确地把握幼儿的发展水平和学习特点，并提供适宜的支持与引导。

在实践中，一些教师会认为与数学相关的游戏活动都在室内进行，经常表现为幼儿在桌面上进行的操作，其实这是一种误解。与室内相比较，户外活动的场地更加宽阔且灵活多变，可以更方便地为幼儿开展涉及数学关键经验的大肌肉活动提供有利的条件，比如“老狼老狼几点了”“切西瓜”等游戏，就非常适合在户外开展。这些活动在教师的精心设计下也可以帮助幼儿感知、理解和运用数学。

(三)集体教学活动

集体教学活动是指这样一种活动形式，教师面对全班或小组幼儿，在相同的时间内组织幼儿学习相同主题的内容。它具有效率高、易于教师控制、易于充分发挥同伴间的积极影响等特点。值得注意的是，教师在集体教学活动中如何照顾到幼儿的个别差异，使幼儿在原有的不同水平上都能得到充分的发展，这是一个需要不断尝试、积累实践智慧的重要研究课题。一方面，教师要针对一个班或一个小组幼儿的共同兴趣和需要设计活动，演示、讲解等活动步骤要考虑幼儿不同的原有水平。比如，可以在全班教学中适当包含分组开展不同活动的环节，给每位幼儿布置不同的且具有一定挑战性的数学任务等；另一方面，在集体教学活动中，教师还要注意“幼儿教幼儿”策略的运用，充分发挥幼儿同伴群体的积极的教育影响作用。

(四)与其他领域教育自然融合

无论是五大领域“健康、语言、社会、科学和艺术”，还是七小领域“健康、语言、社

会、科学、数学、音乐和美术”，这些都是成人根据现阶段人们认识世界的成果，再结合人类活动的主要类型人为划分出来的，代表着成人世界的“逻辑”。对于幼儿来说，一方面，他们对周围世界的认识和体验不可避免地涉及以上所有领域的内容，因此，幼儿的学习内容具有全面性的特点；另一方面，幼儿认识世界的方式还处于“未分化”的整体性感知和理解的阶段，因此，幼儿的学习内容具有整合和相互渗透的特点。对于教师来说，当他们立足于某一领域选择了某一学习内容时，特别是密切结合幼儿的真实生活来选择内容时，常常会涉及其他领域的关键经验，领域之间的整合与渗透是自然而然发生的。因此，与“健康、语言、社会、科学、音乐和美术”领域教育自然融合，也是幼儿园数学教育的重要实施途径。

（五）亲子活动

亲子活动是指幼儿与家长一起开展的活动。站在幼儿园教师的角度看，活动主要包括在园亲子活动、园外亲子作业等。能够达到“一比一”的师幼比（家长在扮演教师的角色）是亲子活动的重要优势，这一优势使家长具有十分便利的条件，对幼儿进行较为深入细致地观察、访谈、记录、收集相关作品等。通过亲子活动进行幼儿园数学教育，可以帮助家长了解幼儿园数学教育的内容与要求，发动家长积极配合教师的教育教学工作，使“家园”双方形成教育合力。

五、幼儿园数学教育的基本方法

数学具有抽象性的特点。数学知识既是从具体事物中抽象出来的，又广泛应用于对具体事物的认识。因此，幼儿对数学的学习需要经历从具体到抽象、再从抽象回到具体的不断反复的过程。幼儿园数学教育本质上是数学启蒙教育，它所追求的目标并不是幼儿最终掌握了多么高深的数学知识，而是立足于幼儿自身的具体经验，让幼儿发现数学、理解数学、体会数学的有用和有趣，促进思维能力和问题解决能力的发展。这是我们选择幼儿园数学教育方法的基本立足点。

下面是幼儿园数学教育实践中一些常用的具有典型特点的基本方法，在幼儿园数学教育活动中，教师常常会综合运用这些方法。

（一）操作感悟

操作感悟是指教师为幼儿提供一定的材料，供幼儿自由操作或者按教师提示操作，让幼儿通过操作活动获得感悟数学关键经验的方法。这种方法在幼儿园数学教育实践中应用十分广泛，既与数学的特点有关，同时又与幼儿的认知发展特点有关。

一方面，数学是对具体世界的一种形式上的抽象。比如：圆形是从所有具体的圆形物体中抽象出来的，它与颜色、大小、厚薄、材质等无关。幼儿要初步了解圆形的特点，需要从感知周围的圆形物体开始，自然而然地经历摆脱无关因素的干扰、准确抽象出圆形的过程，这自然离不开对圆形以及近似圆形材料的操作。另一方面，3—6岁幼儿的认知发展尚处于前运算阶段，在相当大程度上还要依靠实物和直觉行动进行思维活动，在自身操作活动中有所感悟是他们的一种非常重要的学习类型。数、量、形、时间与空间、关系等数学关键经验的教学都离不开幼儿自身的操作感悟。

在实际运用操作感悟的教育方法时，要注意以下几点：1. 教师所提供的操作材料的数量要充足，比如每人一套、一个小组一套轮流使用等，使幼儿有充分操作的机会，避免产生消极等待的现象；同时，所提供操作材料的难易程度要适当，且具有一定的由易到难的梯度，以满足不同能力水平幼儿的操作需要。2. 幼儿的操作要有问题的指引，无论是验证性操作，还是探索性操作，操作都指向一定的数学关键经验；材料中"物化着"目标，教师对这一点要十分清楚。在这里，幼儿的操作不是单纯的摆弄和嬉戏，而是边操作边思考问题，既动手又动脑。3. 操作形式可以灵活多样，比如幼儿个别操作；小组合作性操作；幼儿在全班或小组面前进行展示性操作、对比性操作；幼儿模仿教师演示的练习性操作；幼儿自主探索的自由操作等。4. 鼓励幼儿用语言表达他们操作的过程，以及在操作中获得的感悟，促进幼儿语言和思维能力的发展。

（二）引导发现

引导发现是指教师不直接告诉幼儿数学问题的答案，而是幼儿在教师有限的支持和启发下，经过自己的观察、操作、思考，尝试解决问题并得出答案的方法。这种方法有利于调动幼儿学习的积极性和主动性，激发幼儿探索数学问题的热情，增强幼儿独立解决数学问题的能力。

在实际运用引导发现的教育方法时，教师要注意以下几点：1. 为幼儿的发现提供必要的条件。比如提供一定的实物材料供幼儿操作，提供一些图片供幼儿观察、比较等，使幼儿的发现建立在自己探索的基础之上。2. 启发要适度。要给幼儿留有一定的独立探索空间，教师不能代替幼儿思考和解决问题，既不能直接告诉答案，也不要暗示答案，要容许有幼儿经过尝试最终也不能独立解决问题的现象发生。3. 与幼儿一起分享发现的喜悦，独立探索中的付出与获得发现带来的喜悦往往是成正比的。教师及时与幼儿一起分享发现的喜悦，可以进一步强化幼儿探索问题、独立解决问题的意识，帮助幼儿养成克服困难、独立解决问题的良好习惯。

（三）讨论交流

讨论交流是指围绕一定的问题，教师请幼儿发表自己的意见，使幼儿了解彼此的想法，从而增进原有认识的方法。在幼儿数学教育活动中，讨论交流也是一种常用的方法。使用的具体情境不同，讨论交流发挥的作用也不同。

在操作感悟方法使用之前，教师可以引导幼儿根据操作材料讨论操作内容、操作要求，明确操作规则，这时进行的讨论交流可以提高幼儿的分析判断能力，培养他们在材料与数学之间建立联系，进而发现数学问题的意识和能力。根据操作过程中随时出现的问题，教师也可以组织幼儿进行讨论交流。比如：幼儿用折叠的方法对一张正方形纸进行二等分。幼儿想出了不同的解决问题的方法，教师可以组织幼儿讨论：它们都是有效的方法吗？抓住随时出现的问题进行讨论交流，不仅针对性强，而且具有灵活性和随机性，对于有目的、有计划的数学教育活动是一种必要的补充。在操作感悟方法使用之后，教师可以请幼儿讲一讲他们的操作方法、操作发现，帮助幼儿整理、归纳和提升感性经验，培养幼儿动手动脑思考问题的良好的学习习惯。

在实际运用讨论交流的教育方法时，教师要注意以下几点：1. 讨论交流所针对的问题要明确，让幼儿有话想说。比如，在感知“长方形”的特点时，教师借助长方形和正方形的实物图形，提出长方形与正方形有什么地方是相同的？什么地方不相同？幼儿通过观察、思考，有话想说，就愿意积极参与讨论。幼儿能够听懂问题，通过自身的观察、操作等活动或者结合原有的知识经验有话想说，这是讨论交流的重要基础。2. 耐心倾听幼儿讨论的过程。教师只有耐心倾听幼儿讨论的过程，才能准确了解幼儿的思维活动，对于幼儿在讨论过程中出现的错误、走的弯路，教师注意不要急于纠错、不要过早地告诉幼儿最终的结论。数学学习要促进思维能力的发展，让幼儿经历讨论交流的过程要比让幼儿直接知道结论更重要。3. 采用多种形式调动更多幼儿参与讨论交流。讨论交流不能成为教师与个别幼儿的“展示舞台”，教师需要同时关注每个幼儿的参与机会。幼儿之间存在个别差异：有的幼儿能够大胆地表达自己的想法；有的幼儿因为担心出错、胆子小等，不愿积极发言。面对这种情况，教师可以采用多种形式组织幼儿讨论交流，比如请幼儿与好朋友讨论交流，或让幼儿在小组内小声地讨论交流等，鼓励幼儿大胆表达自己的想法。

（四）演示讲解

演示讲解是指教师利用实物或教具进行示范性操作，一边操作一边用语言加以解释说明的方法。这种方法可以帮助幼儿获得较为准确的感性认识，加深对抽象的数学知识的理解，同时激发幼儿积极思考，获得更加深刻的印象。

在实际运用演示讲解的教育方法时，教师要注意以下几点：1. 演示要突出重点，示范目的要明确。让幼儿观察什么？思考什么问题？教师要明确地提出来，使幼儿的注意力集中到演示的重点上来，而不是分散到无关的信息上去。2. 演示过程中语言讲解要简洁、清楚，语言讲解与演示动作要密切配合。3. 照顾到每一位幼儿，演示使用的实物或教具要大一些；教师讲解的声音要动听一些；教师站的位置要注意变化，使每个幼儿都能看清楚演示的动作，听清楚教师的讲解。4. 利用多种形式充分发挥演示讲解的作用。除了教师担任演示讲解的主角外，幼儿也可以成为演示讲解的主角，比如请个别幼儿给全班或小组演示讲解，或者请幼儿与同伴合作，轮流进行演示讲解，或者一名幼儿演示，另一名幼儿讲解等。

（五）游戏化

非游戏活动游戏化是实现幼儿园以游戏为基本活动的途径之一。幼儿园数学教育活动的游戏化对于优化数学教育效果具有重要的作用。非游戏活动游戏化的措施有很多，在非游戏活动中添加游戏因素是一个总体的思路。可以添加的游戏因素主要有自主、乐趣、假想、规则、竞赛、幽默等。案例“穿珠珠”在排序与模式活动中添加了“规则”“竞赛”的因素，特别是在活动结束时还设计了“颁奖”的环节，使活动充满了乐趣。幼儿在这样的活动中可以获得一种游戏体验，使他们愿意继续积极主动地参与和开展活动。

案例　穿珠珠（中班）

活动目标

1. 感知按物体的颜色进行排序。

2. 尝试设计图谱，在进一步感知物体排序规律的基础上，体验数学探究活动的乐趣。

3. 通过竞赛活动，初步激发幼儿的竞争意识。

活动准备

彩笔、彩珠、线绳；排序图谱4—5张、未着色的图谱（幼儿设计时使用）；奖品或奖状。

活动安排

将全班幼儿分成4—5组，以分组的形式进行。

活动过程

1. 引导幼儿通过观察、操作，感知和发现排序的规律。

（1）教师出示彩珠。

师：小朋友平时最喜欢玩“穿珠珠”的游戏了，今天老师要带领小朋友一起来学习几种新的游戏玩法。

（2）教师出示图谱，引导幼儿进行观察，大胆发表自己的见解。

师：图谱中介绍了穿珠珠的新玩法，请小朋友仔细看一看，谁能发现其中的规律。

（3）先请每组幼儿选择一张图谱，教师按照图谱中的排序规律，指导幼儿进行

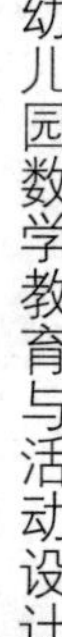

穿珠比赛，比一比谁穿得又快又准。小组间相互交换图谱，再次展开比赛，以此形式反复游戏，通过操作感知排序的规律。

2. 幼儿尝试设计图谱，进一步感知排序规律，体验探究的乐趣。

(1)师：小小图谱真有趣，能记录下这么多种有趣的玩法。今天让我们每一位小朋友都来试着设计一张图谱好不好？

教师鼓励幼儿大胆尝试利用彩珠进行排序穿珠，通过设计图谱的形式记录下排序的过程。

(2)师：请小朋友相互介绍自己设计的图谱，说一说自己设计的图谱中彩珠的排列顺序。

请幼儿欣赏大家的图谱作品，教师进行颁奖，可设创意奖等奖项，肯定幼儿的大胆创意。

活动延伸

1. 将幼儿设计的图谱放在活动区展示，增强幼儿参与活动的热情。

2. 鼓励幼儿在原有经验的基础上，继续开展创意排序和设计图谱活动。

3. 教师提供正方形、三角形、五角形等多种不同的形状，鼓励幼儿在原有经验的基础上，尝试按物体的颜色和形状进行排序活动。

（案例提供：天津市河西区第18幼儿园　李朝杰）

第一章　数概念

数概念的学习与发展是幼儿园数学教育的基本内容。在数概念的教学中，幼儿不仅要理解数的实际意义（如基数、序数），知道数的顺序与大小（如相邻数），还要学习计数（如按物点数、按数取物、按数群计数等），掌握10以内数的组成与分解以及数字的认读和书写等。一般认为，早期数概念教学的内容主要涉及五个部分：一是基数；二是计数；三是序数；四是10以内数的组成与分解；五是数字的认读和书写。[①] 相应的，判断幼儿数概念形成的指标主要有：一是准确说出数目的名称（即总数），掌握数的守恒，即在判断物体数量时，不受物体大小、形状或空间排列形式的干扰，正确理解数的实际意义；二是理解10以内自然数的顺序，知道某数在自然数列中的位置，掌握相邻数之间的关系，即前一个数总比后一个数小1，后一个数总比前一个数大1；三是知道10以内各数的组成与分解情况。幼儿数概念的形成以幼儿对一一对应概念的理解为基础。

第一节　一一对应

一、一一对应的含义

俗语说："一个萝卜一个坑。"萝卜的数量和坑的数量一样多，这里讲的就是一一对应。一一对应是数学中的基本概念，指两个集合的元素一样多，人们可以将一个集合的元素与另一个集合的元素"一个对一个"地进行配对。在此，我们有必要了解一些有关集合和元素的相关知识。

在数学中，集合是指由确定的、可以区别的事物构成的全体。比如，汽车、轮

① 考虑到本书内容体系的完整和各章篇幅的均衡，编者将10以内数的组成与分解安排在第七章"部分与整体"中，将数字的认读和书写安排在第二章"数字、数学符号和加减运算"中，相关内容请参见相关章节。

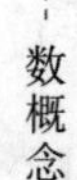

船、火车、飞机放在一起就构成一个集合。组成集合的每一个对象被称为这个集合的元素。元素与集合的关系有"属于"与"不属于"两种。一般来说,集合中的元素具有三个特性:一是互异性,即在同一个集合中任何两个元素都是可以区分开的;二是确定性,即任何一个元素都能确定它是否为某一个集合的元素;三是无序性,即不需要考虑元素之间的顺序,只要包含的元素相同,就可以被认为是同一个集合。根据集合中元素个数的情况,可把集合分为有限集合、无限集合和空集合。掌握集合概念是形成数概念、掌握加减运算、理解分类等的重要基础。

在幼儿园的一日生活中,我们能够看到大量的运用一一对应比较两个集合元素多少的现象。比如,幼儿在玩"开火车"游戏时,将5个靠垫分别摆放在5把椅子上;吃水果时,每个幼儿都有一个苹果;值日生负责给小组中的每个幼儿发一本图书。一一对应概念及相关的操作活动在幼儿日常生活中的应用十分广泛。

一一对应是幼儿最基本的数学能力。一方面,它是幼儿准确计数的基础,因为需要将自然数列中的数字与要计数的集合的元素一一对应;另一方面,一一对应还是幼儿理解数量是否相等、比较两组物体多少的基础。《3－6岁儿童学习与发展指南》"数学认知"部分目标2"感知和理解数、量及数量关系"中3－4岁幼儿的一项典型表现就是:能通过一一对应的方法比较两组物体的多少。

二、幼儿一一对应操作活动的发展特点

观察幼儿的操作活动是教师了解幼儿是否掌握一一对应概念的重要途径。

一方面,操作材料的种类、数量等作为影响一一对应操作活动难易程度的重要因素,它们在很大程度上也决定着幼儿一一对应操作活动的发展特点。

首先,操作材料从形象到抽象。一一对应操作活动由易到难的顺序是:利用实物材料、实物模型、仿真图片、简化图片、抽象符号。下面举例来说明:将胶棒与剪刀一一对应属于利用实物材料;适宜桌面操作的小动物模型,如猫和老鼠,属于实物模型;画有真实图案的图片,如孙悟空和金箍棒,属于仿真图片;画有简单轮廓的图片或者剪切出来的三角形、圆形、正方形卡片属于简化图片;点卡和数字卡片属于抽象符号。在评价活动和教育活动中,教师应当由易到难循序渐进地给幼儿提供一一对应的操作材料。

其次,操作材料的数量由少到多。每组物品的数量越多,一一对应操作活动的难度越大。对于3－4岁幼儿来说,教师可以先提供每组数量在5个以下的两组物品,然后再逐渐增加到每组9个或10个物品。人们普遍认为,当幼儿能够将每组10个的两组物品进行一一对应操作时,幼儿就较好地理解和掌握了这一概念。

再次,两组物品的数量从相等到不相等。在进行一一对应操作时,两组物品的数量相等要比数量不相等更容易。如果两组物品数量相等,幼儿在一一对应操作

时，物品本身具有“自我检查”的功能，因为两组物品都刚好用完；如果两组物品数量不相等，幼儿在一一对应操作时，将有一组物品有剩余，这会干扰幼儿的操作。

另一方面，从操作方式看，幼儿一一对应操作活动的发展趋势是从外部操作到内部操作。面对两组具体的物体，幼儿常见的一一对应操作方式有重叠摆放、并排摆放、纸笔连线等。重叠摆放是指将一组物体摆成一行，再将另一组物体逐个一对一地重叠摆放到前一组物体的上面；并排摆放是指将一组物体摆成一行，再将另一组物体一对一地摆放在前一组物体的旁边（前后左右均可）；纸笔连线是指幼儿在纸上通过连线的方式对两个集合的元素进行匹配。重叠摆放、并排摆放、纸笔连线均属于借助外部操作，对两组具体物体进行一一对应操作的方式。当幼儿将面前的一组物体与头脑中抽象的自然数列建立一一对应关系时，他们从用手指点物体且出声数出自然数，用眼睛观察物体且出声数出自然数，发展到用眼睛观察物体默数自然数，借助外部操作的比重逐渐降低，内部操作的比重逐渐增大。

从操作方式看，从单纯的一一对应操作发展到能与其他技能综合应用。比如依据“逻辑关系”对两个集合中的元素进行一一对应操作时，就不仅包含有一一对应，还包含有比较、排序等其他概念的应用，这已经不是单纯的一一对应的操作了，其难度有所增加。例如，根据《三只小猪》的故事，将小黑猪、小白猪和小花猪与稻草房子、木头房子和石头房子一一对应，其难度比将三个苹果和三个梨一一对应要大。

三、幼儿一一对应教育活动的组织

（一）目标[①]

在《3－6岁儿童学习与发展指南》中，一一对应的典型表现主要针对3－4岁小班幼儿提出，具体要求是“能通过一一对应的方法比较两组物体的多少”。

3－4岁	4－5岁	5－6岁
能通过一一对应的方法比较两组物体的多少。		

（二）教学建议

1. 贯彻“先评价再教学”的理念，即先了解幼儿对一一对应概念的掌握程度，再提出适宜的富有挑战性的操作任务。

① 本书中的一些表格只涉及了部分年龄段而并非三个年龄段，是因为此目标典型表现仅与某些年龄段相适宜。

围绕一一对应开展教育活动之前，我们需要先了解幼儿对这一概念的掌握程度，具体做法是由易到难地提出一一对应的操作任务。比如，从形象的操作材料到抽象的操作材料、操作材料的数量从少到多、两组材料的数量由相等变为不相等。教师在对全班幼儿的掌握程度了解之后，有针对性地开展相关的富有挑战性的教育活动。

2. 巧妙利用一日生活为幼儿提供进行一一对应操作的机会。

在一日生活中，活动准备的物品每人一份的情况很多，教师抓住这些机会便可以有意识地促进幼儿对一一对应概念的理解，结合真实的生活情境进行一一对应操作还有助于幼儿感受一一对应的必要性。在下面的案例“宝宝吃点心”中，教师便抓住了“吃点心”环节，适时渗透一一对应的相关知识。

案例　宝宝吃点心(小班)

活动目标

1. 知道一个小盘子里放一份点心，一个小朋友吃一份点心。

2. 初步感受小盘子与点心、小朋友与点心之间一一对应的关系。

3. 熟悉吃点心的规则要求，对吃点心环节产生兴趣。

活动准备

点心、小盘子。

活动过程

1. 出示点心，激发幼儿吃点心的兴趣。

师：小朋友们，午睡起来小肚子饿不饿？想不想吃点心？猜一猜，今天厨房的叔叔阿姨为我们准备了什么点心呢？

教师将放有点心的推车推到幼儿面前，出示点心，引导幼儿观察。师幼共同说一说点心的名称。

2. 分装点心。

师：点心要放在小盘子里，小朋友吃起来才方便又干净。一份点心放在一个小盘子里，老师来放点心，你们帮着说一说，好吗？

教师取出和点心数量一样多的小盘子，将一份点心放进一个小盘子里，鼓励幼儿说一说“一个盘子放一个小馒头”。分好点心之后，教师鼓励幼儿再说一说“每个小盘子里都有一份点心”。

3. 吃点心。

师：每个小朋友先洗手再吃点心。每人拿一个小盘子，吃一份点心哦！

(1)请幼儿反馈吃点心的规则，说一说每人吃几个。

(2)教师在每组摆放和幼儿人数相等的点心。

(3)幼儿洗手坐好，教师引导幼儿自取一份点心。

(4)教师巡视各组，提问每组幼儿："每个小朋友都有一份点心吗?"鼓励幼儿轻轻说一说："每个小朋友吃一个小馒头。"

活动延伸

1. 每份点心数量不一定为一个，通过每人自取一份点心也可以建立一一对应的关系。

2. 除了点心与小盘子外，碗与勺子、筷子之间也能帮助幼儿建立一一对应的关系。

(案例提供：江苏省南京市中华路幼儿园　唐晓艳)

3. 创设室内外游戏情境，让幼儿在轻松愉快的氛围中尝试运用一一对应的方法。

创设室内外游戏情境可以营造出轻松愉快的氛围，吸引幼儿积极参与，从而获得良好的教育效果。案例"小猫请客"和案例"找啊找朋友"便将一一对应方法的教育渗透于室内外游戏活动之中。

案例　小猫请客(小班)

设计意图

一一对应是一种比较两个集合多少的方法，引导小班幼儿学习一一对应的方法，要让他们感受到使用这种方法的必要性。本活动通过设置游戏情境，引出将小动物和食物一一对应的要求，使幼儿在愉快的氛围中轻松地学习和掌握一一对应的方法。

活动目标

1. 能按要求正确地在排序板上摆放物体，并尝试用一一对应的方法比较两组物体的多少。

2. 能将自己的操作材料整理好之后再交换。

3. 愿意大声回答教师的问题。

活动准备

1. 教具：排序板 1 块、小猫手偶玩具 1 个；小猪图片 3 张、小狗图片 2 张(这两种动物图片均是 1 张图片上有 1 只动物)。

2. 学具：小猪吃苹果(每套材料有排序板 1 块，2—3 只小猪图片，比小猪多或少 1 个的苹果图片)；小狗吃梨子(每套材料有排序板 1 块，2—3 只小狗图片，比小狗多或少 1 个的梨子图片)。

活动过程

1. 小猫请客。

(1)分别出示小猪和小狗的图片,请幼儿说说它们是谁。教师出示玩具手偶小猫,以小猫的语气说话。

师:大家好,马上要过新年啦,我要请一些好朋友一起来庆祝新年!大家看我都请了哪些好朋友?

(2)引导幼儿点数小猪的数量,教师以小猫的语气说话,鼓励幼儿手口一致地点数并说出总数。

师:我请了几只小猪?你是怎么知道的?我请了几只小狗呢?

2. 小猪、小狗排排队。

(1)出示排序板,引导幼儿认识。

师:小猪和小狗,谁多谁少呢?怎样才能让大家看清楚谁多谁少?我们可以把它们放到这张排序板上来比一比。这张排序板和我们以前的排序板有一点不一样,它的小红旗和横线都在板的什么位置?(幼:中间)

(2)请幼儿分别给小猪、小狗排队,教师提出排队的要求:从排序板红旗的后面开始摆放小猪,并让小猪站在横线的上面。

师:第一个小动物要从哪儿开始排队?(红旗的后面)站在什么上面?(横线的上面)谁愿意给小猪排一排?

(3)请个别幼儿尝试将小狗对应摆放在小猪的下面。

师:小狗排在横线的下面,也从红旗后面开始,一只小狗和一只小猪对对齐。

3. 小猪、小狗谁多谁少。

引导幼儿比较小猪、小狗的多少,鼓励幼儿向小猫大胆表述比较结果,教师以小猫的语气向大家表示感谢。

4. 幼儿操作练习。

师:我还想请小猪和小狗吃水果呢。比一比小猪、小狗和水果,哪个多哪个少?

(1)介绍操作内容。小猪吃苹果:先将小猪排在排序板的上面,然后一一对应摆放苹果,比较小猪和苹果的多少。小狗吃梨子:先将小狗排在排序板的上面,然后一一对应摆放梨子,比较小狗和梨子的多少。

(2)幼儿操作,教师巡回指导。

引导幼儿从排序板上红旗的后面开始摆放,先将小动物排在横线的上面,再把水果的图片放在横线的下面,最后一一对应比较它们的多少。提醒幼儿操作完成后将材料整理好,再进行交换。

(案例提供:江苏省南京市中华路幼儿园　贾宗萍)

案例　找啊找朋友(中班)

设计意图

中班幼儿已经有了对一一对应关系的理解和认识。因此,活动可以更加丰富多样,活动材料的数量也可以有所增加。以集体或小组活动的形式,让幼儿通过观察比较,动手操作,在活动中巩固对一一对应的理解和掌握。

活动目标

1. 了解常见物品之间的联系。

2. 能够按要求进行一一对应的操作。

3. 愿意遵守游戏的规则,并能从游戏中获得乐趣。

活动准备

各类平时常见的相关联的事物图片、画有方格的纸板若干、音乐《找朋友》、小动物头像的图片。

活动过程

一、室内活动。

1. 找朋友。

为幼儿提供各种有关联或可以配对的日常生活用品的图片,请幼儿帮助它们找到可以与自己配对的好朋友。如:黑板与黑板擦、扫帚与簸箕、筷子与碗等。

2. 填空格。

教师先从一个盒子里任意选出不同类型事物的卡片,如帽子、雨伞、书等卡片,在画有方格的纸板上摆成一行,再请幼儿从另一个盒子中取出有关联的卡片,如围巾、雨鞋、笔等,并将卡片一一对应摆放在纸板的空格中。

二、户外活动。

1. 音乐游戏"找啊找朋友"。

请10名幼儿参加,教师将两个两个相关联的5组物品图片贴到幼儿的胸前,请幼儿听《找朋友》的音乐,找到与自己胸前的图片相关联的物品图片,音乐停止时幼儿要找到自己的好朋友。

2. 游戏"喂小动物"。

教师出示小动物头像的图片,并把它们放在操场的一边,再出示不同的小动物各自喜欢吃的食物。请幼儿把不同的食物送给小动物吃,但要从操场的一端穿过层层"阻碍",将食物送给小动物吃。

(案例提供:天津市卫生局幼儿园　王莹)

在上面的活动"找啊找朋友"中,幼儿一一对应的活动形式更加多样。同时,

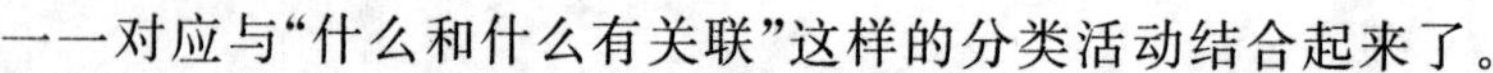

一一对应与“什么和什么有关联”这样的分类活动结合起来了。

4. 通过与其他领域教学的自然融合帮助幼儿熟练掌握一一对应的方法。

由于一一对应现象的普遍性，其他领域教学中常会自然地涉及这一概念。此时适当提醒幼儿留意一一对应的方法，有助于幼儿深入理解一一对应的概念，并在更大的范围熟练应用此方法。大班“抢椅子”活动便在音乐游戏中自然融入了一一对应的内容。

案例　抢椅子(大班)

活动目标

1. 学习音乐游戏“抢椅子”，能根据音乐节奏做走走跑跑的动作，在音乐停止时迅速找一把小椅子坐下来。

2. 在音乐游戏中，能通过一一对应的方法判断椅子数量和小朋友人数的多、少或一样多。

3. 感受音乐游戏既紧张又有趣的氛围，乐意参与游戏进行体验。

活动准备

游戏音乐随想曲《卡门》(音乐中有较舒缓的乐段，也有较激烈的乐段)。

活动过程

1. 复习活动。

师幼共同边听音乐边做动作进场。幼儿围着自己的小椅子做动作，再根据音乐的提示坐在椅子上继续完成动作。

师幼共同复习歌曲《爸爸妈妈听我说》，鼓励幼儿把歌词唱清楚，用声音和表情表现歌曲的情感。

2. 熟悉游戏音乐。

(1)教师播放游戏音乐，请幼儿欣赏，鼓励幼儿大胆地表达自己的感受。

师：听一听这首音乐，你有什么感觉？

(2)幼儿再次欣赏音乐，边听边判断哪段音乐适合走路，哪段音乐适合跑步，鼓励幼儿说一说原因。

师：下面我们就听着音乐走走跑跑，想一想什么样的音乐适合走路，什么样的音乐适合跑步。

(3)鼓励幼儿听音乐原地做走路和跑步的动作，进一步熟悉音乐。

(4)教师根据幼儿的实际情况进行评价，引导幼儿再次听音乐走路和跑步，等音乐一停就要赶快在小椅子上坐下来。

3. 椅子和小朋友谁多谁少？

(1)鼓励幼儿相互看一看，查一查。

师：现在我们相互检查一下，是不是每个小朋友都坐下来了？每个人都有小椅子吗？

(2)引导幼儿通过每人坐一把小椅子，确定椅子的数量和小朋友人数一样多。

师：现在小椅子的数量和小朋友的人数，谁多谁少，还是一样多？你是怎么知道的？

4. 音乐游戏“抢椅子”。

(1)教师请几位幼儿带着自己的小椅子到中间，将椅子围成一个圈，然后再多请一名幼儿加入其中。

(2)教师播放音乐，鼓励幼儿跟着音乐做走走跑跑的动作，音乐停下后，提醒幼儿快速找到空椅子坐下来。

师：大家听好音乐，围着小椅子走走跑跑，音乐一停，就要赶快找到小椅子坐下来哦！

(3)引导幼儿通过一个人坐一把小椅子的一一对应的方法判断人多椅子少。

师：每个人都找到椅子坐下来了吗？为什么会有小朋友没有椅子坐呢？那么现在这儿的椅子数量和小朋友的人数一样多吗？你是怎么知道的？

(4)启发幼儿思考抢椅子的方法。

师：小椅子和小朋友的数量不是一样多，怎样才能在音乐停下来后抢到椅子坐呢？要边玩游戏边好好想一想哦！

(5)更换幼儿继续游戏，再次游戏时，可以随着幼儿的淘汰逐渐减少椅子的数量，直到最后剩下1—2位幼儿时游戏结束。在游戏中提醒幼儿听音乐，坚持跟着音乐做动作，一定要等音乐停下来才能去抢椅子。

(6)鼓励取得游戏胜利的幼儿介绍自己抢椅子的方法，与大家分享胜利的喜悦。

5. 歌唱表演。

师幼共同唱一首轻松、活泼、快乐的歌曲，向取得游戏胜利的幼儿表示祝贺。

（案例提供：江苏省南京市中华路幼儿园　贾宗萍）

第二节　认识基数

一、基数的含义

为了准确理解基数的含义，首先来学习一下整数和自然数的初步知识。

像“……－3，－2，－1，0，1，2，3……”这样的数，被称为整数，整数由正整数、零和负整数构成。一直以来,我们将 1,2,3……这样的正整数又称为自然数。自然数是人们认识的所有数中最基本的一类。每一个自然数都是一类等价的非空有限集合的共同特征的标记,它可以表示非空有限集合中元素的个数,比如"5"便是"5 名幼儿""5 张桌子""5 本书"等所有元素个数为"5"的集合的共同特征。

在自然数中,最小的是"1","1"被称为自然数的单位,其他任何自然数的形成都是由若干个单位"1"添加而成的。因此,从"1"开始,每次添加一个单位,这样依次产生的所有自然数所组成的排列就叫做自然数列。自然数列具有以下三个性质:一是有始性。自然数列从"1"开始。二是有序性。自然数列有其固定的顺序,每一个自然数的后面都只有一个比它大一个单位的后继数,除"1"以外,每一个自然数都只有一个比它小一个单位的前行数。三是无限性。自然数列是一个无限集合,如果你愿意,你可以无穷无尽地一直列下去。

0 不是自然数,自然数列中不包括 0。0 是空集合的标记,可以用来表示集合中一个元素也没有。需要特别注意的是,0 除了表示没有之外,还可以表示其他意义,如温度计上零上温度和零下温度的分界点等。0 比任何自然数都要小,如果把 0 放在自然数列的前面,就得到了一个扩大的自然数列,这个扩大的自然数列也是具备有始、有序和无限性质的。

自然数列中的每一个自然数都有两个含义:一是数量的含义;二是次序的含义。在数学领域,当一个自然数被用来表示事物数量时,就被称为基数;当一个自然数被用来表示事物次序时,就被称为序数。用集合论来讲,自然数是一类等价的非空有限集合的标记,既可以用来表示有限集合中元素的个数(基数),也可以用来表示有限集合中每个元素的位置(序数)。基数是刻画任意集合所含元素数量多少的一个概念,即被数的物体有"多少个"。

二、幼儿认识基数的学习内容

在幼儿园教育实践中,认识基数所涉及的学习内容十分丰富,有计数、掌握数目守恒、认识相邻数、区分单双数等,其中以计数能力的发展为核心。

(一)计数

计数俗称数数,是指运用一定的策略确定物体的数量,并最终报告出一个数作为结果的活动。其实质是将具体集合的元素与自然数列中从"1"开始的自然数之间建立一一对应的关系,只要不遗漏、不重复,数到最后一个元素时所对应的自然数就是计数的结果,即总数。幼儿的计数能力标志着幼儿对数的实际意义的理解程度。

针对正确计数的过程,有研究者提出了必须遵循的五条原则,这对于我们全面把握计数概念具有重要启示:(1)一一对应原则,即要数的集合中的每一个元素只能对应一个数词,反过来,一个数词也只能对应集合中的一个元素;(2)固定顺序原则，即数词的顺序是固定不变的，它是由自然数列的性质决定的；(3)基数原则，即最后一个元素对应的数词代表该集合中元素的总数；(4)抽象性原则，即计数只针对物体的抽象形式进行操作，与物体的具体特性如颜色、大小、质地等无关；(5)顺序无关原则，即计数结果与被数物体的顺序是无关的，从左往右数、从右往左数、从中间往两边数、先数哪些后数哪些等等，最终数出的结果都应该是相同的。

幼儿计数能力的发展需要经历四个主要阶段：口头计数、按物点数、说出总数和按数取(找)物。

1. 口头计数。幼儿学习计数通常是从口头计数开始的，口头计数又被称为唱数、机械计数、记忆计数，是指幼儿仅从口头上说出数词，没有将数和物进行对应。比如，在生活中我们会听到某个幼儿顺口说出"1、2、3、4、5"这些数词，但并不能正确拿出 5 个物体，或者点数 5 个物体。这说明，此时幼儿对数的实际含义并不理解。口头计数可使幼儿了解数词的名称以及自然数的顺序。口头计数和一一对应是理解计数的基础。

2. 按物点数。按物点数指通过用手指点物体或者用眼睛观察物体，在要数的物体与从 1 开始的自然数列之间建立一一对应关系的过程。按物点数的实质就是一一对应。用手点物体，同时按顺序说出数词，能够做到一一对应，我们称为"手口一致"，手口一致地点数需要眼睛、手、口、脑协同活动，它显然比口头计数要困难得多。从口头计数到按物点数的发展中，幼儿会出现手口不一致的现象，主要有三种表现：一是口能从 1 开始顺数，手却乱点要数的物体，不能一个一个地点物体；二是手能一个一个地点物体，口却乱数，往往刚开始时数词顺序正确，后面就出现跳数、来回数等现象；三是口手之间可以进行一定程度的配合，但达不到一一对应的要求，可能数两个数点一个物体，或者数一个数点两个物体。从手口不一致到手口一致，标志着幼儿基本掌握了数物一一对应的操作要领。在此基础上，幼儿随着手口一致点数经验的不断积累，数物一一对应的技能变得更加熟练、更加灵活，目测计数和默数开始出现。目测计数即幼儿不用手而只用眼睛点数物体的个数，默数又称心数，即数数时口不出声。从手口一致到目测计数和默数，标志着幼儿熟练掌握了数物一一对应的操作要领。

3. 说出总数。指在按物点数之后，将最后一个数词作为要数的物体的总数报告出来。说出总数具有非常重要的意义，它标志着幼儿已经开始将要数的物体作为一个整体来看待，并开始理解数的实际含义。在日常观察中，我们会看到，有的幼儿能够手口一致地点数物体，却并不能说出总数，这说明此时的幼儿并不明白手口一致点数的目的，以及一一对应点数与说出总数之间的关系，如果我们问幼儿"一共是多少个"这样的问题，他们可能会重复数一遍，也可能随便报告出一个数。可见，从按物点数到说出总数仍需向前迈出一步。为此，教师在向幼儿示范

计数过程时，在手口一致点数的基础上，最后可以在点数物的外面用手画一个集合圈，再说出总数。

4. 按数取(找)物。按数取(找)物是指教师先给出数词(总数)，再请幼儿取出或找出相应数量的物体。

(二)数目守恒

“守恒”这个词是瑞士心理学家皮亚杰最早提出来的，指物体的量不随物体形状的改变而改变。守恒涉及数目、物质、长度、面积、重量、体积等方面。数目守恒是指物体的数目不因物体外部特征和排列形式等的改变而改变，其中，物体的外部特征涉及物体的大小、颜色、质地、形状等。数目守恒是儿童最先掌握的一种守恒。

下面我们来看一个测查儿童是否掌握数目守恒的任务，该任务的基本原理是空间距离改变，物体数目保持不变。教师向幼儿呈现图1—1中左图A、B两行珠子，问幼儿:“上下两行珠子一样多，还是不一样多?”然后将B行珠子摆放得间隔更大一些(如图1—1中右图所示，幼儿可以看到教师调整B行珠子间隔的全过程)，再问幼儿:“上下两行珠子一样多，还是不一样多?”幼儿回答后，请他们说出理由。如果幼儿回答“B行多”或者“A行多”，说明他(她)未掌握数目守恒，如果回答“一样多”并能讲出理由，就说明他(她)掌握了数目守恒。

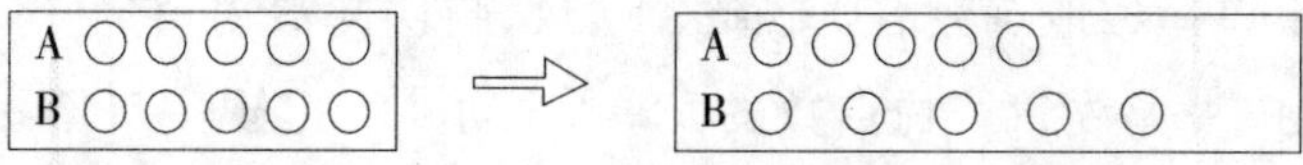

图1—1　测查数目守恒的任务

当然，我们还可以从其他角度出发来设计测查数目守恒所用的守恒任务，比如改变物体的大小、颜色、质地、形状等外部特征，或改变一组物体的排列形式(从整齐有序到杂乱无章)等。掌握数目守恒，意味着儿童能够排除其他无关因素的干扰，只考虑数目，说明幼儿已经理解了数的抽象性特点。

数目守恒的概念可以帮助我们进一步分析幼儿计数活动的不同水平。一般来讲，幼儿计数活动具有三种水平，从低到高依次是:死记硬背式的计数(口头计数)、初步的理解计数和守恒基础上的计数。死记硬背式的计数是指像说顺口溜一样从记忆库中提取数词，幼儿并不理解数的实际意义，当然也不能做到数物对应;初步理解计数是指幼儿能够做到数物对应，并说出总数，但计数过程中容易受到物体的外部特征或排列形式的干扰，如幼儿能够准确计数整齐排列的6条小鱼，一旦打乱顺序，在分布上有疏有密时，准确计数就会遇到困难;守恒基础上的计数是指能够不受物体外部特征或排列形式的干扰进行准确地计数，它通常需要幼儿应用一些有效的策略来标记数过的物体或者区分数过的和没数过的物体，比如，把数过的物体拿到一边，在数过的物体上面画斜线，或者先将物体排列整齐再开始计数等。

(三)认识相邻数

认识相邻数涉及掌握自然数列中相邻的三个数之间的关系，即任何一个自然数(1除外)都比前面一个自然数大1，比后面一个自然数小1。认识相邻数实际上也就是理解自然数列的数序和等差关系。

10以内相邻数的关系可以通过图1－2来加以说明。图1－2中左图和右图分别用间断量和连续量来表示数序和等差关系。按物计数间断量可以增进幼儿对“多1少1”关系的理解。以“3”的相邻数为例，按物计数间断量是指请幼儿观察一行三个小圆片(行首用数字3来表示)，再观察一行两个小圆片(行首用数字2来表示)和一行四个小圆片(行首用数字4来表示)，引导幼儿在两两比较后说一说哪行多，哪行少，多几个，少几个。在充分进行两两比较的基础上总结出“3个比2个多1个，3排在2的后面；4个比3个多1个，4排在3的后面；3的邻居是2和4，2是3的小邻居，4是3的大邻居”等等。操作连续量也有助于增进幼儿对“多1少1”关系的理解，比如，在经典数学教具“红蓝数棒”的操作中，将数棒1(▭为红色)作为单位1，依次放在数棒2、数棒3……数棒9的后面，就和数棒3、数棒4……数棒10一样长。在操作中幼儿将逐渐领会10比9多1……4比3多1，3比2多1。

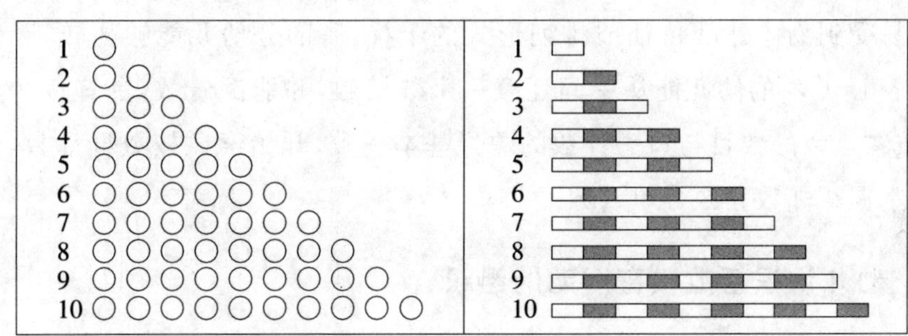

图1－2　10以内相邻数

以某个自然数(1除外)为中心数与它前后自然数的“多1少1”关系可以简单还原为任意两个相邻自然数的大小比较。也就是说，相邻三个自然数的大小排序需要以相邻两个自然数的比较为基础。

(四)区分单双数

单双数在日常生活中有着较多的应用，比如：一些大楼的电梯所到达的楼层有单数双数之分，电影院的入口也常按单数双数区分开来。为了提高计数的效率，幼儿开始按数群计数时，常常从“两个两个数”开始，这时教师可以适当引入单双数的概念，“两个两个数刚好数完的，叫做双数；两个两个数，数完还剩下1个的，叫做单数”。理解了单数双数的概念后，接下来，单双数还能作为将数或物品进行分类的一个依据。

三、幼儿认识基数的发展特点

进入幼儿园之前，幼儿在日常生活中就已积累了大量与基数相关的初步经验。他们积累经验主要有两个渠道：一是听成人描述数量，并与自己感知到的情景相联系。两岁以前，他们就能够听懂成人说的“多”“少”“一个”“很多”等词语。比如“小区的滑梯那里人太多了，咱们今天就不去那里了”，“今天出来玩的人真少”。这些含有描述数量词语的话，对于儿童来说是重要的、有助于他们感知数量的“好教材”。二是在动手操作物品的过程中感知数量、描述数量。比如，在拼搭积木的活动中体会“一块积木”与“一堆积木”的不同，知道一堆积木是由许多块单个的积木组成的。但这时的儿童对数量只有笼统的感知经验，只能区分明显的多少，对不明显的差异不能区分。

计数要求准确报告物体的数目，幼儿通过计数活动增进对基数的认识。3—4岁的幼儿通常都能进行口头计数，但他们一般不能从中间数开始数或者倒着数；在点数5个以内实物时可以做到手口一致，但对数的大小缺乏明确的认识，常常弄不清楚“4个和5个哪个多”，点数5个以上实物常会出现手口不一致的现象。4—5岁的幼儿一般能手口一致地按物点数到10，并且知道总数的意义，但他们的计数容易受到物体外部特征或排列形式的干扰，一部分幼儿能够比较10以内数的大小。5—6岁的幼儿能从中间任意一个数接数，并能倒着数，具有按物点数的能力，按物点数的数目与口头计数的数目基本一致，开始尝试按数群计数，他们一般都能掌握相邻数和区分单双数。

四、幼儿认识基数教育活动的组织

(一)目标

3—4岁	4—5岁	5—6岁
1. 熟悉10以内各数的顺序，能正确唱数到10。 2. 能手口一致地点数5个以内的物体，并能说出总数，能按数取物。 3. 能用数词描述事物或动作。 4. 能通过一一对应的方法比较两组物体的多少。	1. 能正确唱数到20，并能从任意数开始顺数、倒数。 2. 正确点数10以内的实物，并能说出总数，能按数取物。 3. 开始不受空间排列形式和物品大小等因素的影响，正确判断10以内物品的数量，初步感知10以内数的守恒。 4. 能通过实际操作理解数与数之间的关系，如2和3加在一起是5。感知和体验10以内相邻两数之间“多1”和“少1”的关系。如5比4多1，4比5少1。 5. 能通过数数比较两组物体的多少。	1. 在唱数的基础上，初步了解个位、十位上的数表示的数量是不同的，初步感知数位的含义。 2. 初步尝试按数群计数，体验不同的计数方法。 3. 能通过实际操作理解10以内单数和双数的概念，以及10以内相邻数的概念。

(二)教学建议

1. 将计数巧妙渗透进常规性活动中。

幼儿在园的一日生活是在重复和变化中不断向前推进的,不断重复的活动便成为班级中的常规性活动。比如教师在幼儿入园后进行点名和统计人数等,将计数渗透进这些常规性活动中,不仅可以使幼儿充分感受到计数的作用,而且还能持续积累计数经验,不断巩固计数的技能。在下面的案例中,教师设计了"集体过生日"的每月常规性活动,非常自然地为幼儿进行计数创造了机会。

案例　集体过生日(中班)

每月的8号(遇到双休日等节假日会适当调整)全班要为当月过生日的小朋友集体过生日,活动前教师会和幼儿一起找出过生日的幼儿,将他们的名字、照片布置在教室中,并请幼儿数一数有几位小朋友要过生日,他们过的是几岁的生日(数蜡烛)。

在区域活动时,教师引导幼儿利用积木、串珠等材料,采用绘画或制作等方式为过生日的小朋友制作礼物。在向过生日的小朋友赠送礼物时,送礼物的小朋友要说一说:"我用了×块积木,×个串珠,×种颜色,做了××东西,要送给×位小朋友,祝他们生日快乐!"赠送结束后,收到礼物的小朋友还要数一数他们一共收到了多少个礼物。

(案例提供:天津市河西区第18幼儿园　王蓓)

2. 调动幼儿的多种感官对不同集合进行计数。

基数表示集合中元素的多少。在幼儿的周围有各种各样的集合,如听到的声音集合、做出的动作集合等,不同的集合需要幼儿利用不同的感官来感知其元素的多少。充分调动幼儿的多种感官对不同集合进行计数,可以使幼儿熟练区分集合的元素,并在数词与集合中的元素之间建立一一对应关系,同时还有利于促进各种感官的协调发展。在案例"拍拍数数"中,教师请幼儿运用运动觉感知拍手、拍腿的次数,运用听觉感知发出声音的次数,十分有趣。

案例　拍拍数数(小班)

活动目标

1. 通过多种感官感受3以内的数量。

2. 对点数活动感兴趣,能正确点数3以内的数量并说出总数。

3. 体验和教师、同伴一起做游戏的快乐。

活动过程

1. 拍手数数。

(1)教师拍手示范,请幼儿一起数。拍三下停下来,引导幼儿明确游戏规则。

师:小朋友,我们一起拍三下手,边拍手边数一数,拍三下就停下来哦!

(2)师幼共同玩拍手数数的游戏,教师带领幼儿慢慢拍,边拍边数,数三下停下来。表扬拍一下数一下的幼儿,鼓励幼儿数数时声音可以响亮一点。

2. 拍腿数数。

(1)启发幼儿大胆地提出拍身体的其他部位,如:拍小腿、拍肩膀等。

师:刚才我们是边拍小手边数数,现在我们换一个部位拍,你想拍哪儿呢?

(2)师幼共同根据幼儿的提议玩"拍手数数"的游戏,关注并提醒幼儿拍一下数一下,最后说一说一共拍了几下。

3. 听声音数数。

(1)激发幼儿的游戏兴趣,请幼儿闭上眼睛,教师慢慢地拍两下手,鼓励幼儿说一说听到拍了几下,提醒幼儿听到一下便轻轻地数一下。

师:大家都会玩拍手数数的游戏了。下面闭上小眼睛,用小耳朵听,你能猜出来老师拍了几下手吗?

(2)教师再次拍手,鼓励幼儿仔细听,仔细数,大胆地说一说听到了几下拍手声。

(3)鼓励个别幼儿在集体面前拍手,其他幼儿闭上眼睛听,说一说听到了几下拍手声。

活动小贴士

1. 该游戏可以在室内环节过渡时,教师与全班幼儿一起玩;可以在室内自由活动时,教师与小组或个别幼儿玩;可以在室外活动时,教师与个别幼儿一起玩……组织形式由教师视具体情况而定。

2. 该游戏也可以借助音乐活动中的铃鼓、圆舞板等打击乐器进行,幼儿边敲打乐器边数数。但教师应先规范幼儿对乐器的使用方法,同时要提醒幼儿敲打乐器时声音轻一点。

3. 点数的数量可随着幼儿的发展情况进行变化。

(案例提供:江苏省南京市中华路幼儿园　贾宗萍)

除了调动幼儿的听觉和运动觉进行计数之外,还可以调动幼儿的触觉来感知物体的数量。比如,教师可以用布做一个"神秘袋",在里面装一些实物或者小模型,请幼儿将手伸进去摸一摸,并说出袋里物品的数量,然后再请另一名幼儿也来摸一摸，进行验证。这些活动都是幼儿非常感兴趣的计数活动。

3. 为幼儿提供“按数取（找）物”的机会，引导幼儿实际运用计数技能。

“按物点数”“说出总数”是先给出一定数量的物体，再找出相应的数词，其过程是从具体实物到抽象的数。“按数取（找）物”则恰恰相反，是先给出数词（总数），再请幼儿取出或找出相应数量的物体，是从抽象的数到具体实物。但二者在实质上都需要幼儿在数词与实物数量之间建立起正确的对应关系。教师设计一定的小任务，让幼儿进行“按数取（找）物”，便可以从相反的方向练习和巩固数物对应，并在具体情境中实际运用计数技能。在案例“宝贝罐”中，幼儿将按数取物的技能运用到了游戏材料的制作活动中。

案例　宝贝罐（小班）

活动目标

1. 能按5以内的数目取相等数量的物体。

2. 能正确点数5以内的数量并说出总数。

3. 体验自制游戏材料的乐趣。

活动准备

空的薯片罐若干（每个罐子的盖子上都贴有表示数字1—5的点子），小玩具若干。

活动过程

1. 摇罐子（一）。

(1)出示薯片罐，教师引导幼儿熟悉薯片罐。

(2)启发幼儿讨论，提议摇罐子听声音。

师：不打开罐子，怎么才能知道现在罐子里有没有东西呢？

(3)请幼儿取一个薯片罐，轻轻地摇一摇，听一听，感受罐子是空的。

2. 数点子。

教师指着罐子的盖子问，引导幼儿伸出右手食指进行点数，并说出点子的总数。

师：看，盖子上有什么？有几个点子呢？

3. 装玩具。

师：小点子是来找玩具朋友的。有几个小点子就找几个玩具朋友，我们要把小点子的玩具朋友放进罐子里，还要记得盖好盖子哦。

教师示范放玩具，鼓励幼儿数玩具，在罐子里放和盖子上点子一样多的玩具。

4. 摇罐子（二）。

教师将盖子盖好，然后轻轻地摇罐子。将罐子横放在地上轻轻滚动着玩。

师：现在罐子里有东西吗？装了东西的罐子，摇一摇会唱歌，滚一滚也会唱歌呢！

请幼儿每人取一个罐子，先数盖子上的点子数，然后边放玩具边数数。鼓励制作好的幼儿轻轻摇罐子、滚罐子，感受自制材料玩游戏的快乐。

（案例提供：江苏省南京市中华路幼儿园　贾宗萍）

4. 循序渐进地引导幼儿逐步达到守恒基础上的计数水平。

掌握数目守恒代表了幼儿最高的计数水平，它要求幼儿能够不受物体外部特征或排列形式的干扰进行准确的计数，要达到这一水平，幼儿需要从各种各样的实物集合中不断抽象出数的概念。为此，教师要认真考虑提供哪些计数材料，排列形式如何，如何从具体到抽象按部就班地设计计数活动。

在排除外部特征的干扰方面，教师可以提供大小、颜色、质地、形状等外部特征不同，但数量相等的两组物体，供幼儿计数和比较。

在排除排列形式的干扰方面，教师一方面可以提供数量相等的整齐有序、杂乱无章、横向一字排开、竖向一字排开、圆形排列、聚拢排列、分散排列等多种排列形式的计数材料；另一方面还要注意帮助幼儿及时思考和总结有效的策略，用以区分数过的和没数过的部分，如：把数过的物体拿到一边（分开），在数过的物体上面画斜线（作记号），用手遮住数过的部分（遮盖），或者先将物体排列整齐再开始计数（排列）等。

从具体到抽象按部就班地设计计数活动，要求教师按照从实物、实物模型、图片到点卡、数字这样的顺序进行“逐步置换”。案例“整理照片”体现了从物群卡到点卡的“置换”。

案例　整理照片（小班）

设计意图

小班上学期幼儿对基数的认识主要是感知3以内的数量，初步能用点子表示物体的数量。教师通过提供3以内数量不同动物的图片，让幼儿在帮助小动物整理照片的情境中感受到数数的意义。通过用点卡表示数量，也能提升他们对基数的认识。

活动目标

1. 按数量给物群卡分类并匹配点卡，巩固对3以内数量的认识。

2. 能坚持按操作规则进行活动。

3. 活动后能将材料还原再离开。

活动准备

1. 教具：熊的照片若干张(照片上熊的数量分别为1、2、3，熊的造型分别有熊爸爸、熊妈妈、熊宝宝，也可以有熊爷爷和熊奶奶)；排序板以及数字“1—3”的点子卡片各1张。

2. 学具：整理照片(每套材料包括“1—3”的小动物卡片各2—3张，“1—3”的点卡各1张，分类盒1个)；整理花店(每套材料包括“1—3”的花朵图片各2—3张，“1—3”的点卡各1张，分类盒1个)。

活动过程

1. 由熊的照片导入。

(1)教师出示照片，引导幼儿点数每张照片上熊的数量。

师：熊爸爸为全家人拍了一些照片，我们一起来看看这些照片，每张照片上有几只熊？

(2)幼儿观察照片，了解有的照片上有一只熊，有的照片上有两只熊，有的照片上有三只熊。

2. 分照片。

(1)出示排序板，引导幼儿尝试找出人数相同的照片并摆放在一起，边摆边说清楚是几只熊。

师：这么多的照片，熊宝宝想请小朋友帮忙整理一下，你们愿意吗？他想把人数相同的照片放在一起，你会放吗？

(2)师幼共同数一数分好类的照片，检查是否将人数相同的照片放在了一起。

师：都放好了吗？我们一起来看看是不是放对了。

(3)出示点卡，师幼共同匹配点卡。

师：你们帮熊宝宝整理照片，熊宝宝可高兴了。可是，到底哪一排是1只熊的照片？哪一排是2只熊的照片？熊宝宝会弄不清，你们能帮忙用点子来表示吗？1只熊的照片应该用点子几来表示呢？

鼓励幼儿匹配后说一说：“×只熊，我送你×个点子。”

3. 幼儿操作练习。

(1)介绍活动。

整理照片：将相同数量的小动物卡片放在分类盒的同一个格子里，然后用点子表示。

整理花店：将相同数量的花朵图片放在分类盒的同一个格子里，然后用点子表示。

(2)幼儿操作，教师指导。

鼓励幼儿边操作边讲述，先分物群卡再匹配点卡，做完后将材料整理好再换组。

4. 共同小结,进一步理解点卡的表征意义。

师:一朵花、一颗糖、一块饼干都可以用一个点子表示,那还有什么也可以用一个点子表示呢?

引导幼儿总结出数量是一个的物品都可以用一个点子表示,数量是两个的物品可以用两个点子表示,数量是三个的物品可以用三个点子表示。

(案例提供:江苏省南京市中华路幼儿园　贾宗萍)

5. 立足幼儿的"最近发展区",设计富有挑战性的计数活动。

"最近发展区"是苏联著名心理学家维果茨基提出的重要术语,指现实发展水平和潜在发展水平之间的距离。有效的教育教学总发生在"最近发展区"之中。最近发展区理论启示我们要了解幼儿的现实发展水平,判断其潜在发展水平,设计难度适宜的挑战性任务,从而有效地支持幼儿的学习与发展。低于现实发展水平或高于潜在发展水平会导致任务过易或过难,都不会取得理想的效果。案例"数数方法多"针对大班幼儿的年龄特点进行设计,满足幼儿不断挑战自我的需求,将目标定位于"尝试"和"体验"按数群计数也非常准确和适宜。

案例　数数方法多(大班)

设计意图

对大班幼儿来说,手口一致地点数已是他们习惯成自然的数数方法。大班幼儿挑战自我的意识逐渐增强,他们也很希望打破固有习惯探索新的方法,因而在大班的数数活动中,教师可引导他们去接触两个两个地数、三个三个地数甚至五个五个地数的多种数数方法。但是,这些数数方法的学习目的,尚不能定位于掌握层面,而只是尝试和体验,丰富幼儿的生活经验。幼儿在以后的日常生活中使用哪种数数方法,应尊重幼儿的个人习惯和选择。

活动目标

1. 尝试用两个两个地数或三个三个地数的方法进行计数,并正确说出总数。
2. 乐意向教师或同伴学习,了解多种计数方法。
3. 体验按群计数在生活中给人们计数物体带来的便捷。

活动准备

1. 教具:蚕豆4盘,每盘30颗;画有15—18个饺子的图片1张。

2. 学具:数糖果(每份材料有20—24个糖果,均为双数,放在1个篓子里);"数花朵"压膜操作单(每张操作单上画有15—18朵花,右下角写有3个总数)。

活动过程

1. 数数比赛。

(1)幼儿比赛数蚕豆。

师：妈妈请大家帮忙把蚕豆分到盘子里。30颗蚕豆装一盘，一共装了4盘。谁愿意帮忙数一数，看看盘子里是不是有30颗蚕豆？看谁数得又对又快。

出示四盘蚕豆，教师请4名幼儿同时开始，各数一盘蚕豆，比比谁数得快，引导其他幼儿观察他们数数的方法。

(2)师幼比赛数蚕豆。

师：谁数得快？他是怎么数的？（幼：一个一个数的）请冠军和老师比一比，看看我们是怎么数的？谁数得快？

教师用两个两个数的方法与幼儿进行比赛，引导幼儿仔细观察教师的数数方法。

2. 学习按群计数。

(1)学习两个两个地数。

师：刚才谁赢了？你们发现老师是怎么数的吗？我们一起来试试，好吗？

教师拿出一盘30颗的蚕豆，与幼儿一同数，每次拨动两颗蚕豆，边拨边两颗两颗地数"2，4，6，8，10……30"。

师：你发现两个两个地数有什么秘密吗？

引导幼儿发现两个两个地数，数的都是双数。

(2)学习三个三个地数。

出示教学挂图，教师示范前两个的数法操作，请幼儿集体尝试接着数后面的。

师：我们学会了两个两个地数，那你们想试试三个三个地数吗？瞧，奶奶包了许多饺子，想请你们帮忙数清楚有多少，可她有个要求，请你们三个一数，并把三个饺子用一个盘子装在一起。

师：三个三个数，你有什么困难？谁有小窍门？

鼓励幼儿相互交流三个三个数的心得，引导直接数有困难的幼儿尝试前两个数在心里数，第三个数出声数。如"1、2"在心里数，"3"出声数，"4、5"在心里数，"6"出声数。

3. 幼儿操作练习。

(1)了解游戏玩法。

数糖果：将篓子里的糖果用两个两个数的方法数一数一共有几个。

数花朵：先用连线的方法将三朵花连在一起，然后用三个三个数的方法数清楚压膜卡片上的花朵数量，最后在右下角圈出正确的总数。

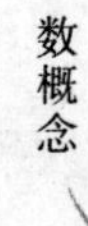

(2)幼儿操作,教师指导。

教师观察幼儿游戏情况,引导直接数有困难的幼儿三个三个数时,在第三个物体上写数字,如3,6,9,12……

4. 尝试新方法。

鼓励幼儿大胆尝试五个五个计数的方法。

师:我们学会了两个两个数、三个三个数,用这种方法,你还会怎么数呢?

(案例提供:江苏省南京市中华路幼儿园　贾宗萍)

按数群计数是指为了提高计数的效率,计数时以数群为单位,两个两个地数、五个五个地数等,并最终报告出总数的活动。按数群计数要求幼儿将物体划分成群,在物体群与相应的数群之间建立对应关系。幼儿只有掌握了熟练的目测计数技能,达到了一定的数抽象水平,才能迅速划分物体群,并熟练地按固定的间隔,如2、4、6、8、10,5、10、15、20等报告数词。

6. 通过与其他领域教学的自然融合帮助幼儿感受基数的用途。

在其他领域教学中也包含有一些与认识基数相关的内容,在进行这些内容的教学时,教师不必受到“领域”或“学科”归属的限制而强制进行人为的“剥离”。要知道在一个或一系列活动中,帮助幼儿获得多方面的有益的学习经验是十分宝贵的。案例“数高楼”活动就十分自然地融合了语言、美术等方面的学习经验,值得借鉴。

案例　数高楼(中班)

设计意图

《数高楼》是一首儿歌。它的内容比较简单,所使用的字词也是中班幼儿日常生活中经常接触的,并没有太大的难度和挑战。但整首儿歌中,幼儿仰着头边扳手指边数高楼的样子充满童趣,也赋予了儿歌生命力。在整首儿歌中,从内容到字词,都与数学密切相关,语言活动中自然地渗透、融合了数学的内容,这是教师应该紧紧抓住并充分挖掘的。因为考虑到教学挂图不能满足全体幼儿数的需要,所以活动中也安排了让幼儿听儿歌自己画高楼的环节,该环节可以将听儿歌(语言)、画高楼(美术)和数高楼(数学)更好、更自然地结合起来。

活动目标

1. 理解儿歌内容,初步学念儿歌。
2. 能够较大胆地画直线,并尝试用自己的画法从下往上表现出楼层。
3. 进一步感受数字在生活中的运用。

活动准备

儿歌《数高楼》的挂图、"1—10"的数字印章。

活动过程

1. 大家一起数高楼。

(1)师:我们一起去数一数幼儿园旁边的高楼,看看它们有几层?

师幼共同来到幼儿园附近的高楼前,数一数高楼有几层。

(2)师:你刚才是怎样数高楼的?数的结果是多少?

引导幼儿相互交流怎样数,从哪儿开始数,有没有数清楚,为什么?

2. 学习儿歌《数高楼》。

(1)出示挂图,教师有表情地朗诵儿歌,幼儿了解儿歌的名称及内容。

师:听一听儿歌《数高楼》说了件什么事。

(2)幼儿学念儿歌。教师提醒个别幼儿发音要准确,如数(shǔ)、楚(chǔ)等。引导幼儿迁移数高楼的经验进行表演。

3. 画高楼。

(1)师:你能把刚才数的高楼画下来吗?

师幼共同讨论绘画的要求:楼房线条要画得直,可以将纸竖着放,画满整张纸才能表示楼房高。

(2)幼儿作画,教师引导幼儿思考。

师:你画的高楼有几层?你能在每一层的旁边表示出来吗?你想用什么方法表示呢?第一层应该在哪儿?

(3)鼓励幼儿用不同的方法表示楼层数。如用数字印章盖上数字等。

4. 比比谁的楼房高。

引导幼儿拿着作品与好朋友互相交流、欣赏,并互相数一数楼层,检查楼房层数标记得对不对。鼓励幼儿尝试比较楼房的高矮。

(1)师:谁画的楼房是我们全班最高的呢?

幼儿报出自己画了几层楼,并找出全班画得最高的楼房。

(2)师:比它矮一点的楼房是谁画的呢?

引导幼儿按从高到矮的顺序继续寻找,并按排序的结果将作品依次展示在美工区。

附儿歌:

数高楼

路边有幢大高楼,

白云在它身边游。

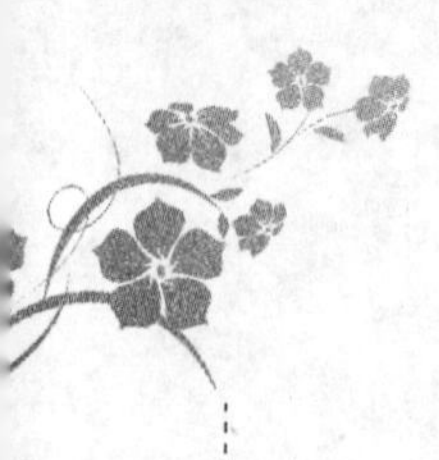

弟弟和妹妹，
扳着手指头。
指头数一数，
共有几层楼：
一二三，四五六，七八九……
手指都扳酸，
也没数清楚，
最高几层楼，
都在云里头。

（案例提供：江苏省南京市中华路幼儿园　贾宗萍）

第三节　认识序数

一、序数的含义

当一个自然数被用来表示事物次序时，就被称为序数。序数是表示有限集合中元素的次序的自然数，常用来回答"第几"的问题。

有这样一个流传已久的故事：有一个人饿了，就买包子吃，一连吃了五个，才吃饱。这时他问老板："我刚才吃的是第几个？"老板说："是第五个。"这人说："你为什么不早把第五个拿给我！那我吃一个包子就饱了！"这个故事对于我们区分基数（五个）与序数（第五个）十分有帮助。基数与序数含义不同，基数表示集合中元素的数量，序数表示集合中元素的排列次序，基数不受集合中元素排列顺序的影响，但序数与元素的排列顺序密不可分，集合中的元素必须排好顺序，我们才能确定某个元素排在"第几"的位置上。但二者也有密切的联系，可以说，基数是序数的基础，数到第五个包子时，也就获得了基数值"五个"，知道了基数值"五个"，反过来也可以推断出最后吃的这个包子在总数中排在第五的位置上。

二、幼儿认识序数的发展特点

幼儿对序数的认识要晚于对基数的认识。研究发现，3 岁幼儿一般都还没有序数的概念，不能区分基数与序数；4 岁以后，序数概念才逐渐发展起来，但最初幼儿很容易混淆基数与序数，对序数受排列顺序影响的特点缺乏理解；4－5 岁时，幼儿对序数概念会有较大的发展；5 岁左右时便能较好地理解序数的含义，能从不同方向确认物体的排列次序，能正确回答 10 以内"第几个"的问题或者顺利完成拿出"第几个"物体的任务，也能用序数词正确描述物体的顺序和位置，这与此阶段幼儿认识10以内序数能力的发展，特别是通过实际操作理解10以内数的顺序是相适应的；5—6岁以后，随着生活范围的扩大，幼儿会不断关注生活中应用序数的情况，对序数的理解在实际应用的过程中也将进一步深化。

三、幼儿认识序数教育活动的组织

(一)目标

3—4岁	4—5岁	5—6岁
	1. 能从不同方向(从左到右、从右到左、从上到下、从下到上、从前到后、从后到前)确认10以内物体的排列次序。 2. 理解序数的含义，会用序数词描述10以内物体的排列顺序和位置。	1. 能够同时考虑两个方向，确认物体的排列次序。 2. 能够发现和理解生活中常见的应用序数的情况。

(二)教学建议

1. 通过讲解演示、游戏操作等多种活动帮助幼儿理解序数的含义。

幼儿认识序数的初期，教师可以通过演示教具直观地向幼儿讲解序数表示"第几"。将物体横向排成一行，从左到右数是人们最习惯的一种点数顺序，可在最初教幼儿理解序数含义时普遍使用。比如：出示5个小动物的图片，将它们排成一行，请幼儿说说它们分别是什么小动物，一共有几只。然后教师从左边开始，依次移动一下小动物的图片，一边移动一边说："××排在第一个，××排在第二个，××排在第三个，××排在第四个，××排在第五个。"在此基础上，教师提问幼儿："××排在第几个？""哪个小动物排在第四个？"除了明确"第几"这些序数词外，教师还要强调用计数的方法确定序数，如从最左边第一个小动物开始数。

当幼儿初步理解了序数表示"第几"之后，教师可以组织相关的游戏活动、操作活动，帮助幼儿进一步熟悉序数，能够根据序数词"第几"迅速找到其在总体中的相应位置。反过来，也能够给总体中的某个位置指派一个相应的序数词。比如"坐火车游戏"，教师把班里11个小椅子竖着排成一列，最前面的椅子套个纸箱装扮成"火车头"模样，然后从第二把椅子开始贴上数字1—10，表示"第1节车厢、第2节车厢……第10节车厢"。请10名幼儿从教师处"购票"，票上注明"请乘坐第×节车厢"，然后持票过"检票口"上车。也可以选用适宜的桌面操作材料，供幼儿开展区域活动时使用。如粘贴材料"小动物坐缆车"，6个小动物的图片与排好序、编好号的6个缆车等。游戏活动和操作活动都属于幼儿亲自参与其中的实践活动，这些活动有助于加深幼儿对序数含义的理解。

2. 通过改变排列方向和物体位置帮助幼儿掌握序数与排列顺序的依存关系。

序数与物体的排列顺序密不可分。从左到右数10个物体，最左边的是第一，如果从右到左数，结果则完全相反，最左边的就变成了第十。掌握序数与排列顺序的依存关系是真正理解序数的标志。只有明确了物体的排列顺序，才能使用序数词进行准确的描述。向幼儿提供一组物品后，究竟按什么方向数，哪个是第一，教师可以用箭头、括号等做出标记，幼儿也可以与教师一起设计用来做标记的符号。

在组织相关教育活动时，教师可通过改变排列方向、物体位置帮助幼儿掌握序数与排列顺序的依存关系。常见的排列方向有从左到右、从右到左、从上到下、从下到上、从前到后、从后到前等，它决定了点数的起始位置，而改变排列方向，或改变物体所处的位置，也需要重新确定物体的排列次序。案例“小熊请客”在感知序数含义时就涉及从左到右、从右到左等多种排列方向。

案例　小熊请客(中班)

设计意图

此次活动以“小熊请客”为游戏情境来学习5以内的序数。在活动中，教师巧设问题，调动幼儿的求知欲，同时融合了音乐、美术、体育等领域的内容，注重幼儿主动学习及同伴互学。

活动目标

1. 喜欢参与活动，体验数学活动的乐趣。

2. 感知序数的含义，能从不同排列方向确定5以内数量的物体的排列次序。

3. 培养幼儿思维的灵活性。

活动准备

车站牌、汽车(用纸盒制作的)，汽车图片、房子图片、座位图每人一份，衣服上写有数字的小动物卡片，皮球、手偶(熊、猫、狗、羊、猴、兔)等。

活动过程

1. 先通过情境导入，引起幼儿的兴趣。

师：(一边出示手偶一边说)小熊邀请好朋友到家里来玩，你们看它请了几个小动物？

2. 初步感知5以内的序数。

师：(把小动物依次摆放在站牌后)小动物排队等车去小熊家，现在小猴排第一，谁排第二？谁排第五？××排第几？

3. 进一步感知5以内的序数。

师：车来了，小狗坐在了第一个座位，谁坐在了第二个座位？第三个座位是谁？第五个座位是谁？第几个座位还空着？

4. 感知数的排列。

师:小动物下了车,看到一排漂亮的房子,请小朋友数一数,一共有几间房子?(幼:6 间)看一看,最矮的房子排在第几间?最高的房子排在第几间?三角形屋顶的房子排在第几间?第几间房子是小熊的家?

5. 通过美工活动了解 5 以内的序数。

师:小熊家有 5 把小椅子,请你帮助小熊按照要求给小椅子涂上漂亮的颜色好吗?(第一把是蓝色,第二把是黄色……)

6. 通过自由探究和讨论交流,理解“物体按不同方向排列时,它所在的位置是不一样的”。

(1)教师选择幼儿涂色的作品设疑,调动幼儿的求知欲。

师:第一把椅子是什么颜色?(蓝色)小熊说第五把椅子是蓝色的,谁同意小熊的说法?为什么?

(2)引导幼儿讨论,自由探究:为什么两种说法都是对的?

前者从左往右数,后者从右往左数。

(3)提升经验:排列物体时,方向不一样,位置也不一样。

7. 通过操作活动认识 5 以内的序数。

师:小熊为小动物准备了漂亮的衣服,衣服上还写了数字。数字是几,小动物就要坐在第几把小椅子上。现在请小朋友按照数字的要求从左往右把小动物送到相应的椅子上吧。

再请小朋友按照数字的要求从右往左把小动物送到相应的椅子上。

8. 游戏巩固。

(1)拍球比赛:小熊也邀请了幼儿园的小朋友到家里做客,进行一场拍球比赛,按拍球多少排名次,拍得最多的小朋友得第一,站到队伍的第一个位置。(5 个人一组进行比赛)

(2)快快来站队:按拍球名次站队,分别站横队和纵队,引导幼儿从不同方向确定排列次序。

(3)音乐游戏“坐火车”:把小椅子排成一列,幼儿自由入座,与教师一起唱与序数有关的问答歌曲。

(案例提供:天津市河西区第26幼儿园　胡静文)

需要注意的是,不同排列方向还可以综合在一起,如二维平面排列、三维立体排列等。这时在确定物体的排列次序时就需要同时考虑两个方向甚至三个方向。比如:在“搬新家”活动中,画面上的楼房从下到上可以数“第几层”,每层楼的窗户从左到右可以数“第几间”,每个窗户上画着不同的人物或小动物的头像,教师请幼儿说一说“住在第几层第几间的是谁”,学习用序数词描述物体的位置。接下来,请幼儿帮助这些住户“搬新家”,搬家规则是“楼层不变、房间也不变”,将人物或动物头像的贴纸粘在新楼房相同位置的窗户上。

3. 利用日常生活中的应用实例帮助幼儿进一步掌握序数。

在日常生活中应用序数的情况有很多,结合具体的应用实例开展教育活动,可以进一步巩固幼儿对序数概念的理解,让幼儿感受到序数的作用,还可以增进幼儿对周围生活的了解,培养幼儿运用序数解决实际问题的能力。比如,幼儿介绍幼儿园的建筑时要告诉别人,大一班在几楼,左边第几个教室;图书室在第几层楼;介绍自己的家时,说说家住第几层楼;车位是第几个等等。教师在设计案例时便抓住了日常生活中常见的“门牌号码”这一应用序数的实例,密切结合幼儿的周围生活来帮助幼儿掌握序数。

案例　门牌号码(大班)

活动目标

1. 认识门牌号码,初步了解门牌号码上的数字表示的意思。

2. 幼儿能迁移生活经验参与交流和讨论。

3. 感受数字在人们生活中的作用。

活动过程

1. 说说自己家的门牌号码。

(1)师:你知道自己家住哪儿吗?你能清楚地说出来吗?

鼓励幼儿说一说自己家的门牌号码。

(2)师:有的小朋友说了××街道、××小区。这样别人能找到你家吗?如果老师要到小朋友家去家访,仅仅知道你住哪个小区就行了吗?

引发幼儿讨论,了解还要知道门牌号码。

(3)师：门牌号码是什么样的呢？

鼓励幼儿根据自己的生活经验说一说，知道它是由几个数字组成的一组号码。

2. 寻找幼儿园的门牌号码。

(1)师：我们一起在幼儿园里找一找，看看幼儿园里有没有门牌号码。

师幼共同在幼儿园内边散步边寻找门牌号码。找到门牌号码之后，引导幼儿学着读一读。

(2)师：我们在幼儿园内发现的门牌号码有几个数字？这些数字表示什么意思呢？

师幼共同看其中的一个门牌号码进行讨论，如：101。引导幼儿了解，第一个数字 1 表示楼层，是在一楼；第三个数字 1 表示房间号，是第一个房间。

(3)师：如果是一楼的第二个房间，那它的门牌号码应该是几？如果是二楼的第一个房间，门牌号码又应该是几？

通过讨论交流，引导幼儿进一步了解门牌号码上数字表示的意义，并尝试推算门牌号码。

活动延伸

1. 如果幼儿园各教室没有门牌号码，教师可引导幼儿为各教室制作门牌号码。

2. 鼓励幼儿给建筑工地上搭建的楼房制作门牌号码。

活动小贴士

1. 教师可带领幼儿到社区里去散步，寻找门牌号码。

2. 教师也可以用拍照片或录像的方式拍摄一些门牌号码，引导幼儿观察并讨论，理解门牌号码上数字表示的意义。

（案例提供：江苏省南京市中华路幼儿园　唐晓艳）

第二章 数字、数学符号和加减运算

第一节 数 字

一、数字的含义

数字是用来表示数的一种抽象符号。在不同的国家、不同的行业领域有不同的数字体系。比如，在我国汉字中基本的数字有“一、二、三、四、五、六、七、八、九、十”，银行业采用“壹、贰、叁、肆、伍、陆、柒、捌、玖、拾”等汉字表示大写的数字，罗马数字有“Ⅰ、Ⅱ、Ⅲ、Ⅳ、Ⅴ、Ⅵ、Ⅶ、Ⅷ、Ⅸ、Ⅹ”等。目前国际通用的、较常见的“1、2、3、4、5、6、7、8、9、10”是阿拉伯数字表示法，它最初是由古代印度人发明的，后来经过阿拉伯人的传播在全世界得到了广泛的使用，所以今天人们称之为“阿拉伯数字”。

在自然数里，最基本的数字有 9 个，即“1、2、3、4、5、6、7、8、9”，再加上“0”，就构成了常用的 10 个数字。将这 10 个数字进行不同的组合，可以得出任意一个自然数。其中，数字“0”非常特殊，它是空集合的标记，表示集合中一个元素也没有，在表示物体数量时，“0”就表示“没有”。但在实际生活中，“0”还有更加广泛的应用。

在生活中，幼儿有许多机会接触到数字，比如家长的手机号码、车牌号、钟表数字、门牌号码等。幼儿认读和书写数字既是了解周围现实生活、增强沟通交往能力的一种需要，也能进一步巩固对 10 以内数的认识，增进对数字抽象性的理解。

二、幼儿认读和书写数字教育活动的组织

(一)目标

3—4 岁	4—5 岁	5—6 岁
体验和发现生活中很多地方都用到数字。	1. 在教师指导下，感知和体会有些事物可以用数字来描述，对环境中各种数字的含义有进一步探究的兴趣。 2. 认读阿拉伯数字 1－10，能用数字正确表示 10 以内物体的数量。	1. 认读数字 0，理解 0 的实际意义。 2. 能够正确书写 10 以内的阿拉伯数字，书写姿势正确，在生活和游戏中乐于使用数字，感受到数字的有用。

（二）教学建议

1. 引导幼儿发现周围生活中的数字，感受数字在人类生活中的重要作用。

教师可以充分利用生活中使用数字的真实情景，引导幼儿感受到数字的作用。比如，在卡片上写出每位幼儿家长的电话号码送给幼儿，请他们认读、互相介绍，还可以将卡片布置在教室中。在案例“身边的数字”中，教师十分巧妙地利用了和幼儿一起外出散步的机会，引导幼儿发现数字，并在与幼儿交流分享的基础上获得了适当的经验提升。

案例　身边的数字（中班）

活动目标

1. 发现身边的数字，了解数字的作用。
2. 初步体验数字与人类生活的关系。
3. 养成仔细观察与寻找的习惯，对身边的数字比较敏感。

活动过程

1. 认认数字宝宝。

出示数字1—7，幼儿认读数字。

2. 寻找身边的数字。

师：今天我们去散步的时候，就要把这些数字宝宝找出来哦！还要说一说它们表示什么意思。看谁眼睛亮，找到的数字宝宝多。

师幼共同散步，教师引导幼儿注意观察教室内、幼儿园以及路边建筑物上的数字、红绿灯上的数字、门牌号码上的数字、汽车站牌上的数字、公用电话上的数字、汽车车牌上的数字、商店价格牌上的数字……寻找数字的过程中，教师要密切关注幼儿的安全，提醒幼儿注意避让车辆，跟紧队伍。

3. 交流寻找结果。

幼儿自由交流自己在哪里找到了数字宝宝，它们是数字几，它们有什么作用。教师引导幼儿了解某些数字的作用。

师幼共同小结：我们身边到处都有数字，楼房上有数字，表示这幢楼房是第几幢；公交车上有数字，表示它是第几路车等等。

4. 了解数字的作用。

(1)幼儿自由讨论，感受数字在生活中的重要作用。

师：如果没有这些数字，生活会怎么样？

(2)引导幼儿知道数字可以帮助我们记住家和幼儿园的门牌号码，好朋友的电话号码，商品的价格等等。

师：数字对我们的生活非常重要，我们不能缺少数字宝宝！

（案例提供：江苏省南京市中华路幼儿园　唐晓艳）

2. 运用幼儿熟悉的形象帮助幼儿辨认数字的字形。

经验证明，运用幼儿熟悉的近似数字的形象，对于他们记住数字的字形十分有帮助。比如"1"像小棒，"2"像鸭子，"3"像耳朵，"4"像小旗，"5"像秤钩，"6"像哨子，"7"像镰刀，"8"像麻花，"9"像气球，"0"像鸡蛋等。由于幼儿对空间方位的辨别能力和对细节的观察能力还比较有限，容易混淆形近的数字，如"6"和"9"等，教师要耐心地帮助幼儿进行区分辨认。为此，教师可以设计有趣的活动，帮助幼儿充分感知数字的字形。比如：请一名幼儿看数字卡片做肢体动作或手指动作，再请其他幼儿看动作猜一猜可能是什么数字；在幼儿胸前挂上数字卡片，请他们一边听音乐《找朋友》，一边找到胸前数字和自己相同的小朋友；幼儿带上数字头饰，听教师口令做动作等。无论如何，在辨认字形期间，幼儿所接触到的数字一定是规范的手写体或印刷体。

3. 使用普通话向幼儿示范数字的正确读音。

认读数字除了辨认字形之外，还要准确发音。为此，教师首先要做到使用普通话示范数字的准确发音，并能识别出幼儿不准确的发音，比如把"3"(sān)读成了"山"(shān)等，最后还要针对幼儿因混淆而读错的数字进行重点比较和练习。

4. 帮助幼儿掌握正确的书写姿势和数字的书写规范。

正确的书写姿势对于保护幼儿视力和身体的正常发育具有重要意义。它主要包括两个方面的内容：正确的坐姿和正确的握笔姿势。正确的坐姿指"一直一正二平"和"三个一"，前者指"身体直、头正、肩平和腿平"，后者指"眼离书本一尺远、胸离桌子一拳远、手离笔尖一寸远"。正确的坐姿要求幼儿坐时两脚自然着地，两腿平放，不能跷腿；身子坐直，胸膛挺起，不能趴在桌子上；头要正，不能歪向一边；两肩放平；纸放正，一只手轻按纸，另一只手握笔。以右手握笔为例，正确的握笔姿势有6点要求：(1)右手拇指在笔杆的左侧，比食指稍靠后些，食指在前偏右，这两指紧紧夹住笔杆，中指在食指下面，用第一个关节从下方托住笔杆，无名指和小指在中指之后自然地弯向掌心；(2)笔杆向右后方倾斜，紧贴在食指第三关节与虎口之间；(3)食指与大拇指捏笔时中间呈椭圆形；(4)手掌与手臂呈一条直线；(5)捏笔手指与笔尖的距离约2.5厘米；(6)小指轻触纸面，写字时手的支撑点在腕侧。

数字的书写是有一定规范要求的。幼儿学习书写数字，一般应用"日"字格本，也可以用田字格本来充当。考虑到市面上田字格本的字格一般比较小，不适合初学数字书写的幼儿，教师最好自制田字格本，即在一张空白纸上设计出若干行，每行有若干个较大一些的田字格，并印发给幼儿。数字要写满一个田字格中左边的上下两格（“日”字格），但不要出格，写完一个数字空一个“日”字格，从左到右写完一行再写下一行。教师可以通过自身示范或多媒体课件演示等方法，讲解每个数字书写的顺序，从何处起笔，向什么方向运笔，如何拐弯等。

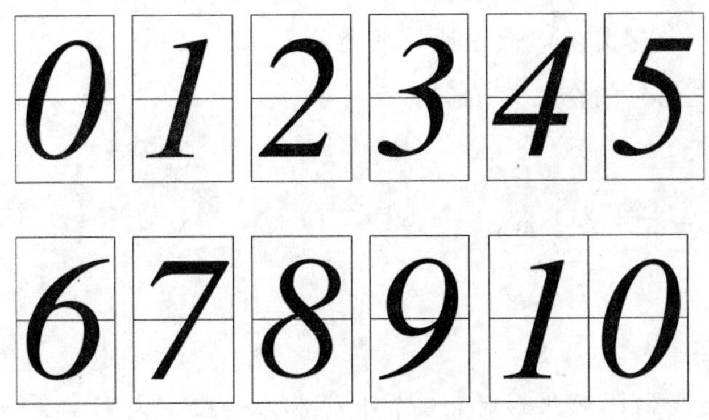

图 2—1　书写数字时的占格情况

在示范讲解的基础上，教师可以循序渐进地引导幼儿练习书写数字，一般的顺序是先书空练习，再描红，最后独立书写。书空练习是指用食指在空中或在本子的范体字上，按笔顺要求做出“写”的动作，以便熟悉数字的笔顺和笔画。描红指用笔在模字本上描写，既练习笔顺和笔画，也能感受数字的占格特点。独立书写是指在空白的“日”字格上写数字，它能充分暴露出书写存在的各种问题：书写姿势、笔顺、笔画以及占格情况等。教师可以灵活地采取多种有效的方法帮助幼儿发现问题，进而纠正错误，如请同伴互评优缺点，让幼儿找找自己哪个数字写得最好等。此外，建议教师设计一些有趣的“书写小任务”，以材料为载体安排进“益智区”或“数学区”，供幼儿自选，比如用食指蘸水写字，用水彩笔写出五颜六色的数字，在姓名后面写下家里的电话号码等。“书写小任务”要以少而精为原则，教师以个别指导为主。

5. 在幼儿的一日生活中自然地渗透认读和书写数字的内容。

幼儿的一日生活包含使用数字的具体情境，教师可适当引导幼儿在使用数字的过程中练习认读和书写数字。比如，教师记录每天幼儿出勤的人数，再请幼儿认读，或者每组选一名幼儿点数本组的人数，再写到全班的记录单上。在案例“马兰花”中，教师将数字卡引入体育游戏活动，值得学习。

案例　马兰花（中班）

设计意图

“马兰花”是一个经典的幼儿体育游戏活动。因为儿歌以问答的形式呈现，就为变换数字多次玩游戏提供了可能。将数字卡添加其中，不仅不会影响体育游戏活动的顺利进行，还能让幼儿在游戏中体会数字的作用。

活动目标

1. 能按指定数字找到相应数量的朋友。

2. 练习在一定范围内四散追逐跑的能力。

3. 在活动中能对指令迅速地做出反应。

活动准备

7以内的数字卡片各1张。

活动过程

1. 报数走路。

(1)师：今天我们练习队形时，10个小朋友为一组。大家从第一个小朋友开始报数，数到10以后，这10个小朋友就围成一个小圆圈。

幼儿报数，每10人围成一个小圈。

(2)师：下面我们学习解放军叔叔走路，要和解放军叔叔一样有精神地走路哦！

幼儿听口令练习，教师提醒幼儿动作有力，口号响亮。

2. 了解游戏玩法。

(1)师：会玩“马兰花”游戏吗？在玩这个游戏前，要先学会念一首儿歌哦！

教师念儿歌《马兰花》，幼儿欣赏并轻声跟念。

(2)师幼共同讨论游戏玩法，边念儿歌边拍手散开，念完最后一句时，聚到发口令的人身边，集体问：“几瓣花？”发口令的人说：“×瓣花。”幼儿迅速按口令×人一组抱在一起做一朵花，找不到朋友的幼儿就输了。

(3)师：知道游戏怎么玩了吗？

鼓励幼儿反馈游戏玩法，根据幼儿的反馈情况教师再进行补充说明，帮助幼儿理解玩法。

(4)师：游戏中如果想换个朋友，怎么办呢？

师幼共同确定规则：找朋友时，找到后就不能再换。如果想换朋友，可以等到游戏再次进行时交换。

3. 幼儿游戏。

(1)幼儿游戏3—4遍。前两遍时，发令人口报“×瓣花”，后两遍游戏时，发令人直接出示数字卡，让幼儿看着卡片上的数字找朋友。

(2)师：你们怎么知道是几个好朋友抱在一起做一朵花呢？

引导幼儿看数字卡，按卡片上的要求玩游戏。知道数字卡是几就表示几个好朋友抱在一起做一朵花。

(3)游戏结束,幼儿相互轻轻地拍一拍,帮助对方放松全身。

附儿歌:

马兰花

合:马兰花,马兰花,风吹雨打都不怕。

勤劳的人儿在说话:"请你马上就开花!"

问:几瓣花?

答:×瓣花。

(案例提供:江苏省南京市中华路幼儿园　钱震)

(三)注意事项

教幼儿认读和书写数字时,要注意激发幼儿的学习热情和学习兴趣,切忌脱离情境在较长时间内进行枯燥的强化训练,这样会使幼儿产生厌恶的情绪,不利于幼儿学习兴趣的培养,得不偿失。在实践中,教师可以分散地进行数字认读和书写的教学,最好结合"认识10以内基数"的内容,在运用实物、实物模型、图片、点卡的基础上呈现数字。幼儿既认读了数字,同时又能明确每个数字所代表的含义。

第二节　简单的数学符号

一、数学符号的含义

数学除了记数以外,还需要用一系列的符号来表示数学中的概念,如"=、≠、≈、≤、≥、<、>、+、−、×、÷、∪、∩、∵、∴"等,用来书写、记录数学概念的专门符号被称为数学符号。数学符号的发明和使用比数字晚,现在常用的有200多个,许多数学符号的产生和变迁都有一段有趣的故事。

数学符号是一种抽象的科学语言。它具有下面一些特点:(1)含义明确,每一个数学符号都具有确定的含义,很少产生歧义或异义。(2)形式简洁,数学符号以简化的形式表达着相对复杂的数学概念。(3)直观形象,如等号"=",有位数学家曾精辟地指出:"再也没有别的东西比它们更相等了。"(4)读写方便。

数学符号以数学概念为依托,如果不理解数学概念,人们是很难看懂数学符号的。在幼儿园教育教学活动中,简单数学符号的引入应以必要为原则,一般来讲涉及这样几个数学符号:大于号">"、小于号"<"、加号"+"、减号"−"、等号"="。

二、幼儿认识数学符号教育活动的组织

(一)目标

3—4 岁	4—5 岁	5—6 岁
		1. 在指导下对生活中简单的数学符号感兴趣。 2. 了解“＋”“－”“＝”“＞”“＜”的含义,能够运用这些符号表示简单的数量关系。

(二)教学建议

1. 找准时机,结合幼儿熟悉的形象准确地讲解符号的形状和含义。

引入数学符号的时机很重要,判断时机是否恰当,要以幼儿是否理解相应的数学关系,是否需要使用符号进行表达为依据。具体来讲,当幼儿理解了数字的含义,并能认读10以内数字后,为了帮助幼儿记录数字大小的比较结果,教师可以引入大于号和小于号。在加减运算教学的后期,为了帮助幼儿记录实物加减的运算关系,教师可以引入加号、等号和减号。引入数学符号要让幼儿感受到它是有用的、方便的。

数学符号有确定的含义和规范的写法,在向幼儿介绍时,教师可以结合幼儿熟悉的动作或形象进行,比如在案例“有趣的符号”中,教师把大于号“＞”形象地比喻为“张着嘴巴对着大数笑”,把小于号“＜”比喻为“屁股撅给小数瞧”,便于幼儿理解和掌握。

案例　有趣的符号(大班)

活动目标

1. 认识“＞”“＜”。

2. 能正确判断10以内数量的多少,并会用“＜”“＞”表示其关系。

3. 愿意尝试不同的游戏玩法,能够整理游戏物品。

活动准备

1. 教具:方格纸、符号卡片“＜”“＞”。

2. 学具:大嘴巴比多少(2组12套,每个幼儿2张,每张作业上包括点点比较图和方格纸);符号卡片“＜”“＞”、水彩笔6支、印台每组2个、数字“1—9”的印章。

活动过程

以“大嘴巴”兄弟来跟幼儿做游戏导入。在游戏中,“大嘴巴”兄弟一会儿嘴巴朝前(与“＞”相似),一会儿嘴巴朝后(与“＜”相似)。

1. 认识“＞”。

(1)出示7和5两个数字,请幼儿比较大小。

(2)出示“＞”,重点引导幼儿观察大于号像张着嘴巴对着大数笑,大于号表示前边的数比后边的数大。幼儿初步理解大于号的含义,说出“7大于5”。

(3)再出示8和6两个数字,请幼儿上来将大于号摆放好。

2. 认识“＜”。

此环节的教学重点:幼儿知道符号名称,并知道大嘴巴一直朝着数量多的一边。

(1)出示4和6两个数字,请幼儿比较大小。

(2)出示“＜”,重点引导幼儿观察小于号像是在向左弯腰,撅着屁股的样子,屁股撅给小数瞧。幼儿初步理解小于号表示前边的数比后边的数小,并说出“4小于6”。

(3)再出示3和5两个数字,请幼儿上来将小于号摆放好。

3. 数字游戏。

介绍游戏玩法:根据点子数,知道相应的格子中应该用数字几表示。再根据点子的多少,知道是用“＜”还是“＞”,并把符号放在数字之间。请2—3名幼儿上来再次尝试。

4. 介绍分组游戏及玩法。

(1)介绍分组游戏。

师:今天我们玩两组新游戏,第一组中的“＜”和“＞”是直接摆放的,第二组中的“＜”和“＞”是用水彩笔写的。

(2)鼓励幼儿尝试玩新游戏,例如:用数字章在纸上印出两个数字,再摆放“＞”“＜”,或者用水彩笔写出“＞”“＜”,并抓紧时间玩遍所有的游戏。建议玩得快的幼儿,去玩难度高的一组新游戏。

(3)教师提醒幼儿玩过的游戏材料要按类收拾好。

活动延伸

可将这些游戏材料放在数学区,方便幼儿自由操作。

(案例提供:天津市卫生局幼儿园　杨国瑾)

2. 通过各种游戏活动帮助幼儿进一步熟悉数学符号。

幼儿在使用数学符号的过程中不断熟悉数学符号。教师可以设计有趣的使用数学符号的游戏活动,为幼儿创造使用数学符号解决问题的机会。在案例“配数卡”中,教师设计了同伴合作配数卡的游戏,为幼儿提供了综合练习10以内的数字以及大于号、小于号、加号、减号和等号的机会。

案例　配数卡(大班)

活动目标

1. 能根据给定的数卡和符号卡,选择合适的数卡进行匹配,使等式或不等式成立。

2. 进一步认识数字和数学符号,理解其表达的意思。

3. 愿意参加比赛活动,有勇气向同伴挑战或接受同伴的挑战。

活动准备

1—10 的数字卡,"＞""＜""＝""＋""－"的符号卡若干。

活动过程

1. 教师出示卡片,幼儿认读。

(1)出示 1—10 的数字卡,以及"＞""＜""＝""＋""－"的符号卡。

师:这些卡片上的内容你都认识吗? 你能不能快快地说出它们的名称?

(2)引导幼儿先认读每张卡片上的数字或符号,然后教师随意地指一张卡片,幼儿快速地说出卡片上的数字或符号的名称,进一步熟悉卡片上的内容。

2. 游戏"配数字卡"。

(1)师:单张卡片你们都认识了,如果是两张卡片合在一起,你能说出它们的意思吗? 我们来试一试。

教师同时出示一张数字卡和一张符号卡,引导幼儿观察并说一说,如"5 大于 2"。

(2)师:5 大于几呢? 谁能为它们配上数字卡?

鼓励个别幼儿尝试配一张数字卡,如"5 大于 3"。

(3)师:还可以配上其他的数字卡吗?

鼓励幼儿尝试匹配更多的数字卡,但要使不等式成立。

(4)师:这个游戏可以两个小朋友一起玩。一个人先出一张数字卡和一张符号卡,另一个人为它们再配上一张数字卡,两人都要说一说结果,检查对不对哦!

幼儿两两结伴游戏,一个人给出数字卡和符号卡,另一个人再配数字卡。幼儿如果选择的符号是加号或减号,就要对算式进行计算,算出结果。

(5)师:刚才大家是和好朋友一起玩的。如果进行配数比赛,你们有没有信心取得胜利?

进一步激发幼儿游戏的兴趣,教师邀请两位幼儿进行比赛,引导其他幼儿先检查结果是否正确,然后再判断谁最快。采用挑战赛的形式继续开展游戏,引导幼儿进一步熟悉数学符号,理解数学符号表示的意思。

(案例提供:江苏省南京市中华路幼儿园　钱震)

第三节　加减运算

一、有关整数加减运算的基础知识

集合间的关系和运算是整数加减运算的理论基础。下面我们就从这两个方面来进行简单的梳理。

(一)集合间的关系与运算

指定的某些对象的全体构成集合,它的表示方法主要有列举法、描述法和文氏图法。列举法是将一个集合中的所有元素一一列举出来,并写在大括号“{　}”中表示这个集合的方法。描述法是把集合中元素的相同属性用语言或数字表达式描述出来,并写在一个大括号中表示集合的方法。文氏图法是用封闭的曲线将集合中的元素圈起来,象征性地表示集合的方法。相比较而言,文氏图法比较直观、形象,特别是封闭的曲线能够让幼儿直观地感受到元素与集合之间部分与整体的关系,因此它在幼儿园数学教育中应用较广。比如,在示范手口一致点数时,教师会有目的地在一一对应点数之后,在被数物体的外面用手画一个封闭的圈,这时再说出总数,以强调这是一个集合,总数代表集合中元素的多少。

包含关系和相等关系是集合之间比较特殊的两种关系。包含关系是指一个集合中的任何一个元素都是另一个集合中的元素,例如 A={小班女幼儿},B={小班幼儿},“小班女幼儿”都是“小班幼儿”,我们就称集合 B 包含集合 A(即 B⊃A),集合 A 包含于集合 B(即 A⊂B),集合 A 就被称为集合 B 的子集。相等关系是指两个集合间的元素是完全相同的,例如 A={1,2,3……10},B={大于 0 且小于等于 10 的自然数},我们称集合 A 和集合 B 是同一个集合。

集合间还可以进行运算,如求交集、并集或差集等。对于给定的集合 A 和 B,由同时属于这两个集合的元素所组成的集合,就叫做集合 A 和 B 的交集(A∩B)。例如:

A={中班女幼儿}

B={中班本月全勤的幼儿}

A∩B={中班本月全勤的女幼儿}

如果集合 A 与 B 的交集是空集,我们称集合 A 与 B 不相交。例如:A={幼儿爸爸},B={幼儿妈妈},它们的交集是空集,这两个集合不相交。

对于给定的集合 A 和 B,由所有属于 A 或属于 B 的元素组成的集合(共同的元素只出现一次),就叫做集合 A 和 B 的并集(A∪B)。例如:

A={1,2,3,4,5,6}

B＝{2,4,6,8,10}

A∪B＝{1,2,3,4,5,6,8,10}

对于给定的集合A和B,由属于A但不属于B的一切元素所组成的集合,就叫做集合A与B的差集(A－B)。例如：

A＝{大班保育员和教师}

B＝{大班保育员}

A－B＝{大班教师}

(二)整数加减运算的含义

整数加减运算是对所掌握数量关系的运用。加法是求和的运算。用集合论的观点看,加法就是求不相交的两个集合A和B的并集C(A∪B)的基数c,设这两个不相交的集合A和B的基数分别是a和b,c就称作a与b的和,记作a＋b＝c,读作"a加b等于c",a和b都叫做加数,"＋"是加号。交换两个加数的位置,和不变,这是加法的交换律,记作a＋b＝b＋a。幼儿学习加法的含义只需知道"把两个数合并起来求一共是多少用加法计算"即可。

减法是求剩余、求差的运算。用集合论的观点看,减法就是求有限集合C与它的子集A的差集B(C－A)的基数b,设有限集合C与它的子集A的基数分别是c和a,b就称作c与a的差,记作c－a＝b,读作"c减a等于b",c叫做被减数,a叫做减数,"－"是减号。相同的两个数相减,得数一定为0。幼儿学习减法的含义只需知道"从一个数里去掉一个数求还剩多少用减法计算"即可。

减法是加法的逆运算。如果a＋b＝c,那么c－a＝b,c－b＝a。对于幼儿来说,学习减法一定要在熟悉加法的基础上进行,要让幼儿初步了解减法就是已知两个数的和与其中一个加数,求另一个加数的运算。

二、幼儿加减运算能力的发展特点

(一)从动作水平的加减到表象水平、概念水平的加减

动作水平的加减是指幼儿借助操作实物或其他直观材料进行加减运算,常见的操作有合并、分开、点数等。表象水平的加减是指幼儿不借助于操作实物或其他直观材料,而依靠形象化物体在头脑中留下的表象进行加减运算。在表象水平加减运算的初期,作为过渡,幼儿往往还需要借助图片等静态形象进行运算。然后才能逐渐脱离具体形象,依靠不在眼前的形象化物体在头脑中留下的表象进行运算。概念水平是指不借助对实物或其他直观材料的操作,脱离情境直接运用抽象的数概念(数字)进行加减运算。

从动作水平的加减到表象水平、概念水平的加减,体现了加减运算从具体到抽象的发展过程。研究发现,幼儿在4岁以前往往还不会自己动手通过合并或分

开实物来进行加减运算。4 岁以后，幼儿逐步能进行动作水平的加减运算，开始初步运用表象进行加减运算，但一般离不开具体的实物或其他直观材料，对抽象的概念水平的加减运算不感兴趣。5 岁以后，能够进行表象水平的加减运算，多数幼儿可以不用操作实物或其他直观材料来进行加减运算。5 岁半以后，运用表象解答口头应用题的能力有所增强，并开始能够进行概念水平的加减。

（二）从逐一加减到按数群加减

逐一加减是指用计数的方法进行加减运算。它包括“从头数”“接着数”“数剩余”“倒着数”等一些具体的计数策略。比如进行加法运算时，幼儿会将两组物体合并在一起，再逐一计数合起来一共是多少个，这时幼儿用的计数策略是“从头数”。慢慢地，幼儿能够以第一个加数为起点，接着逐一计数第二个加数所代表的数量，直到数完，这时幼儿用的计数策略是“接着数”。再比如减法运算，幼儿会先拿走减去的物体，再逐一计数剩下的物体数，这时幼儿用的计数策略是“数剩余”。慢慢地，幼儿能够从总数（被减数）中逐一倒着数，直到数完要减去的数量，这时幼儿用的计数策略是“倒着数”。无论使用以上哪种策略，幼儿都离不开逐一计数。用逐一计数来解决加减问题是幼儿在加减运算能力初级发展阶段使用的重要方法。按数群加减指幼儿把数作为一个整体（数群），以数的组成与分解为基础，在抽象数群层面进行的加减运算。掌握数的组成与分解是按数群加减不可缺少的条件。

幼儿在 4 岁以后常常能够在动作（合并、拿走）基础上运用“从头数”“数剩余”的计数策略进行简单的加减运算。5 岁以后，幼儿逐渐能运用“接着数”“倒着数”的策略进行逐一加减，由于这时幼儿使用的策略是“接着数”“倒着数”，这导致对于他们来说，大数加小数比小数加大数容易，减小数比减大数容易。5 岁半以后，随着对数的组成与分解技能的日渐熟练，幼儿开始尝试按数群进行加减。

（三）解答口述应用题易受情节干扰

口述应用题是指用语言讲述日常生活或图片中包含一定数量关系的实际问题。这类题目与幼儿的日常生活有密切的联系，幼儿在解答时常会因为过多关注题目中的情节内容，产生了相关的情绪或联想，而影响到对题目中数量关系和解题任务的关注，产生在教师看来“跑题”或“忘记任务”的现象。

（四）掌握减法比掌握加法困难

在动作水平上通过操作实物或其他直观材料，采用“从头数”“数剩余”策略进行加减运算时，加法和减法在难易上的差别并不大，但在进行表象水平、概念水平的加减时，对许多幼儿来说，减法运算明显比加法运算困难。这主要有三个方面的原因：一是与幼儿采取的运算方法有关。不再“从头数”“数剩余”以后，幼儿会普遍采用“接着数”和“倒着数”的策略进行加减运算，由于接着数比倒着数容易，所以这时幼儿会感到加法运算比减法运算容易。二是与幼儿生活中接触加法多、

接触减法少有关。三是与减法需要幼儿运用逆向思维有关。由于减法是加法的逆运算,幼儿进行减法运算时,需要先将两个部分数合起来等于总数,然后再转换成总数减去一个部分数等于另一个部分数,即先将减法变成加法,再将加法转换成减法,所以掌握减法要比掌握加法更加困难一些。

三、幼儿加减运算的学习内容

根据幼儿加减运算能力的发展特点,幼儿学习加减运算主要涉及10以内数的加减运算,具体可分为三部分的学习内容:实物加减、口述应用题和列式运算。

(一)实物加减

实物加减是指通过操作实物或其他直观材料来进行加减运算。比如,在桌子上放2本图画书后,教师又往桌子上放了4本图画书,请幼儿回答现在桌子上一共放了几本图画书。实物加减离不开实物、实物模型等幼儿能够触摸到的直观材料,也离不开对实物的操作。进行实物加减可以帮助幼儿理解加减法的含义,这时通常不列算式,也不出现"+""−""="等数学符号。实物加减是幼儿加减运算能力发展最初阶段的表现,属于动作水平的运算,也是幼儿最初学习加减运算的重要教学形式。

(二)口述应用题

口述应用题是指用语言讲述日常生活或图片中包含一定数量关系的实际问题。情节和数量关系是构成应用题的两个必要条件。应用题要结合一定情节,在数量关系中给出已知条件,提出要解答的问题。有了情节,数量关系就不是完全抽象存在的,而是寓于应用情境之中,借助于情节,幼儿可以依托已经积累的日常生活经验来理解数量关系。

对于幼儿来说,口述应用题主要涉及10以内两个已知数的加减运算,这是最简单的应用题,其结构表现为"一件事、两个数和一个问题",一件事指情节,两个数指已知条件,一个问题指要解答的问题。口述应用题是幼儿加减运算能力由实物加减到列式加减、从具体到抽象过渡阶段的表现,属于表象水平的运算,它能促进幼儿抽象思维能力的发展。

(三)列式运算

列式运算是指直接用数字、数学符号列出算式进行的运算,属于概念水平的运算。大班幼儿学习列式运算主要涉及理解"+""−""="等数学符号的含义、10以内加减法"看图列式"、感知加法交换律等内容。其中,"看图列式"是指根据图中的画面情节列出一道或多道算式,它以幼儿的观察能力为基础,有利于帮助幼儿灵活地看待三个数之间的关系,即两个加数与一个和,或者被减数、减数和差,也有助于幼儿体会减法是加法的逆运算。

四、幼儿加减运算教育活动的组织

(一)目标

3—4 岁	4—5 岁	5—6 岁
结合实际情境感知物体数量的多少变化。	借助实际情境和操作(如合并或拿取)感知"加"和"减"的含义。	1. 借助实际情境和操作(如合并或拿取)理解"加"和"减"的实际意义。 2. 能通过实物操作或其他方法进行 10 以内的加减运算。 3. 能够运用加减运算来解决生活和游戏中遇到的简单问题。

(二)教学建议

1. 利用一日生活的实际情境帮助幼儿逐步理解加和减的含义。

尽管加法、减法的名称以及"+""-"和"="这些数学符号一般要到大班时才会明确地向幼儿提出来,但在此之前,教师仍然可以结合生活的实际情境,为幼儿理解加、减法的含义做一些适当的准备和铺垫工作。比如,在小班,教师可以结合实际情境帮助幼儿感知物体数量的多少变化;在中班,教师可以借助实际情境和操作演示,请幼儿计数两组物体一共多少个,从一组物体中拿走一部分还剩多少个等,感知"合起来""分开"之后数量的变化。案例"变多了? 变少了?"便利用幼儿在园一日生活的多个环节,通过提问等方法有目的地引导幼儿关注周围生活中数量的多少变化。

案例 变多了? 变少了?(小班)

活动目标

1. 知道物体在增加的情况下数量会变多,在减少的情况下数量会变少。

2. 能在生活情境中正确地说出数量变多还是变少。

3. 能在教师的引导下关注事物数量的变化,愿意回答教师的提问。

活动过程

1. 入园环节。

早上入园时,每当来了小朋友,教师引导先来的幼儿点数,引导幼儿感受又有小朋友来上幼儿园,班上的人变多了。

师:来了几位小朋友? 现在班上的小朋友是变多了还是变少了?

2. 盥洗环节。

教师请一组幼儿去洗手,引导幼儿感受走了一些小朋友,坐着的小朋友变少了。

师：第一组小朋友去洗手了，坐在这儿的小朋友变多了还是变少了？

3. 午餐环节。

(1)教师鼓励幼儿专心吃饭，引导幼儿感受碗里的饭慢慢地变少了。

师：看看碗里的饭是变多了还是变少了？

(2)教师给幼儿添饭时，可引导幼儿观察并感受添饭后，碗里的饭又变多了。

师：现在碗里的饭变多了还是变少了？

(3)餐后，教师带先吃完的幼儿进行安静活动，每当又有幼儿吃完饭来参加安静活动时，教师可以引导幼儿感受人数不断地增加，不断地变多了。

师：又有几位小朋友吃完啦？现在一起折纸的小朋友变多了还是变少了？

4. 游戏环节。

幼儿取玩具玩游戏时，教师可引导幼儿观察收纳箱里玩具的变化，引导幼儿感受小朋友把玩具拿走了，玩具收纳箱的玩具变少了。

师：小朋友拿玩具玩，玩具收纳箱的玩具是变多了还是变少了？

5. 离园环节。

当一部分小朋友被爸爸妈妈接走后，教师引导其他幼儿感受小朋友陆续离开，教室里的人就变少了。

师：许多小朋友被接走了，现在教室里的小朋友是变多了还是变少了？

(案例提供：江苏省南京市中华路幼儿园　钱震)

2. 从操作实物、看图摆算式到看图列式、解答算式等，引导幼儿逐步掌握10以内简单的加减运算。

幼儿的加减运算能力遵循从具体到抽象的发展顺序。相应地，教师也要按照这一顺序，由易到难地开展适宜、有趣的活动，比如先操作实物、看图摆算式，后看图列式、解答算式等。在案例“花儿朋友”中，教师引导幼儿迁移看加法三幅图摆算式的经验，设计了看减法三幅图摆算式的活动，自制加法、减法三幅图的做法具有启示意义。

案例　花儿朋友(大班)

设计意图

10以内的加减运算是大班数学教育的重要内容。对于大班幼儿来说，对减法的理解要难于加法。如何帮助幼儿理解减法呢？本活动通过引导幼儿比较加减法三幅图，凸显加减法本质的不同特点，让幼儿理解“加法是增加的过程，结果变多了”，“减法是减少的过程，结果变少了”，从而加深对减法的理解。

活动目标

1. 迁移看加法三幅图的经验，理解减法三幅图的含义。

2. 认识减号，学习用数字和符号摆算式，初步理解“减号”“等号”以及数字在算式中的意义。

3. 能较专心地参与活动，尝试用语言较准确、清楚地讲述图意。

活动准备

1. 教具：自制教学挂图加法三幅图“花儿变多了”和减法三幅图“花儿变少了”各一套；“1—5”的数字卡，“＋”“－”“＝”符号卡各一张。

2. 学具：飞来飞去的蝴蝶（画有加减法三幅图的压膜操作单）；跳来跳去的青蛙（画有加减法三幅图的压膜操作单）。

活动过程

1. 通过比较两套三幅图，理解减法三幅图的含义。

(1)讲述加法三幅图的含义。

教师出示加法三幅图，鼓励幼儿观察图片并用简洁的语言讲述三幅图的含义，如：花架上有4盆花，小朋友又拿来1盆花，花架上一共有5盆花。

(2)比较理解减法三幅图的含义。

教师出示减法三幅图，引导幼儿仔细观察，并与加法三幅图进行比较。

师：这儿还有一套三幅图，我们来看看它和刚才的那套三幅图一样吗？哪儿不一样？

请幼儿讲述比较的结果，知道第一幅图是一样的，说的都是“花架上有4盆花”，第二、三幅图就不一样了，一个说的是“又拿来了1盆花，花架上有5盆花”，还有一个说的是“拿走了1盆花，花架上还剩下3盆花”。

师：你从哪儿看出来这是又拿来的，还是拿走的呢？

教师指着两套三幅图中的第二幅图，引导幼儿观察图片上人物脸的朝向，理解面朝花架的图片表达的是拿来花盆的意思，背朝花架的图片表达的是拿走花盆的意思。

教师将加法三幅图取下，指着减法三幅图，鼓励幼儿用简洁的语言讲述。

师：你能说一说这套三幅图讲的是一件什么事吗？

2. 学习看图摆算式。

出示“1—5”的数字卡和“＋”“－”“＝”符号卡片，请幼儿将数字卡和符号卡放在对应的图片下面。

引导幼儿认识减号，理解第二幅图讲述的是从花架上取走了一盆花，花架上的花减少了。加号是表示又增加了，又变多了，在这里不合适，所以应该用减号表示。

引导幼儿迁移加法中对等号的理解讲述：等号表示它两边的数相等，“4减1”

和“3”是相等的。

师：这道算式中用的是减号，它就是一道减法算式，这道算式怎么读呢？说的是什么意思呢？

师幼共同读一读算式，并讲述它的含义：4 盆花，拿走 1 盆，还剩下 3 盆花。

3. 幼儿操作练习。

(1)了解操作内容。

飞来飞去的蝴蝶：观察三幅图，讲述图意并列算式表示。

跳来跳去的青蛙：观察三幅图，讲述图意并列算式表示。

(2)幼儿操作，教师指导。

引导幼儿先看三幅图，用最简洁的话讲述图意，然后列出算式，最后说一说算式中数字与符号的意思。

4. 说说自己的操作。

请幼儿介绍自己的操作结果。教师鼓励幼儿大声地讲述图片的意思，以及算式的含义，表扬在活动中能清楚讲述的幼儿。

（案例提供：江苏省南京市中华路幼儿园　钱震）

操作实物、看图摆算式、看图列式、解答算式等多种多样的活动，可以材料为载体放置在益智区或数学区中，供幼儿自由选用，教师可以通过对幼儿选用情况的观察和分析进行适当的个别指导。

3. 通过解答、仿编和试编口述应用题，不断培养幼儿初步的分析能力。

口述应用题既包含情节，也涉及数量关系，既包含已知条件，也涉及未知问题。接触简单的口述应用题，对于培养幼儿初步的分析问题的能力具有重要的作用。因为分析就是将事物的整体(应用题)分解为部分或要素，分别抽取其个别部分或要素进行考察，从而把握事物的内部结构，了解事物整体特征的一种思维方法。一般来说，借助口述应用题培养幼儿初步的分析能力，可从以下几个方面入手：

第一，帮助幼儿在倾听应用题的过程中理解情节。

听教师口述一道应用题，对于幼儿来说，就像听一个简短的故事一样，幼儿容易受到故事情节的吸引，从分析情节入手恰恰抓住了幼儿的这一特点。为了帮助幼儿准确理解情节，教师在口述时要注意运用一些技巧，比如：教师读题时对关键词语进行重读、慢读，不同部分之间要有适当的停顿，给幼儿留出调动头脑中相关表象的时间，布置情境根据情节进行表演、演示等。为帮助幼儿在头脑中对应用题的情节产生清晰的印象，教师可以将讲故事的技巧迁移运用到口述应用题当中。

第二，引导幼儿分析应用题的数量关系，找准算法。

从结构上看，任何一道口述应用题都是由情节和数量关系两个方面构成的。

幼儿要准确解答口述应用题，必须从具体情境中剥离、简化出数量关系，并对其中的数量关系进行重点分析，只有这样，才能找准算法。例如："小池塘里有4只鸭子，后来又游来了2只，现在小池塘里一共有几只鸭子?"在这道题中，"几只鸭子在小池塘里游来游去，这时又有几只鸭子游过来"构成了应用题的情节，在理解情节的前提下，理清数量关系"原来有4只，又游来2只，问一共有几只"。特别是重点关注数量关系中最后提出的问题，其中的关键词是"一共"还是"还剩"，这样才能顺利地找准算法。

第三，幼儿根据教师的示范仿编。

让幼儿自己编应用题要比解答教师提出的应用题更加困难一些。为了使幼儿更好地掌握加、减法的实际意义和具体应用，当他们能够较为熟练地解答口述应用题时，教师可以适当地提出仿编的要求。教师先示范，再请幼儿参考教师给出的范例，仿编一道算法相同的题目。此外，教师还可以先讲清楚已知条件，请幼儿续编问题，或者互换角色，请幼儿讲清楚已知条件，教师续编问题，或者让幼儿之间合作编题等。

第四，让幼儿尝试独立编题。

让幼儿尝试独立编题，可以有许多不同的做法：比如看教师的动作演示编题、看图编题、看算式编题、根据两个数字编题、改编口述应用题、自由编题等。其中，自由编题完全让幼儿自己想出"一件事、两个数和一个问题"编出完整的题目，难度最大。自由编题既可以充分调动幼儿已有的生活经验，也能反映幼儿对加、减法的理解水平，以及对应用题结构的掌握情况。同时，自由编题还能充分暴露幼儿在应用题情节和数量关系方面存在的种种问题，比如：情节不符合生活实际或客观规律；直接说出了答案导致应用题没有提出问题；缺少必要的已知条件导致问题无法解答等等。对此，教师一方面要格外注意激发幼儿自由编题的热情和积极性，另一方面可以进行适当的引导，帮助幼儿发现问题。

4. 支持幼儿感知加减运算的一些简单的规律。

幼儿理解了加法和减法的含义，能够进行列式运算之后，教师可以适当引入感知加、减法简单规律的内容，比如：加号前后两个数互换位置，得数不变；减号前后两个数相同，得数为0等。教师可以采用操作实物、口述应用题的形式，也可以直接列出算式，请幼儿探索规律，如"3＋2＝?""2＋3＝?""2－2＝?""6－6＝?"等。感知加法交换律可以加深幼儿对加法含义的理解，分析得数为0的减法应用题或者算式，既可以加深幼儿对减法含义的理解，也有助于幼儿深入把握0的含义。

5. 保护和肯定幼儿探索多种解答方法的积极性。

前面已经提到，解答加、减法问题可以采取多种方法："从头数""数剩余""接着数""倒着数"，以及利用数的组成与分解按数群计算等。由于幼儿所积累的生

活经验是不同的，同时他们在发展上也存在着不可忽视的个别差异，对于同一个问题，他们想到的解答方法常常是不同的。这时，教师一定要注意保护并及时肯定幼儿探索不同解答方法的积极性。尤其需要注意的是，只要幼儿目前使用的方法能够有效地解答加、减法问题，不管这种方法与教师期望的便捷方法是否相同，教师都要给予积极的肯定，使幼儿能够有机会使用他们自己的方法。案例"你是怎么算出来的"教师有目的地设计了"交流算法""总结算法"的环节，注意倾听幼儿的算法，支持他们探索多种解答方法，值得借鉴和学习。

案例　你是怎么算出来的(大班)

设计意图

在教师的适当引导下，幼儿能从日常生活中发现并提出简单的数学问题，了解到同一问题可以有不同的解答方法。作为幼儿学习活动的支持者、合作者、引导者，教师需要耐心倾听、努力理解幼儿的算法，并创造机会鼓励他们大胆地表达和交流。

活动目标

1. 大胆说出自己的算法。

2. 初步了解到同一个问题可以有不同的解答方法。

3. 注意倾听别人的算法。

活动准备

牛奶瓶若干。

活动过程

1. 幼儿提出数学问题。

幼儿喝完牛奶后，教师取出10个牛奶瓶，一边放6个，一边放4个，请幼儿仔细观察，提出数学问题。比如：左边6个牛奶瓶，右边4个牛奶瓶，一共几个牛奶瓶？左边比右边多几瓶？右边比左边少几瓶？等等。对于幼儿提出的数学问题，教师给予肯定。

2. 列式计算。

请幼儿列出算式并计算出答案。

师：我们先来解决"一共几个牛奶瓶？"的问题。

3. 交流算法。

请幼儿说一说自己是怎样列式的，怎么计算的。有的幼儿列成"6＋4＝ "；有的幼儿列成"4＋6＝ "；有的幼儿可能"一瓶一瓶地数"；有的幼儿可能从6接着往下数:7,8,9,10;有的幼儿可能从4接着往下数:5,6,7,8,9,10;有的幼儿可能用“凑5法”,也就是从“6”中拿出“1”给“4”,这样两边都是5瓶了,5加5等于10;有的幼儿也可能直接说“6和4合起来是10”等等。请幼儿注意倾听别人的算法,并比较不同算法计算的结果是否相同。

4. 总结算法。

师:我们想出了几种算法?分别是什么算法?

请幼儿给不同的算法起名字,说一说自己喜欢哪一种算法,并讲出理由。

(案例提供:天津市河西区第18幼儿园　高秀丽)

6. 在其他领域教育活动中自然渗透加减运算的相关内容。

加减运算的应用十分广泛,在其他领域教育活动中,教师可以适当渗透相关的内容,使幼儿的活动更加丰富和有趣。案例“拾落叶”活动就十分自然地包含了理解加法含义的内容。

案例　拾落叶(中班)

设计意图

又是一年秋来到,树叶随着秋风飘落下来。教师和幼儿一起捡拾落叶,既能感受秋的气息,又能从中发现树叶的秘密。将捡拾来的树叶分一分,再数一数、算一算捡拾了多少片树叶,数学内容就会很自然地融入其中。本活动在设计时,力图通过自然的方式不着痕迹地将数学知识与社会领域进行融合,同时促进幼儿的发展。

活动目标

1. 有采集、欣赏和用树叶制作作品的积极性。
2. 感受秋天树叶掉落的季节特征。
3. 喜欢和同伴一起进行环境装饰美化活动,体验制作过程的快乐。

活动准备

落叶、胶带、绳子、彩纸等。

活动过程

1. 激发幼儿捡拾树叶的兴趣。

(1)幼儿迁移生活经验,讲述秋风会把树叶吹下来。

师:秋天到了,想一想,秋风一吹,树叶会怎么样呢?

(2)引发幼儿拾落叶的兴趣。

师:地上有哪些树叶呢?它们都是什么样的呢?我们去外面看一看,好吗?

2. 捡拾树叶。

师幼共同来到操场上，观察并寻找各种树叶。幼儿每人拎一个小篮子捡拾树叶。教师提醒幼儿在指定的范围内拾树叶，不要独自行动或离开大家。拾落叶时注意安全，有小虫子或很脏的树叶不要捡拾。

3. 观察、交流捡拾的树叶。

师幼共同带着自己捡拾的落叶回到教室，教师请值日生准备湿抹布，分发到每组，幼儿轮流取抹布将树叶擦干净。

师：把捡拾到的树叶放在桌上，我们用湿抹布帮它们擦一擦，让它们变干净吧！

4. 认识多种树叶。

(1)师：看一看，说一说，你采的树叶是什么颜色？什么样子的？你知道它是什么树的叶子吗？

师幼共同观察各种树叶，初步了解今天大家采集的树叶中有红红的枫叶，有像手掌一样的梧桐叶，有像小扇子一样的银杏叶，有像鱼骨头一样的杉树叶等等。

(2)引导幼儿将自己采集的各种树叶合起来，算一算一共捡了几片树叶。

师：你捡了几片枫叶？几片梧桐叶？合在一起一共是几片树叶？

(3)引导幼儿将自己捡的与同伴捡的同类树叶合起来算算有几片。

师：你捡的枫叶和好朋友捡的枫叶合起来是几片？

5. 装饰环境。

师：大家捡的树叶真漂亮呀！用树叶来装饰我们的教室吧。

引导幼儿观察提供的材料：胶带、绳子、彩纸等，启发幼儿用绳子将树叶串起来，或将树叶在彩纸上拼贴成一幅图，用多种方法制作树叶作品装饰教室，体验制作过程的快乐。

（案例提供：江苏省南京市中华路幼儿园　钱震）

（三）注意事项

在加减运算的教学中，我们应当注意避免两种错误倾向：一是不考虑幼儿加减运算能力的发展特点，一味进行抽象算式的机械训练。二是强行拔高幼儿的运算水平，用成人的计算方法压制幼儿的计算方法，比如：教师规定幼儿在计算时不能扳手指等。殊不知，幼儿在解决问题时总是使用他们自己感觉有效的办法。如果扳手指的办法能够解决他们所遇到的加法问题，对他们来说，扳手指就是有效的办法，它能给幼儿带来学习的信心和勇气。

第三章　量与测量

量与测量是幼儿数学学习和数学认知能力发展的重要方面，它们对于幼儿获得其他数学经验也具有重要意义。比如，有助于加深幼儿对数以及数和量之间关系的理解，因为测量巧妙地将“数”和“量”结合在了一起；对量的差异进行感知、区分和初步测量是比较、排序进而解决相关数学问题的基础；从测量中获取数据也是简单统计活动中数据的一个来源。

第一节　量与测量的基础知识

一、量与测量的含义

（一）量

量是指客观事物或现象所具有的可区分出差异的属性。生活中常见的量有数目多少、长度、高度、面积、体积、重量、容积、温度、速度、时间等。其中，长度、高度属于一维空间的量，面积属于二维空间的量，体积、容积属于三维空间的量，时间属于抽象的量。此外，量还可以分为连续量和不连续量两种，前者如某幼儿身高 1.20 米，后者如 4 个苹果和 3 个梨，连续量意味着任意两个取值之间有无限多的可能值，不连续量意味着任意两个取值之间的可能值是有限的。

数与量的关系十分密切。在许多时候，量都需要用数表示出来，但量与数也是可以分离的，这时我们可以用词语来描述量，比如：长、短、更长、更短、最长、最短等。不难发现，与数的结合可以使人们对量的描述从笼统到精确。

（二）测量

测量是将待描述的量同一个作为标准的同类量进行比较的活动。作为标准的同类量就是测量单位。皮亚杰认为，测量是分解成部分的运算同一部分置换另一部分的运算的综合。在测量中，待描述的量常常需要分解成若干个部分，用测量单位去置换每一个部分，最后报告出置换的次数，这样测量活动才能顺利进行。

测量是幼儿在感知量的基础上进一步精确地描述量的一种需要。测量的意义在于搭起了量与数的桥梁，将数的抽象世界与客观物体的具体世界联系起来了。作为数学的教学内容之一，测量包含多方面的数学思维活动，涉及量的比较、量的排序、量的守恒等。因此，测量能力的发展对儿童数学认知能力的发展具有重要影响。

二、幼儿与量相关的活动

在《3－6岁儿童学习与发展指南》中，"数学认知"部分的目标1提出"初步感知生活中数学的有用和有趣"，在第4条教育建议中写到："鼓励和支持幼儿发现、尝试解决日常生活中需要用到数学的问题，体会数学的用处。如拍球、跳绳、跳远或投沙包时，可通过数数、测量的方法确定名次。"目标2提出"感知和理解数、量及数量关系"，在第1条教育建议中写到："引导幼儿感知和理解事物'量'的特征。如感知常见事物的大小、多少、高矮、粗细等量的特征，学习使用相应的词汇描述这些特征。结合具体事物让幼儿通过多次比较逐渐理解'量'是相对的。如小亮比小明高，但比小强矮。收拾物品时，根据情况，鼓励幼儿按照物体量的特征分类整理。如整理图书时按照大小摆放。"

对上述"数学认知"部分的目标和教育建议进行分析，我们可以梳理出幼儿与量相关的活动主要包含以下五项：(1)感知、区分和描述量；(2)量的比较与排序；(3)量的分类；(4)感知和理解量的守恒；(5)测量与问题解决。

三、幼儿测量能力的发展

关于幼儿测量能力的发展，皮亚杰曾做过一个经典的实验"搭一样高的塔"。研究者先在一张高桌子上用积木搭出一座塔，然后要求儿童在旁边的矮桌子上用不同的积木搭出一样高的塔，两张桌子之间由挡板隔开，见下图所示。

图3－1　皮亚杰实验"搭一样高的塔"

根据儿童的实际表现，皮亚杰将儿童测量能力的发展划分为三个阶段：阶段1：测量的方法只是视觉比较。儿童只作出视觉估计，并不企图应用任何测量工具，如木棒之类。一名4岁儿童先瞧瞧模型塔，然后就专心去搭自己的塔，不再去看模型塔了。直到搭好以后，才又走过去看模型。他感到不满意，就拆掉重搭。问他是否一样高，他回答“是的”。给他一根木棒，问他是否能帮助测量，他只是把木棒放在塔顶上作为装饰而已。阶段2：使用了测量工具但用得不正确。具体表现是把木棒横放在两座塔的塔顶，不考虑基础不在同一水平面上的事实；或者把木棒横放在两座塔的塔顶，同时思考基础是否相同的问题，采用搬塔、两手在塔顶塔底比画后移动位置、用身体作测量标准、另外搭塔、用一根木棒作中介等方法解决“一样高”的问题。阶段3：测量是一种智慧或运算的测量，儿童能用任意长的物体作为测量工具。8岁的琪里说：“我要测量这个塔。”——“怎样测量呢？”——(他用一根长棒去测量它的高度和宽度。)——“用这把小尺行吗？”——“那容易。”(他用这把小尺在桌子的四边量了又量，接着又用小尺测量他自己的塔，从塔底到塔顶用小尺量了13下，当他测量模型时，用同样的方法也量得高度是13个单位。[①]

罗莎琳德·查尔斯沃斯将测量概念的发展划分为五个阶段[②]：第一阶段是游戏阶段，这一阶段的儿童模仿年龄较大的儿童和成人的行为，测量就是他们的游戏。他们学着别人的样子也用尺子、量杯、量匙、天平等测量。他们在探索容积属性时，把一个容器里的沙子、水、大米、豆子倒入另一个容器里。他们抬起物品，移动物品，这时就在学习重量。他们发现比自己高的小朋友可以做很多活动，有了最初的长度(高度)的概念。他们发现自己的胳膊太短，不能总是拿到想要的东西(长度)。他们发现自己喜欢冷或热的食物，冷或热的洗澡水，开始学习温度。第一个阶段从出生开始，延续至感知运动阶段和前运算阶段。第二阶段为比较阶段，这一阶段贯穿于整个前运算阶段，儿童经常进行比较：大—小，长—短，重—轻，冷—热。第三阶段开始于前运算阶段末和具体运算阶段初，儿童开始学习使用任意单位，也就是说，儿童手边有什么就可以用什么为单位进行测量。在使用任意单位的过程中，他会逐渐认识到使用标准单位的需要。第四阶段，儿童进入具体运算阶段后，他们开始认识到标准单位的必要性，并能够认识到，为了以他人能理解的方式进行交流，必须使用他人同样也使用的单位。第五阶段，具体运算阶段开始了测量概念发展的最后一个阶段，在这个阶段，儿童开始使用和理解标准单位。上述五个阶段见表3－1所示。

① [美]R·W·柯普兰.儿童怎样学习数学：皮亚杰研究的教育含义[M].李其维，康清镳，译.上海：上海教育出版社，1985：280－283.

② [美]罗莎琳德·查尔斯沃斯(Rosalind Charlesworth).3－8岁儿童的数学经验[M].潘月娟，译.北京：人民教育出版社，2007：174－175.

表3－1 测量概念的发展阶段

皮亚杰理论中的阶段划分	年龄	测量阶段
感知运动和前运算阶段	0－7岁	1. 游戏和模仿 2. 比较
过渡：前运算至具体运算阶段	5－7岁	3. 使用任意单位
具体运算阶段	6岁以上	4. 认识到标准单位的必要性 5. 使用标准单位

多项研究表明，直接比较和非标准测量是儿童早期测量的主要形式。直接比较是指不借助其他任何工具，将两个物体进行直接的比较，比如：两个小朋友站在一起比高矮。非标准测量即自然测量，指利用非标准的自然物作为工具或单位进行的测量。对于不同性质的量，幼儿测量能力的发展也有不同，其中长度和重量的测量，幼儿较容易理解，但对于面积、容积等，幼儿的测量概念、测量技能的发展就明显落后，这既与幼儿的生活经验有关，又和这些量本身测量手段的复杂性有关。

第二节 测量长度

一、长度测量的含义

长度测量泛指空间测量中的一维测量，是最基本、最简单的测量。由于在空间中的具体呈现样式不同，一维距离会变化为“长短”“高矮”“厚薄”“宽窄”“粗细”等，它们实际上都可以归结为长度问题。其中，长短是物体两端之间距离的长度；高矮是指物体从下到上距离的长度；宽窄是指物体横截面距离的长度；粗细是物体横截面一周的长度；厚薄是指扁平物体上下面之间距离的长度。

人们在测量长度时，最常用的标准测量工具便是尺子。为了规范对长度测量结果的记录，人们还规定了记录长度的基本单位，国际上通用的单位是米(m)，常用的单位还有千米(km)、分米(dm)、厘米(cm)、毫米(mm)、微米(μm)和纳米(nm)等。

二、幼儿长度概念的发展特点

幼儿对长度的感知、区分和描述是长度测量概念发展的重要基础。研究发现，3－4岁的小班幼儿已能正确区分物体的大小和长短，也能用相应的简单词汇表示；能辨别差异不太明显的一组物体中最大的或最小的物体；能正确辨别远处物体的大小和不同位置物体的大小。说明该年龄段幼儿具有初步的知觉恒常性。但是3－4岁幼儿往往把大或小作为表示物体各种长度的通用词，如将长的、高的、宽的、粗的物体统统称为大的，将短的、矮的、窄的、细的物体统统说成小的。

4—5 岁幼儿感知大小和长度的能力进一步提高，能对不同大小的物体依次做出区分和排列，能从一组物体中找出相同大小的物体，能认识物体的粗细、厚薄、高矮、宽窄等，并能用相应的词表示。但一般情况下，4—5 岁幼儿还缺乏对物体长度守恒的认识，他们不易判断改变了放置形式后等长的两个物体还是否等长。

5—6 岁幼儿在正确认识物体大小、长度的基础上，能做到理解大小和长度的相对性质。物体的大小、长短、高矮等都是相对的、有条件的，一个物体是长是短，关键是和谁比。这一年龄段幼儿另一个重要的发展是能理解物体长度的守恒现象，当物体的外形、位置等发生变化时，幼儿仍可正确判断物体长度的不变性。①

在感知、区分和描述量的基础上，幼儿长度测量概念又是如何发展的呢？下面我们通过台中市爱弥儿幼教机构的课程纪实“甘蔗有多高”来呈现幼儿学习测量概念的过程。“甘蔗有多高”是由一群 5—6 岁的孩子与两位教师一起发展出来的课程。从孩子对甘蔗感兴趣的 10 月开始，一直进行到第二年 3 月“栅栏”完成后，才慢慢地进入尾声。在这个过程中幼儿在长度测量概念上的学习经验见下表所示②：

表 3—2 “甘蔗有多高”课程幼儿在测量概念上的学习历程

	测量概念的学习	活　动
非标准测量工具的探索	感知测量的必要、用途，模仿测量行为	·孩子发觉甘蔗长高了，并用手指比画甘蔗的高度。
	探索非标准测量工具	·用吸管、树枝、毛线、连环扣等物品测量甘蔗的高度。 ·需要将木材锯成一半时，用毛线、纸条、连环扣、石头、等积异形板、平衡等方法找出木材的中点。
	体验测量的方法（例如：起点、终点、拉直）	·孩子运用量身高的已有经验，将吸管与甘蔗对齐，从地面量起，将叶子拉直并在尖端剪断。 ·用一串连环扣比较桌、椅、白板、学校建筑物的高度。
	体验“等长复制”的测量过程	·用吸管、树枝、毛线等量甘蔗的高度。
非标准测量单位的发现	体验“等长累积复制”的测量过程	·将连环扣串成一串，来量甘蔗、桌、椅、白板等。
	体验单位的概念	·记录、讨论测量的结果是几个连环扣。
	运用目测、估计的方法	·串连环扣准备测量时，在实际比对之前会根据被测物长度的不同而调整连环扣串的长短。
	使用“直接比较”的测量方法	·用吸管、树枝、毛线、连环扣等工具，直接量得甘蔗的高度。 ·用一串连环扣直接量得桌、椅、白板、学校建筑物的高度。

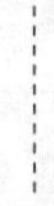

① 林嘉绥，李丹玲. 学前儿童数学教育[M]. 北京：北京师范大学出版社，1994：196—197.

② 台中市爱弥儿幼教机构. 甘蔗有多高？——幼儿测量概念的学习[M]. 南京：南京师范大学出版社，2004：60.

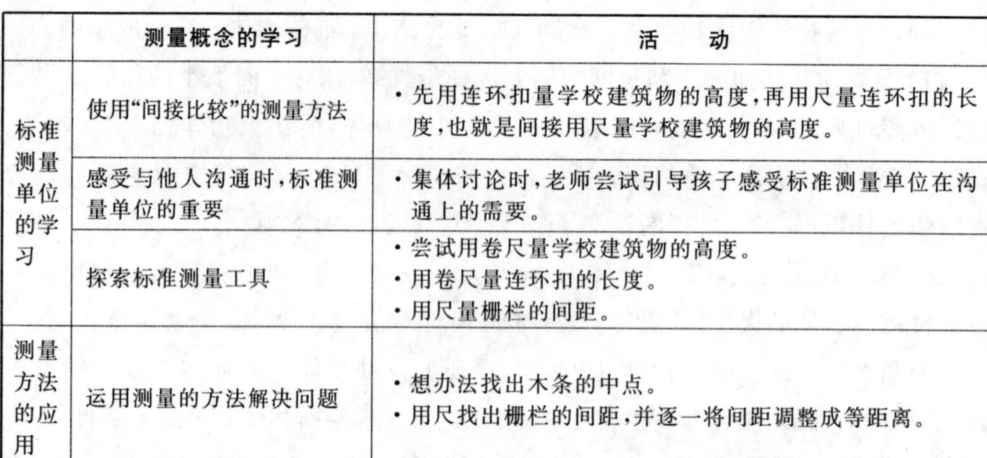

	测量概念的学习	活　　动
标准测量单位的学习	使用“间接比较”的测量方法	·先用连环扣量学校建筑物的高度，再用尺量连环扣的长度，也就是间接用尺量学校建筑物的高度。
	感受与他人沟通时，标准测量单位的重要	·集体讨论时，老师尝试引导孩子感受标准测量单位在沟通上的需要。
	探索标准测量工具	·尝试用卷尺量学校建筑物的高度。 ·用卷尺量连环扣的长度。 ·用尺量栅栏的间距。
测量方法的应用	运用测量的方法解决问题	·想办法找出木条的中点。 ·用尺找出栅栏的间距，并逐一将间距调整成等距离。

从“甘蔗有多高”的课程纪实中，我们看到幼儿测量概念的发展需要一个逐渐建构的过程。表3－2清楚地呈现了概念建构的历程，它对于教师把握幼儿测量学习的关键经验、分析幼儿与测量相关的行为具有重要的参考价值。

此外，也有研究者高度概括了幼儿长度测量的能力指标（见表3－3），并根据这些能力指标设计了十个“长度测量解题活动”。以高雄市某私立幼儿园大班6名幼儿为研究对象，幼儿的年龄在5岁7个月到6岁2个月之间。研究者通过观察、录像、录音和访谈方式，收集并分析了幼儿长度测量解题活动的各项资料。

表3－3　幼儿长度测量的能力指标①

细　目		标　　准
长度的认识	1. 视觉观察	能利用视觉观察，找出哪些物体和身体部位有长度可以测量。
	2. 触觉体验	能利用双手触摸出物体和身体部位可测量的长度在哪里。
长度的比较	1. 直接比较	能将两物体之一端对齐，比较两物体之长度。
	2. 间接比较	能选择大于或等于两物体之第三物为媒介物，比较两物体之长度。
长度测量工具或单位的使用	1. 测量工具的选择	能依物体的长度选择适合的非标准化或标准化单位及测量工具进行测量，如手掌、铅笔、绳子、刻度尺等。
	2. 测量单位②的复制	1. 能将相同之测量单位并排相接，或重复使用某一个非标准化单位来作测量，测量时不能重叠或有空隙产生。 2. 能有意义地适当使用刻度尺，以测量物体之长度。
	3. 测量单位的比较	能透过数值之比较了解测量单位之大小与测量数值之关系，如测量单位越大，测量出来的数值就会越小。

① 张乃云.幼儿长度测量概念之研究[D].台南：台南大学，2007：17.

② 在此项研究中，测量单位与测量工具意思相近，但测量单位又具有比测量工具更为丰富的含义。就非标准化测量而言，研究中所讲的测量单位指的就是测量工具本身，如手掌、铅笔、绳子等；就标准化测量而言，测量单位有时指测量工具本身，有时也指测量工具上的一个整数刻度单位，如卷尺上的1厘米。

研究结果显示：在“长度的认识”方面，幼儿知道长度的起讫点，能指出和说出生活物品和身体部位的长度从哪里到哪里；能画出线段、箭头及连接线表示生活物品和身体部位的长度。但大多幼儿认为“长度”是指某物两端点间的直线距离，6 名幼儿中只有 1 名知道呼啦圈的长度是从一点绕一圈。

在“长度的比较”方面，幼儿进行长度的直接比较及排序时，展现了下列五个长度测量的概念：(1)知道一端对齐后比较另一端的长短。(2)知道比较长度时需拉直（如手臂伸直、背靠背贴平）。(3)知道比较长度的终点是指物品的末端（如手臂的末端是指最长手指的指甲处）。(4)会以视觉直接比较大小或长短。(5)会以类似递移的概念比较三者以上的排序。幼儿在进行长度的间接比较及排序时，则展现下列六个长度测量的概念：(1)知道量头围和腰围是测量曲线。(2)会依据符合逻辑的概念估测长度（如胖的人头大，瘦的人腰细）。(3)知道以柔软可弯曲的单位（塑料绳或卷尺）测量曲线。(4)会依绳子的长短及数字的大小排序。(5)知道标准化长度测量单位（卷尺）比非标准化长度测量单位（塑料绳）的测量结果准确。(6)用塑料绳测量长度时，大部分幼儿会有量太松、太紧及不知剪哪里的情形；用卷尺测量长度时，大部分幼儿仍不会辨识卷尺上的数字。

在“长度测量单位的选择和使用”方面，幼儿选择长度测量单位进行长度测量时，展现两个长度测量的概念：(1)知道选择比较长的长度测量单位。(2)能依据待测物的长度选择适合的长度测量单位。幼儿使用长度测量单位进行实测可分为长度估测、长度复制和记录长度测量的结果三个方面。在长度估测时，幼儿展现了下列两个长度测量的概念：(1)分割。幼儿会依据待测物的长度，在心里先把物体分成几个相等的测量单位，再估测物品的长度。(2)了解待测物、测量单位和测量数值之间的关系。幼儿知道若估测的待测物较短、测量单位较长，则所估测的数值较小。幼儿使用长度测量单位进行单位的复制（合成复制、等量合成复制和整体复制）与比较时，展现下列六个长度测量的概念：(1)知道一端对齐后比较另一端的长短。(2)会依长短排序。(3)能头尾相接不留缝隙。(4)知道等长的概念。(5)会使用标准化测量单位（卷尺）进行长度测量。(6)知道测量结果的数值会因所使用的测量单位而异。幼儿使用长度测量单位，记录长度测量的结果时，幼儿展现基数、分数、等长、头尾相接不留缝隙和依长短排序五个长度测量的概念。[①]

① 张乃云.幼儿长度测量概念之研究[D].台南：台南大学，2007：179－181.

三、幼儿测量长度教育活动的组织

(一)目标

3—4 岁	4—5 岁	5—6 岁
1. 能感知和区分物体的大小、高矮、长短等量的方面的特点,并能用相应的词表示。 2. 会用直接比较的方式判断两个物体的长短、高矮。	1. 能感知和区分物体的粗细、厚薄等量的方面的特点,并能用相应的词语描述。 2. 能借助其他物体比较实物的长短、高矮、粗细和厚薄等。	1. 初步理解长短、高矮、粗细、厚薄、宽窄等量的相对性。 2. 感知物体长度的守恒。 3. 会以某个物体为单位来进行长度测量和比较。

(二)教学建议

1. 尊重幼儿长度测量概念的发展特点,不急功近利地追求"一步到位"。

幼儿的长度测量概念是伴随着对长度的认识、对长度的比较、对长度测量工具和长度测量单位的探索而逐渐发展起来的。在幼儿园教育实践中,有的教师过早地直接向幼儿演示用米尺怎样测量物体,无视幼儿长度测量概念的发展特点,这是不妥的做法。因为当幼儿还没有测量单位的概念,不能理解使用标准测量工具的必要性时,即便教师提供标准的测量工具让幼儿测量长度,幼儿也只是将它作为非标准的工具来使用,并不理解尺子上标准单位的意义。因此,这只能是急功近利地追求"一步到位"的做法,很难使幼儿深入理解长度测量的概念。

2. 在一日生活中适当渗透感知和描述长度的学习经验。

日常生活的各种活动是幼儿学习的重要途径。在幼儿园一日生活中,幼儿接触长度的机会很多,桌椅、板凳、门窗等,都是有长度的,都可以自然而然地涉及感知和描述长度的内容。同时,与日常生活的紧密结合还十分有利于幼儿对长度的理解。因此,教师要把握生活中的各个环节,敏锐地发现教育契机,逐步渗透感知和描述长度的学习经验。案例"谁长谁短"利用幼儿找抹布抹小椅子、给植物浇水、晨间锻炼走不同的路线等契机,自然融入了感知和描述长短的相关内容。

案例　谁长谁短(小班)

活动目标

1. 学习运用目测、对应比较等方法判断两个物体的长短,并指出长的和短的物体。

2. 能用"长长的""短短的"等词正确形容长短不同的物体。

3. 初步感受生活中数学无处不在。

活动准备

长短不同的抹布;自然角的植物;长短不同的两种运动路线。

活动过程

1. 自我服务环节。

(1)教师提供长短不同的抹布,鼓励幼儿抹自己的小椅子。

师:小朋友,找一块长长的抹布抹桌子,找一块短短的抹布抹小椅子,好吗?

(2)幼儿自己找到抹布后,教师引导幼儿学习将抹布对应比较判断长短。

师:这块是长长的抹布还是短短的抹布?你是怎么看出来的?

2. 观察环节。

(1)教师鼓励幼儿给植物浇水。

师:先给叶子长长的花浇水,再给叶子短短的花浇水。

(2)教师请一名幼儿说一说怎么知道花的叶子是长长的还是短短的。引导幼儿用对应比较或小手指比画的方式判断植物叶子的长短。

3. 晨间锻炼环节。

(1)教师可在场地上提供两种运动路线,一条是长长的路,一条是短短的路。引导幼儿观察并说一说路的不同。

师:这两条路一样吗?哪儿不一样?你是怎么知道的?

(2)鼓励幼儿通过眼睛观察进行判断,并能用"长长的""短短的"准确地说出路线的差异。

(3)鼓励幼儿在运动时两条路都要试一试,并且边走边说"我走长长的路"或"我走短短的路"。

(4)活动结束后,教师可以问一问幼儿走不同的路有什么感觉。

(案例提供:江苏省南京市中华路幼儿园　唐晓艳)

3. 将长度测量活动转化为幼儿喜爱的游戏。

游戏是幼儿喜爱的活动,也是幼儿园数学教育的重要途径,将长度测量活动转化为幼儿喜爱的游戏,体现了课程生成游戏的思路。案例"娃娃家的围墙"为我们提供了这一思路的实际例子。

案例　娃娃家的围墙(中班)

活动目标

1. 能用积木为娃娃家搭围墙,热情地关心娃娃。

2. 尝试用目测或自然物测量的方法判断围墙的长短。

3. 在游戏中体验数学的作用。

活动准备

积木若干。

活动过程

1. 参观娃娃家。

师:娃娃的爸爸妈妈邀请我们去参观他们的家,一起去看看吧。

师幼共同来到娃娃家,参观娃娃家的布置,说一说家里有什么,是怎么玩的。

2. 了解游戏内容。

激发幼儿游戏的兴趣。

师:娃娃慢慢长大了,喜欢出去玩。可是马路上车太多,爸爸妈妈不放心。爸爸妈妈想搭一个围墙,让娃娃在院子里玩。你们愿意帮娃娃家搭围墙吗?

3. 测量围墙的长短。

(1)师:每个娃娃家的围墙有多长呢?你是怎么知道的?

鼓励幼儿想办法了解娃娃家围墙的长度,如:用手或脚量一量,用积木量一量等。

(2)师:哪一个娃娃家的围墙最长呢?哪一个娃娃家的围墙短一点呢?

鼓励幼儿测量每一个娃娃家的围墙长度,并进行比较。

4. 搭围墙。

(1)师:这是用来搭围墙的积木,它们一样吗?哪儿不一样?

出示积木,引导幼儿通过观察发现积木的长短不同。

(2)师:长积木搭长围墙,短积木搭短围墙。快帮娃娃家搭围墙吧!

鼓励幼儿动手进行搭围墙的游戏。引导幼儿搭完后再比一比,哪个娃娃家的围墙长,哪个娃娃家的围墙短。

活动小贴士

游戏还可以利用桌面的小积木进行。教师请幼儿在一定时间内同时开始铺小路或搭围墙,然后比一比谁铺的小路长或搭的围墙长。

(案例提供:江苏省南京市中华路幼儿园　钱震)

4. 利用集体教学活动“画龙点睛”的作用提升幼儿的长度测量经验。

在一日生活和室内外游戏活动中,幼儿自发积累的学习经验往往是零散的、不系统的,甚至是错误的,有待于教师在适当的时候进行梳理和提升。我们可以将其比喻为幼儿在“画龙”,需要教师来“点睛”,集体教学活动便是教师发挥“画龙点睛”作用的一种活动。案例“跑了有多远”就属于这类活动。

案例　跑了有多远(大班)

设计意图

跑步是幼儿日常生活中经常会做的一种运动。以前,我们总是设定一个距离让幼儿跑，纯粹地练习跑步。本活动就是换个思路，让幼儿自己想办法知道自己跑了有多远，将数学中的测量实际运用到幼儿的生活中，既让幼儿学习科学规范的测量方法，又让幼儿感受到数学的有用。

活动目标

1. 学习用自然物正确地测量跑步的距离，初步体验测量工具与测量结果之间的关系。

2. 能与同伴进行合作，共同完成测量任务。

3. 能用符号记录测量结果并用语言讲述。

活动准备

各种测量工具（长短不同的积木、绳子、棍子等），用来标记起点和终点的短绳、便利贴等，记录单和记录笔。

活动过程

1. 跑步比赛。

(1)师幼共同来到操场的跑道上。教师组织幼儿分成小组站在起跑线上，听到“开始”的信号就跑步，听到“结束”的信号就停止。

师：看过运动会中的跑步比赛吗？今天我们也来练习跑步吧！

(2)引导幼儿观察并说一说自己和同伴谁跑得更远。

师：刚才大家知道了谁跑得远，谁跑得近。那你们能说出自己跑了多远的距离吗？怎样才能知道每个人跑了多远的距离呢？

2. 测量前的讨论。

(1)师：我们可以用什么工具测量呢？

教师与幼儿讨论，了解尺子是专门用来测量长度的工具，但在没有尺子的情况下，可以用其他自然物替代。

(2)师：从哪儿量到哪儿呢？

引导幼儿了解，测量是量起点和终点之间的距离，所以要有起点和终点的标志，可以用短绳、便利贴等作标志。

(3)师：怎么测量呢？

幼儿迁移测量的经验，讨论如何用自然物进行测量，教师请个别幼儿示范。幼儿了解测量时要从被测物的一端开始，将两个长短一样的测量工具从头沿直线一直量到被测物的另一端，边量边数。

(4)师：谁来测量呢？

师幼共同讨论，明确测量规则：两人合作，先分别在操场上跑一段距离，做好起点和终点的标志，然后取两个一样长的测量工具分别测量两人跑的距离，并进行记录，了解每个人跑了多远的距离。

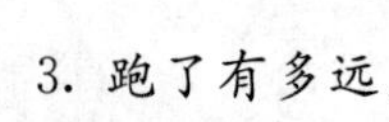

3. 跑了有多远。

(1)师：这里有很多可以用来测量的工具，你们可以用它们来测量跑了多远。

幼儿自由选择测量工具，结伴进行测量，并记录测量结果。教师观察幼儿的测量过程，指导幼儿使用正确的测量方法。

(2)师：换一种工具再测量一次刚才的距离，看看结果有没有变化。

建议幼儿换一种工具再次测量，并记录测量结果。

4. 测量结果大讨论。

(1)师：你和哪位朋友合作的？你们用了什么测量工具？测量的结果是什么？现在你们知道自己跑了多远的距离了吗？

鼓励幼儿进行介绍。

(2)师：有的小朋友用了两种测量工具测量两人跑的距离。为什么测量同一段距离，结果会不一样呢？

师幼共同总结：测量结果不一样是因为测量的工具不一样。教师进一步引导幼儿了解测量工具与测量结果之间的关系。

5. 评价活动。

师：在平时的生活中，你还可以用哪些物品作为测量工具呢？

引导幼儿结合日常生活进行交流，了解有许多工具都能替代尺子进行测量。

（案例提供：江苏省南京市中华路幼儿园　钱震）

5. 在其他领域教育活动中自然融入长度测量的学习经验。

测量长度可以解决活动和游戏中的实际问题，比如：判定体育比赛中谁跳得远、跑得远。像这样从解决问题的角度出发，我们就可以自然地将长度测量的数学学习经验与其他领域结合起来。案例“奥运小裁判”体现了数学学习与健康领域的整合，为数学学习创设了真实的、包含问题解决机会的情境，使幼儿对测量的学习也更加具体、有效。

案例　奥运小裁判(中班)

设计意图

数学中的测量来源于生活，它与幼儿的生活经验有着密切的联系。如何将其生活化，化“枯燥”的测量为有趣、生动、易于理解的活动？一是游戏，二是操作。情境游戏是促进教学过程变成能引发幼儿兴趣，激发幼儿向未知领域不断探索的教学策略，体育游戏“奥运小裁判”的情境创设激发了幼儿学习测量的兴趣。幼儿通过各种工具的操作运用，充分调动各种感官，在与材料的互动中，自主、独立、愉快地学习测量的方法。

活动目标

1. 掌握基本的测量方法，知道从一端开始，能用自然物一个接一个的方法测量。

2. 敢于利用不同的测量工具，尝试探索不同的测量方法。

3. 乐于参加测量活动，体验利用测量解决实际问题的快乐。

活动准备

1. 经验准备：幼儿掌握立定跳远的基本动作。

2. 物质准备：黑板、粉笔、长度相同的绳子、彩条纸等。

活动过程

1. 情境导入。

师：奥运会正在进行中，我们班的小朋友也想当奥运小健将，现在比赛的项目是立定跳远。你们谁想参加立定跳远的项目啊？

2. 奥运小裁判的产生。

师：可是现在遇到一个难题，运动员都来参加立定跳远了，我们怎么才能知道他们谁跳得远呢？现在我们还需要有位奥运小裁判，为这些小运动员们评判一下！要注意呀，裁判员的资格可不是那么容易就取得的，要懂得比赛规则，还要公正！

教师故意犯规，超过起点起跳，请幼儿讨论，明确比赛规则。

3. 测量和记录结果。

(1)幼儿6人一组开始比赛，3名幼儿立定跳远，另外3名小裁判合理分工，有人盯紧起点，有人做好标记，有人测量并报告结果。在测量时，幼儿可以自由选用测量工具，如绳子、彩条纸等，教师帮助幼儿在黑板上记录结果。

(2)接着进行第二次比赛、第三次比赛，记录三次比赛的最好成绩，教师颁发金牌、银牌和铜牌。

运动员成绩表

成　绩	幼儿1	幼儿2	幼儿3
第一次			
第二次			
第三次			
最好成绩			
名　次			

活动延伸

户外分散游戏时，幼儿可扮演运动员、裁判员练习立定跳远和测量活动，发现更多的测量工具和测量方法。

（案例提供：天津市河西区第18幼儿园　周菁　李晓红）

第三节 测量重量

一、重量的含义

严格地讲，重量是指由于地心引力的作用，而使物体具有的向下的力，也叫重力。但在日常生活中，我们所讲的重量常常是指物体的质量。所以我们有必要在严格意义上对“重量”和“质量”这两个词语加以区分。

重量是指一定质量的物体在重力场内(如地球重力场)受到的地心引力。一个有趣的现象是：如果一个物体脱离了地球引力范围，即它不与地球相互吸引，则物体的重量将变为零。例如，脱离了地球引力范围的宇宙飞船，其中就会出现这种情况，此时飞船中的物体没有重量。在地面上一吨重的铁块，在宇宙飞船中将没有重量。宇航员可不费“吹灰之力”把铁块从某一高度匀速地升高到另一高度，而在地面上，凭一个人的体力根本做不到这一点。但无论在地球上，还是在宇宙飞船中，物体质量均未改变。①

质量是指物体中所包含物质的量，它是物体本身的一种属性，根据狭义相对论，对于运动状态不发生变化的物体而言，质量是一个常量，不因高度、纬度等外界情况的变化而改变。质量的标准单位是千克(kg)，其他常用单位还有吨(t)、克(g)、毫克(mg)、微克(μg)等。

考虑到日常生活中人们的语言习惯，在本书中我们仍然沿用“重量”一词来表示物体的质量。

二、幼儿重量概念的发展特点

有研究显示，3岁幼儿已能感知和辨别具有明显差异的两个物体重量的不同。但对于差异较小的两个物体，他们很难辨别出来。他们也不能运用“轻”“重”这样的词语表达自己的感受。4岁幼儿对轻重的感觉有了明显的提高，能从若干对象中找出同样重量的物体，也基本上能用正确的词语表示对物体轻重的感知。5岁幼儿辨别轻重差异的精确性有较大提高，并能理解和运用“轻”“重”这样的词语。同时，感知轻重相对性的能力发展显著，已基本上具备了感知轻重相对性的能力。6岁幼儿已具备了认识物体重量和体积之间关系的能力，有资料显示，5—6岁幼儿能够认识到小的物体可以比大的物体重，而大小一样的物体，由于制作材料的不同，重量也可以不同。②

① 柳涛.重量与质量[J].南京师范学院学报(自然科学版)，1980(1)：52.

② 林嘉绥，李丹玲.学前儿童数学教育[M].北京：北京师范大学出版社，1994：199—201.

三、幼儿测量重量教育活动的组织

(一)目标

3—4岁	4—5岁	5—6岁
初步感知物体的重量特征,能听懂描述物体轻重的常用词语。	能感知和区分物体的重量特征,并能用相应的词表示。	1. 初步理解重量的相对性。 2. 感知和理解物体重量的守恒。 3. 初步理解物体重量与体积之间的不对应关系,比如一块海绵体积虽然很大但重量却可能很轻。 4. 结合实际情境体验用体重计、天平等常见工具比较重量、称重量。

(二)教学建议

1. 在一日生活中丰富幼儿与重量相关的感知和操作经验。

重量是连续量,幼儿重量感知的发展是其掌握重量概念的基础。生活中关于重量的问题多种多样,如幼儿判断两个物体的轻重,有的东西幼儿自己能拿动,有的就拿不动;体检会称体重,有的小朋友看起来胖一些,体重比较重等等。教师可以利用这些机会渗透重量的概念,丰富幼儿的相关经验,一方面,教师可以结合生活需要使用"轻""重"等词语来描述物体的重量,比如:搬桌子时说"这桌子真重,我们一起抬吧"等等,使幼儿能够听到描述重量的词语;还可以介绍"某某物体重多少",比如午餐时米饭的量等等。教师不必刻意讲解,幼儿就可以在有意无意地听的过程中慢慢感受到数字、单位与重量的关系。另一方面,教师可以为幼儿提供比较、排序、体会重量守恒、测量重量的机会,比如:请幼儿用手掂一掂、抬一抬游戏材料或体育器械,判断一下哪个轻哪个重;改变一团橡皮泥的形状,感受重量的守恒;或者将形状相同、重量相同的两个物体中的一个改变形状,再判断这时重量是否还相同;在区域活动中提供天平等测量工具,供幼儿自主选用等。案例"称体重"中教师在教室的一个角落里放了地秤供幼儿自发地称体重,非常巧妙地将称体重的活动融入到一日生活中。

案例　称体重(中班)

活动目标

1. 学习用地秤测量自己体重的方法。

2. 知道体重的变化和食物吸收多少有关,懂得不挑食,什么食物都要吃的道理。

3. 感受数学与人们生活的关系。

活动准备

地秤1个。

活动过程

1.认识地秤。

(1)教师出示地秤,引导幼儿讨论,根据生活经验,交流对地秤的认识。

师:你们知道这是什么吗?在哪儿见过它呢?它有什么用呢?

(2)继续引发幼儿的讨论。

师:它的名字叫地秤,是专门用来给人们测量体重的。怎么用才能称出我们的体重呢?

(3)请个别幼儿讲述地秤的使用方法,教师在幼儿讲述的基础上进行补充:将地秤平稳放在地面上,然后轻轻地站上去,脚不能挡住显示体重的小窗口。等指针停止摆动后,再仔细观察指针的位置就知道有多重了。

2.个别幼儿示范用地秤称体重,其他幼儿轮流体验。

(1)将地秤放在教室的某一角落,方便幼儿自主来称体重。鼓励幼儿学习观察指针的位置并说一说自己的体重,教师可帮助检查幼儿测量、讲述得是否正确。

(2)师:大家都很想量体重,但如果都去量,就会因为人多而要排队。有的小朋友可能一次都量不到。怎么办呢?

引导幼儿讨论并提出分时间段量体重的建议,如:周一喝牛奶后是第一组量,游戏时是第二组量,吃饭后是第三组量……周二喝牛奶后是第二组量,游戏时是第三组量,吃饭后是第四组量……

(3)教师关注并有目的地了解幼儿测量的结果,特别是引导同一幼儿记住游戏时量的结果和午饭后量的结果,感受自己的体重是否发生了变化。

(4)引导幼儿与同伴交流量体重的结果,同时了解同伴的体重,知道每个人的体重都可能不一样;初步了解体重的轻重和自己吃的东西、身体的吸收等都有关系,懂得不能挑食,什么食物都要吃。

(案例提供:江苏省南京市中华路幼儿园　唐晓艳)

2.将感知、比较和测量重量的活动融入室内外游戏中。

在游戏中也可以使幼儿感知、比较和测量重量,比如:室外活动时可以让幼儿玩跷跷板,他们能从这种直观的游戏中逐渐感受到,两个人坐上去不用力时跷跷板的变化。向下用力大还是小与跷跷板上受力一端的高低关系密切,如果一个大人和一名幼儿坐在跷跷板的两端,可以请幼儿想办法使跷跷板达到平衡。不过,通常这样玩跷跷板幼儿感受到的只是向下压跷跷板时用力的大小,如果两边的人都不用力,而且离中间点一样远,这时跷跷板比较的才是两边的重量。在室内活动区中,教师可以提供天平,幼儿可以用它比较两边托盘中物品的重量。案例为我们提供了“水果娃娃玩跷跷板”的区角游戏，案例“动物运动会”则在教学游戏中让幼儿看图进行判断和推理。

案例　水果娃娃玩跷跷板(中班)

设计意图

围绕“使中班幼儿积极愉快地参与测量重量活动”，“促进不同能力幼儿在区角活动中操作感知物体的轻重并进行简单的称重”，教师应用跷跷板两边重量相等才能平衡的原理，设计了中班活动“水果娃娃玩跷跷板”，并提供三种不同层次的活动材料以支持幼儿在活动中自由探索，大胆操作，体验学习的快乐。

游戏一：水果娃娃比轻重

活动目标

1. 通过操作跷跷板，比较两个物体的轻重，获得跷跷板重的一边沉下去，轻的一边升上来的经验。

2. 初步尝试用图示记录自己的操作结果。

3. 在区角活动中体验探究和发现的乐趣。

活动准备

教师自制的一个两端均固定有小篮子的跷跷板；水果娃娃（不同种类的水果玩具）、记录表、教师剪好的即时贴。

活动过程

1. 以水果王国评比最重水果的情境导入活动，激发幼儿参与活动的兴趣。

出示水果，先请幼儿看一看、摸一摸、掂一掂。

师：有什么好方法能帮助我们知道哪个水果重，哪个水果轻呢？

2. 猜猜看：请幼儿猜猜哪个水果轻，哪个水果重？幼儿选择两种水果娃娃和对应的即时贴，将即时贴贴在记录表中，在猜想一栏中画个标记。

3. 试试看：教师出示跷跷板，鼓励幼儿自由操作。幼儿将自选的两个水果娃娃放到跷跷板上进行比较，看看发生了什么事。引导幼儿说出“重的沉下来、轻的升上去”。将试验结果记录在实际操作一栏中。

4. 说说看：鼓励幼儿与同伴、老师交流自己的试验结果，说一说谁是最重的水果。

游戏二：水果娃娃争冠军

活动目标

1. 通过操作初步感知物体的轻重，利用跷跷板“重的沉下去、轻的升上来”的经验比较三个物体的轻重。

2. 能够用图示记录自己的操作结果。

3. 在区角活动中体验探究和发现的乐趣。

活动准备

教师自制的一个两端均固定有小篮子的跷跷板；水果娃娃（不同的水果，如苹果、草莓、香蕉）；记录表、用即时贴剪好的水果图案。

活动过程

1. 以水果王国评比最重水果的情境导入活动，激发幼儿参与活动的兴趣。

出示水果，先请幼儿看一看、摸一摸、掂一掂。

师：有什么好方法能帮助我们知道哪个水果重，哪个水果轻呢？

2. 猜猜看：请幼儿猜猜三种水果中哪个水果最重，哪个水果最轻，在记录表上猜想一栏按从重到轻的顺序粘贴水果图案。

3. 试试看：教师出示跷跷板，鼓励幼儿自由操作。幼儿分别请苹果和香蕉在跷跷板上比轻重，苹果和草莓在跷跷板上比轻重，根据试验结果重新粘贴水果图案，观察前后两次粘贴顺序有什么不同。

4. 说说看：鼓励幼儿与同伴、老师交流自己的试验结果，说一说谁是最重的水果冠军。

游戏三：水果娃娃称体重

活动目标

1. 尝试以一种物体为参照，感知比较另外两种物体的轻重，发展幼儿的逻辑思维能力。

2. 能够用图示的方式记录自己的操作结果。

3. 在区角活动中体验探究和发现的乐趣。

活动准备

教师自制的一个两端均固定有小篮子的跷跷板；各种水果玩具和贴纸；有一定重量的小积木或围棋的棋子做砝码；记录表。

活动过程

1. 以水果王国评比最重水果的情境导入活动，激发幼儿参与活动的兴趣。

出示水果，先请幼儿看一看、摸一摸、掂一掂。

师：有什么好方法能帮助我们知道苹果到底有多重呢？

2. 教师示范：出示跷跷板和等重的小积木，把 1 个苹果和 3 块积木放到跷跷板两端的小篮子里使跷跷板达到平衡。请幼儿说说苹果有多重？如：1 个苹果和三块积木一样重。

3. 猜猜看：幼儿猜想其他水果和多少块积木一样重，在记录纸上贴好试验结果。

4. 试试看:幼儿动手操作将1个香蕉和×块积木放在跷跷板上达到平衡,同时在记录纸上贴好试验结果。

5. 说说看:鼓励幼儿与教师、同伴交流自己的试验结果。跷跷板两端重量相等才能平衡,小篮子中积木的重量等于小篮子中水果的重量。积木块数越多,水果越重,积木块数越少,水果越轻。请幼儿根据积木数量的多少来比较水果之间的轻重。

活动延伸

在活动区投放一些生活中其他有一定重量的物品,如铅笔、橡皮、彩泥、玩具等,请幼儿使用跷跷板来测量它们的重量。还可以用围棋棋子、玻璃球、橡皮等重量相同的物品替换积木块做砝码,引导幼儿感受和发现不同物体的重量与砝码轻重之间的关系,支持幼儿进行更加深入的探究。

活动建议

选择的砝码应是等重的,不能太小,以免幼儿吞服发生危险。记录的方式要简单明了,可以不涉及数字的书写,用简单的即时贴去记录,适合幼儿操作又能节省时间。

"水果娃娃比轻重"记录表

? 猜想		
实际操作		

"水果娃娃争冠军"记录表

? 猜想			
实际操作			

"水果娃娃称体重"示意图

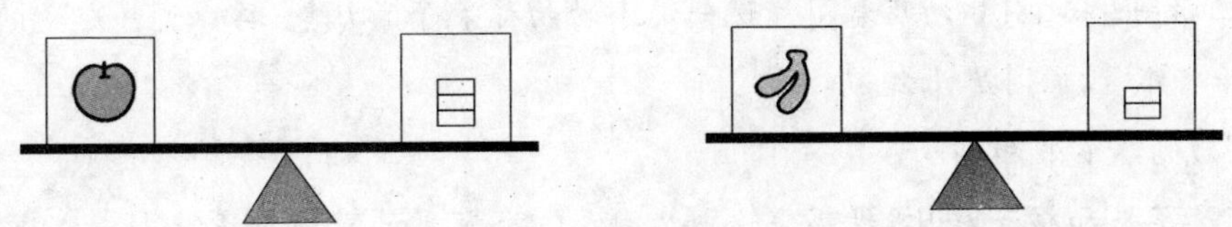

(案例提供:天津市河西区第26幼儿园 李津津)

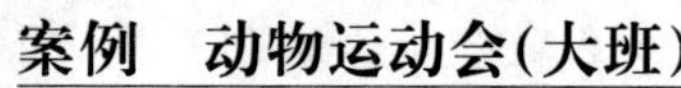

案例　动物运动会(大班)

设计意图

对于大班的幼儿来说，他们能比较轻松地借助目测或工具判断两个物体之间的轻重关系。但是出现3个或3个以上的物体，不但要判断它们两两之间的轻重，还要对这几个物体的轻重关系进行排序。这就需要幼儿有更强的逻辑思维能力了。本活动运用比赛的方法，让推理与判断在游戏情境中进行，能吸引幼儿主动积极地参与其中。

活动目标

1. 通过推理、比较，了解3—4个物体之间的轻重关系，初步了解轻重的守恒。

2. 能用较清楚的语言讲述自己的推算理由和过程。

3. 能在活动中动脑筋，独立地完成操作任务。

活动准备

1. 教具：3个小动物分别背着枣子、橘子、苹果比赛(图片一)；枣子、橘子、苹果在天平上的轻重关系(图片二)。

2. 学具："举重比赛"压膜操作单(画有几个小动物举石头的图案，每个石头在跷跷板上的轻重关系图)；"扔球比赛"压膜操作单(画有几个小动物扔球的图案，每个球在天平上的轻重关系图)。

活动过程

1. 小裁判。

(1)师：树林里的小动物正在举行一场热闹的比赛，我们来看看它们在比什么。

教师出示图片一引导幼儿观察图片，发现小动物们正在背运果子。

(2)师：原来小动物们在比谁的力气大。我们来当裁判，看看谁的力气大好吗？

引导幼儿仔细观察图片，发现小动物们背运的果子都不一样，没办法马上比较出谁的力气大。

(3)师：如果要知道谁的力气大，首先要知道什么？

帮助幼儿理清思路，了解要先知道果子的轻重。

2. 两个水果比轻重。

出示图片二，引导幼儿看图片说一说小动物称果子的结果，再说说一起称的两个果子谁轻谁重，原因是什么。

(1)观察苹果和橘子。

师：苹果和橘子相比，结果怎么样？(幼：1个苹果的重量和2个橘子的重量是一样的。)那么1个苹果和1个橘子相比，谁轻谁重呢？(幼：苹果重，橘子轻。)

(2)观察橘子和枣子。

师:橘子和枣子相比,结果怎么样?(幼:1个橘子的重量和4个枣子的重量是一样的。)那么1个橘子和1个枣子相比,谁轻谁重呢?(幼:橘子重,枣子轻。)

3. 三个水果比轻重。

(1)继续引导幼儿观察图片二,引导幼儿推断苹果重,枣子轻。

师:我们知道1个苹果比1个橘子重,1个橘子又比1个枣子重,那么1个苹果和1个枣子哪个轻哪个重呢?

(2)鼓励幼儿相互讨论、认真思考,推算出1个苹果和8个枣子一样重。

师:你还能推算出1个苹果和几个枣子一样重吗?你是怎么算出来的?

4. 找出大力王。

教师引导幼儿观察图片一,请幼儿根据刚才的推算,说一说三个小动物谁的力气大,谁的力气小。

师:现在你能说说谁的力气大,谁的力气小吗?

5. 幼儿操作练习。

(1)了解操作内容。

举重比赛:观察并比较画面上小动物举起的石头之间的轻重关系,然后判断谁是举重王。

扔球比赛:观察并比较画面上小动物扔出去的球之间的轻重关系,然后判断谁是扔球王。

(2)幼儿操作,教师指导。

引导幼儿用推算的方法比较3个物体之间的轻重,鼓励能力强的幼儿较清楚地讲述推算的理由。

(3)"我的裁判结果"。

请个别幼儿介绍自己的操作过程和结果,大家检查,并引导幼儿讲述理由,进一步巩固推算物体轻重的能力。

(案例提供:江苏省南京市中华路幼儿园　钱震)

3. 在其他领域活动中自然渗透测量重量的内容。

与其他领域的整合,可以分为两种情况:一是在其他领域中挖掘物体重量的概念,将重量概念渗透到其他领域中,比如美术领域,画一画漂亮的小石头,教师就可以自然地利用这个机会,让幼儿感受不同石头的轻重。二是围绕测量重量这项关键经验开展活动,自然地涉及其他领域的内容,比如案例"有趣的秤",在美术活动中可以让儿童设计制作各种各样的秤,在科学活动中可以出示不同种类的秤,讨论不同秤的功用等。幼儿在了解不同秤的同时,也探索了秤的使用方法。

案例　有趣的秤(大班)

设计意图

秤是生活中必不可少的工具之一。人们在生活中运用秤称物体的重量是很自然平常的事,但对幼儿来说,秤是新奇的,也是神秘的。为什么它们长得不一样但都叫秤?为什么东西一放上去就能知道有多重?顺应儿童的发展需要,提供真实的物品,让他们亲历探索的过程,发现秤的秘密,感受秤与人们生活的关系,激发幼儿使用工具的兴趣,便是本活动的主旨所在。

活动目标

1. 了解各种秤的名称、构造,初步尝试和探索秤的使用方法。

2. 初步了解每种秤适合称的物品。

3. 乐于参与动手操作的探索活动。

活动准备

杆秤、天平、电子秤、地秤等各种秤的实物。

活动过程

1. 说说见过的秤。

(1)师:今天厨房的叔叔给小朋友买了水果,我们怎么样才能知道这袋水果有多重呢?

引导幼儿迁移生活经验提出可以用秤称重。

(2)师:你见过秤吗?你见过的秤是什么样的?

鼓励幼儿说一说自己见过的秤。幼儿说出一种秤,教师就出示这种秤的实物,引导幼儿观察并了解这种秤的名称、构造。

2. 了解秤的使用方法。

(1)幼儿自由尝试使用各种秤,称玩具、水果、自己的体重等。请幼儿介绍自己的探索,教师结合幼儿的介绍进行补充。

如:杆秤——有一根直直的秤杆,一头有一个钩子可以钩住要称的东西,或者有一个托盘,可以将要称的东西放到托盘上。还有一个秤砣,秤砣在秤杆上移动,可以让秤杆保持平衡,称出物体的重量。

如:电子秤——有一个底座,上面放了一个托盘,把东西放进托盘里,底座上就会显示有多重。

如:天平——有一个底座,上面两边放了两个盘子,中间有一根指针。如果两个盘子里的东西一样重,指针就会指在中间,两端保持平衡。

如:地秤——有一个大大的底座,可以把很重的东西放在上面,一边竖起的杆上可以放秤砣称出重量。

(2)师：刚才还有哪些秤你没有试一试呢？现在去试着用它称一称吧！

引导幼儿尝试自己没有用过的秤，并且学习如何正确地使用秤。

3. 用秤称什么。

(1)师：这两个苹果一样重吗？用什么秤可以知道呢？

出示两个苹果，先请幼儿用手掂一掂，猜测结果，然后引导幼儿用天平称苹果，观察两个托盘是否保持平衡并判断苹果是不是一样重。

(2)师：这两袋玩具一样重吗？用什么来称比较合适呢？

出示两袋子玩具，引导幼儿了解，两袋玩具比较大，用天平称不合适，可以用杆秤来称。师幼先用手掂一掂，猜测结果，然后共同用杆秤称玩具，观察秤砣的位置来判断玩具谁重谁轻。

(3)师：你想知道自己和好朋友谁重谁轻吗？用什么秤合适呢？

引导幼儿了解用地秤可以称出人的重量。请两名幼儿比轻重，其他幼儿先观察并猜测谁轻谁重，然后两名幼儿站在地秤上，教师协助称出体重，大家再判断谁轻谁重。

(4)师：今年称体重时，你可以问问保健老师，你有多重？哪些小朋友和你一样重？

引发幼儿对体检称体重的关注。

活动小贴士

教师也可以下载相关实物图片以及运用各种秤称物体重量的录像，帮助幼儿了解各种秤的使用方法。

（案例提供：江苏省南京市中华路幼儿园　钱震）

第四节　测量容积

一、容积的含义

容积是指容器所能容纳物体的体积，物体包括气体、液体、沙粒状固体，如空气、水、沙子等，体积是指物体所占空间的大小。因此，容积同体积一样，集数、量、形于一身，都是对三维空间的度量。容积单位与体积单位相同，常用的有立方米、立方分米、立方厘米、立方毫米等。幼儿在生活中经常接触到的容器所盛装的主要是液体或沙粒状固体。例如，喝止咳糖浆之类的液体药品时，需要用量杯量出一定的量，5 毫升(ml)、10 毫升(ml)不等；玩沙玩水时，幼儿会发现小桶装的沙子或水较少，大桶装的沙子或水较多，等等。

二、幼儿容积概念的发展特点

随着生活中对操作容器、感知容积方面经验的不断积累，4 岁左右的幼儿已经能够初步感知物体的容积特征；能够在估测的基础上初步比较两个容器在容积上的差异；能够听懂成人描述容积大小的常用词语；能按照成人的要求取来大的或小的容器。4—5 岁的幼儿还能初步描述物体的容积，比如：我要用大碗吃饭，这个杯子能盛更多的水等。5 岁幼儿能初步感知液体容积的守恒。6 岁是幼儿容积守恒能力发展的重要时期，但要真正掌握容积守恒概念一般要到小学阶段才能够实现。

一项研究表明了我国 3—6 岁幼儿容积守恒概念形成和发展的特点。① 该实验当时是在四川师范学院幼儿园进行的。实验对象为 3—6 岁四个年龄组的幼儿，其中 3—4 岁组各 24 人，5—6 岁组各 30 人，采用随机抽样的办法选择被试。容积守恒实验材料是两个形状相同容量为 100 毫升的圆柱形烧杯和一个 100 毫升的三角杯。

先让幼儿观察两个圆柱形烧杯是否一样大、一样高。幼儿明白这两个烧杯是一样大小后，实验者当着幼儿的面给两个烧杯装满水，然后问幼儿："这两个烧杯里的水是不是一样多？"待幼儿回答是一样多后，将其中一个烧杯里的水全部倒入比烧杯高的三角杯里，再指着装满水的烧杯和三角杯问幼儿："这两杯水是不是一样多？"幼儿若不理解，实验者将再做一次，指导语同上。实验是在安静的活动室内进行的，只有主试和被试二人。

将四个年龄组幼儿的回答区分出三级水平（Ⅰ级、Ⅱ级、Ⅲ级）。分级水平的标准是：Ⅰ级水平只能简单笼统地回答"是一样多的水"，不能说出理由或虽能说出但不正确；Ⅱ级水平能用恒等性和可逆性理由回答；Ⅲ级水平能用补偿性的理由回答，如"高杯子长（细小），矮杯子粗（大），它们装的水还是一样多"。结果见下表所示：

表 3—4　3—6 岁幼儿容积守恒达到不同水平的人数与百分比②

年龄组	总人数	Ⅰ级（%）	Ⅱ级（%）	Ⅲ级（%）	合计（%）
3 岁组	24	2(8.2)			2(8.2)
4 岁组	24	2(8.2)			2(8.2)
5 岁组	30	6(20.0)	2(6.7)		8(26.7)
6 岁组	30	1(3.3)	12(40.0)	3(10.0)	16(53.3)

① 高荣生，付佑全. 3—6 岁幼儿长度和容积守恒能力发展的实验研究[J]. 四川师范学院（自然科学版），1982(4)：205—208.

② 高荣生，付佑全. 3—6 岁幼儿长度和容积守恒能力发展的实验研究[J]. 四川师范学院（自然科学版），1982(4)：206.

由表3－4可见，3－6岁幼儿容积守恒有随着年龄的增长逐渐上升的趋势，回答的水平也是随年龄的增长而提高。3－4岁幼儿基本不具有守恒能力，5岁幼儿已经有了守恒能力的萌芽，达到Ⅰ级、Ⅱ级水平的幼儿占到总人数的26.7%。6岁幼儿达到Ⅱ级水平的人数明显增多，也出现了达到Ⅲ级水平的幼儿，达到Ⅰ级、Ⅱ级、Ⅲ级水平的幼儿占到总人数的53.3%，可以说6岁是幼儿容积守恒能力发展的关键期。

三、幼儿测量容积教育活动的组织

(一)目标

3—4岁	4—5岁	5—6岁
初步感知物体的容积特征，能听懂描述容积大小的常用词语。	能结合生活情景感知和区分物体的容积特征，能初步描述物体的容积，如这个杯子能盛更多的水等。	1. 感知液体容积守恒现象。 2. 能在教师的指导下，尝试运用目测、量杯测量等方法比较两个物体的容积大小。

(二)教学建议

1. 结合一日生活情境引导幼儿感知容积。

在一日生活中，幼儿会自然地接触到容积的概念，比如使用杯子、小碗喝水喝汤等。教师有意识地结合生活情境，引导幼儿感知量的不同。比如，谁盛的汤多？谁杯子里的水少？等等。这样幼儿就可以逐渐理解容积的概念，逐渐从模糊的目测向精确的测量容积的方向发展。案例“想喝多少水”可供教师参考。

案例　想喝多少水(中班)

活动目标

1. 知道天气热了，每天要多喝水，养成主动喝水的生活习惯。

2. 初步感受一定容积的水有多少。

3. 体验喝水中也会发现数学。

活动准备

大小相同的喝水杯每人1个，带有刻度的大杯子1个。

活动过程

1. 天热多喝水。

(1)师：天气渐渐热了，每天都会出许多汗。你知道我们出的汗是哪儿来的？为什么要出汗呢？

引发幼儿讨论，了解身体里的水分转化为汗流出来，可以把身体里的热量带出来，让人的身体里不那么热。

(2)师：我们的身体里有那么多水分吗？

继续引导幼儿讨论，了解出汗多的时候，身体里会缺少水分，人就需要喝水补充水分。

2. 每天喝多少水？

(1)师：每天经常喝水很重要哦！你每天在幼儿园里会喝多少水呢？

引导幼儿交流自己每天喝水的情况。

(2)师：有的小朋友说喝 2 杯水，有的小朋友说喝 3 杯水……大家说的 1 杯水是多少呢？是不是满满的 1 杯呢？

引发幼儿交流，发现其实每个人说的 1 杯，它的量都不一样。有的小朋友接一杯水，是满满 1 杯；有的小朋友接一杯水，只有大半杯；还有的小朋友接 1 杯水，只有少少的小半杯。

(3)师：怎样才能知道你和好朋友喝的水谁多谁少呢？

引导幼儿想办法测量，如：两个人接完水后，将杯子靠在一起比一比，看谁杯子里的水位高，谁喝的水就多。

3. 想喝多少水？

(1)师：怎样知道自己每次喝了多少水呢？

出示有刻度的杯子，引导幼儿观察认识刻度，了解这些刻度表示水倒到这个位置后是多少。

(2)师：这个杯子的水倒到最上面的刻度线是×毫升，你想喝多少毫升的水呢？

幼儿说自己想喝多少水，教师关注并引导幼儿说的量不要太大，一次喝水的量要适中。教师将有刻度的杯子接上水，根据幼儿的讲述，在幼儿的小杯子中倒上他们想喝的水量，引导幼儿与同伴交流自己想喝的水量，然后感受这些水有多少，最后将水喝完。

(3)鼓励幼儿在自由活动时间主动地去喝水。

（案例提供：江苏省南京市中华路幼儿园　唐晓艳）

2. 支持幼儿在动手操作的室内外游戏中感知容积。

幼儿对容积的感知和理解离不开动手操作和自主发现，教师可利用室内外游戏为幼儿投放材料，提供操作和探索发现的机会。比如，在室内活动区中，教师可以提供豆子、玉米粒、杯子、塑料瓶、盘子、碗、记录纸等丰富的材料供幼儿操作使用；在室外，教师可以结合玩沙玩水区的活动为幼儿提供材料上的支持，将教育意图充分地“物化”，通过关键提问等教学策略启发幼儿动手动脑。案例“玩沙”就体现了教师对“物化”教育意图和关键提问等教学策略的运用。

案例　玩沙(小班)

活动目标

1. 认识沙和玩沙工具,学习用铲子、勺子挖沙,用小桶装沙。

2. 将小桶里的沙子倒入塑料杯里,初步感受小桶里装的沙比杯子里的沙多。

3. 喜欢玩沙,了解并在教师提醒下能遵守玩沙的规则要求。

活动准备

游戏沙箱,护衣,玩沙工具(铲子、勺子、小桶)每人一套,透明塑料杯若干。

活动过程

1. 准备玩沙。

(1)教师带领幼儿来到沙箱旁,引发幼儿玩沙的兴趣。

师:小朋友,你们知道这是什么吗?今天我们一起来玩沙,好吗?

(2)教师出示护衣,帮助幼儿穿好护衣。

师:小沙子可调皮啦,一会儿跑到这儿,一会儿跑到那儿,如果跑到我们的衣服里,我们的皮肤会感到不舒服。所以,我们在玩沙的时候要穿上护衣,保护好自己哦。

(3)教师出示并介绍玩沙工具。

师:这些小铲子、小桶都是我们玩沙时的好朋友,它们可以帮我们做什么呢?等会儿你边玩边想一想哦。

2. 玩沙。

(1)幼儿玩沙,教师巡回观察并指导。引导幼儿用小铲子轻轻地挖沙,然后装在小桶里。

(2)幼儿游戏一段时间后,教师引导幼儿将小桶拎起来,感觉装有沙子的小桶比较重。

师:你的小桶里都有沙了吗?看看你能不能拎得动?

3. 沙子有多少?

教师出示若干透明塑料杯,引导幼儿用小勺子一勺一勺地将小桶里的沙挖到杯子里,直到将小桶里的沙挖完为止。

(1)师:小桶里的沙子有多少呢?我们把它们倒到小杯子里,看看能倒几杯。

引导幼儿数一数自己小桶里的沙子装了几个塑料杯。

(2)师:小桶里的沙多还是杯子里的沙多?

引导幼儿再将塑料杯里的沙倒回小桶里,并说一说几个塑料杯里的沙倒回去是一小桶沙。

(案例提供:江苏省南京市中华路幼儿园　钱震)

3. 利用集体教学活动“画龙点睛”的作用提升幼儿的容积经验。

集体教学活动旨在“画龙点睛”，它的设计要瞄准幼儿的兴趣和需要。教师听到幼儿谈论班里的饮水机是圆柱体，还讨论家里的净水桶也是圆柱体，一名幼儿提到了“净水桶为什么不是长方体”的问题，引起了其他幼儿的兴趣，由此也启发教师设计了案例“谁装的粮食多”，带领幼儿沿着“猜想、验证、交流”的步骤，展开对“底部周长相同、高也相同的圆柱体和长方体的容器，哪个装的东西多”问题的探索。

案例　谁装的粮食多(大班)

活动目标

1. 鼓励幼儿大胆尝试，能够运用多种方法对自己的猜想进行验证。

2. 幼儿通过操作活动，了解底部周长相同、高也相同的圆柱体容器装的粮食比长方体容器多。

活动准备

1. 经验准备：对事先准备好的圆柱体和长方体容器进行测量(利用线绳、直尺、串珠等材料)并记录，或用长度、高度相同的彩色纸为圆柱体和长方体包装，通过操作，感知圆柱体和长方体底部的周长是一样的，高也是一样的，为下一步的猜想、实验做好铺垫。

2. 物质准备：长方体、圆柱体容器若干、天平、自制量杯若干、大小相同的矿泉水瓶、大米、勺子。

活动过程

1. 创设问题情境。

师：前几天，“小猫”和“小兔”请小朋友帮助它们将粮仓(长方体和圆柱体容器)变得漂亮一些，你们用的是什么方法？(幼：用彩色纸包装。)

师：你们在包装时发现了什么？(幼：包装用的彩色纸一样大。)

师：为什么要用一样大的彩色纸？(幼：因为它们的粮仓一样大。)

师：还用了哪些方法知道它们是一样大的？(幼：用绳子量、用珠子量等。)

2. 请幼儿回答，并简单表述理由。

师：“小猫”和“小兔”的粮仓装的粮食一样多吗？

3. 验证环节。

师：用什么办法可以知道“小猫”和“小兔”的粮仓装的粮食是不是一样多？

鼓励幼儿阐述自己的想法。幼儿分组，选取自己所需的材料进行操作实验。教师观察幼儿实验的方法，并给予相应指导。比如：使用天平称量，会做标记(画格)记录;使用自制量杯观察、做记号;将圆柱体和长方体容器里的米分别倒入两个相同的瓶子里进行比较。

4. 交流环节。

师:谁的粮仓装的粮食多?

教师总结"小兔"的粮仓(圆柱体)装的粮食多,幼儿互相介绍自己的实验方法。

5. 体育游戏"运粮食"。

通过游戏情境,让幼儿选择合适的工具(圆柱体和长方体容器)进行游戏,反馈实验操作的内容。

(案例提供:天津市卫生局幼儿园　霍卉)

4. 在其他领域活动中自然融入容积的学习经验。

容积的学习经验通常不是孤立存在的,其他领域教育教学活动中自然也会涉及容积的学习经验。比如音乐领域"自制乐器",用绳子悬挂大小相同的一组玻璃瓶,里面放的水量不同,打击时发出的声音也会不同;健康领域"运沙子比赛",大大小小不同的桶中装的沙子也有多有少,幼儿在搬运比赛中既可以锻炼身体,也能感受到不同容器装的沙子的量也不同。案例"怎样装得下"在探索如何充分利用空间的过程中,自然融入了体积与容积的学习经验。

案例　怎样装得下(大班)

设计意图

物体有一定的体积,器皿有固定的容积。将一定的物体放入某一器皿中,看似生活中经常会做的事,其实却蕴含着一定的数学知识。本活动通过材料的提供,凸显了物体的体积与器皿的容积之间的矛盾。而不同装载顺序既是解决这一矛盾的方法,也是了解容积的途径。当然,这个过程不应该是幼儿被动接受的,所以本活动在设计时为幼儿预留了充分的时间和空间,让幼儿反复尝试,相互学习。相信这样主动操作的结果留给幼儿的印象也是最为深刻的。

活动目标

1. 感知物体与物体间有空隙,体验空间的充分利用。

2. 能积极动脑把乒乓球、玻璃球和米全部装进杯子里,感受成功的快乐。

3. 对探索活动感兴趣,愿意与同伴分享自己的操作过程和结果。

活动准备

乒乓球、玻璃球、米、记录单、笔。

活动过程

1. 观察操作材料，感知材料的不同。

(1)出示乒乓球、玻璃球、米，引导幼儿说一说乒乓球、玻璃球和米的区别。

师：看看老师带来了什么？它们大小一样吗？

(2)师幼共同小结：乒乓球大大的、圆圆的，玻璃球小小的、圆圆的，米又细又小。

2. 第一次操作，尝试把三种材料全部装进容器里。

(1)介绍操作要求和记录操作结果。

师：今天，我们来玩一个游戏，请大家把这三种材料全部装进这个杯子里，先装一样材料，装完后再装另一样，要把所有材料都装进去。

(2)请幼儿说一说游戏规则，理解游戏玩法。

(3)引导幼儿说一说先装什么，教师根据幼儿的讲述进行示范操作，进一步帮助幼儿理解：要先把一种材料全部装进杯子里，然后再装另外一种材料，还要在记录单上用数字表示每种材料是第几个装进杯子里的。

(4)幼儿操作、记录。教师巡回指导，提醒幼儿按规则游戏，引导幼儿观察自己装材料的顺序能否将所有的材料都装进杯子里。

3. 交流实验的过程和结果。

(1)集体交流不同的方法。

师：你们实验成功了吗？三样东西全部装进去了吗？你是按什么顺序放的？

(2)教师提出质疑，激发幼儿再次验证的兴趣。

师：东西一样多，为什么有的小朋友可以全部放进去而有的小朋友没有装完呢？

(3)引导幼儿发现：装材料的顺序不一样，所以有的人把所有的材料都装进杯子里了，有的人还有许多材料装不下。

4. 第二次操作，观察三种材料在杯子里的位置，感受空隙被填满的现象。

(1)介绍操作要求和记录。

师：想一想，怎样装才能让所有的材料都装进杯子里呢？请大家再试试，这次要看看每次放进去的东西跑哪里去了？成功后别忘了记录。

(2)幼儿操作，教师观察指导。

(3)分享成功的喜悦。

师：你们都成功了吗？是按什么顺序放的？

(4)教师操作，与幼儿共同总结经验：先放乒乓球，再放玻璃球，最后放米。引导幼儿讨论，了解大的东西放在一起的时候，它们之间的空隙也比较大，再放小的东西，可以填到空隙中，这样就能在同样大小的杯子里装更多的东西了。

(案例提供：江苏省南京市中华路幼儿园　钱震)

第五节　测量温度

一、温度的含义

温度是表示物体冷热程度的物理量，在微观上来讲是物体分子热运动的剧烈程度。分子运动愈快，物体愈热，即温度愈高；分子运动愈慢，物体愈冷，即温度愈低。用来度量物体温度数值的标尺叫温标，它规定了温度的读数起点（零点）和测量温度的基本单位。目前国际上用得较多的温标有华氏温标（℉）、摄氏温标（℃）等，我国习惯使用摄氏温标。根据摄氏温标，在标准大气压下，把水的冰点规定为0℃，水的沸点规定为100℃，根据水这两个固定温度点来对玻璃水银温度计进行分度，两点间作100等份，每一份称为1摄氏度，记作1℃。

人们在生活中经常谈及的温度有气温、体温等。气象学上把表示空气冷热程度的物理量称之为空气温度，简称气温。作为气象学的常用名词，它总会出现在天气预报中。天气预报中所讲的气温是指在野外空气流通、不受太阳直射、在植有草皮的观测场中，离地面1.5米高的百叶箱中的温度表上测得的。一般一天观测4次（2时、8时、14时、20时），部分观测站根据实际情况，一天观测3次（8时、14时、20时）。气温有定时气温、日最高气温和日最低气温。气温的差异是造成自然景观和人类生存环境差异的主要因素之一，与人类的生活关系非常密切。

体温是指机体深部的平均温度，在临床上通常用口腔温度、直肠温度和腋下温度来代表体温。人体的温度是相对恒定的，正常人腋下温度为36℃－37℃，正常人在24小时内体温略有波动，但一般相差不超过1℃。体温高于正常范围称为发热，37.3℃－38℃为低热，38.1℃－39℃为中度发热，39.1℃－41℃为高热，41℃以上为超高热。人体温度相对恒定是机体进行新陈代谢和正常生命活动的必要条件。

二、幼儿温度概念的发展特点

幼儿对温度的关注开始于他们在日常生活中对物体冷热的感知。3－4岁的幼儿能够初步感知物体的温度特征。他们听到周围成人描述温度的词语，也能听懂这些常用词语，如"真暖和""太冷了""有点烫"等等。在生活中还会看到成人用"吹一吹""凉一凉"的办法，使热水变成了温水，幼儿不断积累着有关温度的经验。

4－5岁的幼儿更多地尝试着去描述自己对冷热的感知，以及对物体温度的判断，但他们更倾向于对温度做出定性的描述。

5－6岁的幼儿逐渐能够从定量的角度描述温度。他们对天气预报、量体温等

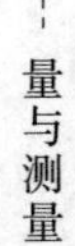

活动有了更加深入的了解，关注到数与温度之间的关系，也尝试模仿成人运用工具测量温度，读出数字。但他们头脑中有关温度的概念还十分有限，对于“温度”充满着许多个人的想法。他们自有一套与正统科学概念不同的解释。

三、幼儿测量温度教育活动的组织

（一）目标

3—4岁	4—5岁	5—6岁
初步感知物体的温度特征，能听懂描述温度高低的常用词语。	能结合生活情景感知和区分物体的温度特征，能初步描述物体的温度。	1. 感知和体会体温、气温等都可以用数来描述，对相关数字的含义有进一步探究的兴趣。 2. 在教师的帮助下，尝试运用体温计、温度计等常见工具来测量温度。

（二）教学建议

1. 明确与温度相关的探究主题。

为了更深入、更广泛地探究小学三年级学生的“温度”概念与概念的学习情形，有研究者根据专家绘制的“温度”概念图、教师教学活动设计，在参考相关文献的基础上，拟定了访谈小学生的提纲，并列出了以下与温度相关的探究主题①，可供幼儿园教师参考。需要注意的是，这份访谈提纲是针对小学三年级学生设计出来的，尽管在不同的年龄段围绕温度概念探究主题可能是相似的，但在探究方法、探究深度上会有较大的不同。因此，幼儿园教师在参考时一定要考虑选定的探究主题与本班幼儿的理解水平、学习需求相适宜，并采取易于幼儿理解和操作的方法支持幼儿的探究，绝不能简单照搬该访谈提纲。

探究主题一：感官的观察无法精确判断物体的冷热程度

问题1：给你一杯水，你怎么知道它们有多热？有多冷？为什么？
问题2：用手摸能不能很准确地知道物体有多冷？有多热？为什么？

探究主题二：温度可以表示物体冷热的程度

问题3：你有没有用过温度计？你认为温度是什么？
问题4—1：水越热，温度越高还是越低？为什么？
问题4—2：温度高代表什么？温度低代表什么？为什么？
问题4—3：一杯温度30℃和一杯温度50℃的水，哪一杯比较热？为什么？

探究主题三：任何物体都有温度

问题5—1：你认为热水有没有温度？为什么？
问题5—2：你认为冰块有没有温度？为什么？
问题5—3：热水和冰块之间的温度差别代表什么意思？为什么？

① 陈蕙菁.以概念图探究国小三年级学童温度概念的概念学习[D].台北：台北师范学院，2001:43—44.

探究主题四:热可以使物体的温度改变

问题 6:三杯温度不同的水,放在桌上一天后会有什么变化?为什么? 问题 7—1:用什么方法可以让水的温度升高?为什么? 问题 7—2:用什么方法可以让水的温度降低?为什么? 问题 8:一杯 30°C 和一杯 50°C 的水,混合之后温度是多少?为什么?

探究主题五:人的体温通常保持在 36°C 到 37°C 之间

问题 9—1:外面气温不同的时候,人的体温也会跟着改变吗?为什么? 问题 9—2:夏天和冬天,人的体温相同吗?为什么? 问题 10:做完运动觉得很热,我们的体温会不会升高?为什么?

探究主题六:同一地点的温度会改变

问题 11:冬天和夏天的时候,同一个地方的温度会一样吗?为什么? 问题 12:同一天的早上和下午,同一个地方的温度会一样吗?为什么?

探究主题七:隔绝外界空气可以达到保温效果

问题 13:怎样让热水不会很快地变冷?为什么? 问题 14:怎样让冰块不会很快地融化?为什么?

2. 结合一日生活情境,丰富幼儿有关温度的经验。

在一日生活中存在着许多可以让幼儿感知物体温度的机会,比如幼儿喝水或吃饭时,教师可以有意识地说一说温度,如"这汤不烫也不凉,刚好能喝";去户外活动时可以说一说外面的天气,"今天天气比较冷,我们穿好外套"。与此同时,教师还要留意幼儿在生活中自发使用的描述温度的词语,借此客观地评价幼儿对温度的感知和描述情况。在案例"小心,别烫着"中,教师抓住喝牛奶环节提醒幼儿关注牛奶能不能马上喝的问题,引导幼儿探索试试温度的好方法,巧妙地践行了一日生活皆课程的理念。

案例　小心,别烫着(小班)

活动目标

1. 知道喝热牛奶或热饮料时要先试试温度才能喝。
2. 学习用皮肤、舌头等多种感官判断牛奶的冷热。
3. 有自我保护的意识。

活动准备

盛在牛奶壶里的热牛奶。

活动过程

请幼儿有序地搬椅子坐在桌子旁边,然后洗手准备喝牛奶。

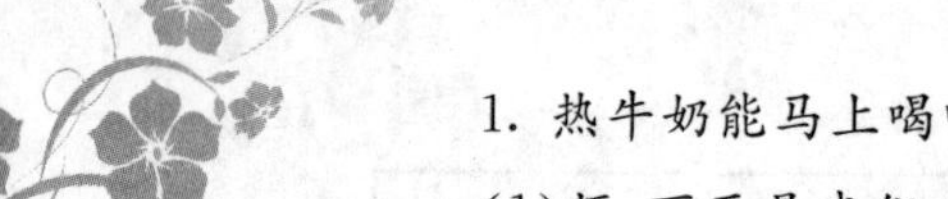

1. 热牛奶能马上喝吗?

(1)师:下面是我们喝牛奶的时间,厨房的阿姨已经帮我们把牛奶热好,盛在牛奶壶里了。是不是倒出来就能马上喝了呢?

鼓励幼儿大胆地说出自己的想法。

(2)师:有的小朋友说可以马上喝,有的小朋友说不能马上喝,因为会烫着。怎样才能知道牛奶烫不烫呢?

引导幼儿迁移生活经验说一说,提议可以用小手摸一摸。

2. 怎样知道牛奶烫不烫?

(1)师:一下子就把小手紧紧地贴着牛奶壶摸一摸烫不烫吗?

教师边提问边示范动作,引导幼儿感受在不知道牛奶烫不烫的时候就将手一下子紧贴牛奶壶并不安全,如果牛奶很烫,就会烫到手。

(2)师:又想知道牛奶烫不烫,又不能一下子把手贴到壶上试一试,怎么办呢?

引导幼儿讨论,提出建议,如用小手或一根手指轻轻地碰一碰牛奶壶,感受一下牛奶壶的温度,就知道牛奶烫不烫了。

(3)师:如果牛奶比较烫,那怎么办呢?

引导幼儿迁移生活经验提出轻轻地吹一吹,给牛奶降降温。

(4)师:牛奶杯子摸上去不那么烫了,是不是就可以端起来大口喝了呢?

引导幼儿了解,喝牛奶的时候,第一口要慢一点,少喝一点,试一试牛奶是不是真的不烫了。如果真的不烫了,才可以大口大口地喝。

3. 喝牛奶。

师:大家都会喝牛奶了吗? 会保护自己不被热牛奶烫到了吗? 那我们去喝牛奶吧!

提醒幼儿先用手轻触杯子试温度,然后再小口尝试,确认不烫后再大口喝。鼓励幼儿以后喝热的饮品时都要这样做。

(案例提供:江苏省南京市中华路幼儿园　唐晓艳)

3. 创设活动区吸引幼儿主动测量、记录温度。

教师在班级中可以创设“今日天气”“我的体温”等活动区,提供温度计、体温计等测量工具,以及若干个杯子供幼儿装水,还有记录用的笔和纸,在墙饰上也需要做相应的设计和布置。这样可以吸引幼儿自发地使用工具来测水温、体温,观察温度计上的数字,并且记录温度数值。

4. 利用集体教学活动帮助幼儿运用工具测量温度。

运用感知觉、触觉只能粗略地描述温度,运用工具来测量温度,将数引入对温度的描述中，才能从粗略走向精确。为此，教师可以在有目的、有计划的集体教学活动中，引导幼儿观察温度计，了解温度计的基本知识，尝试认读温度数值，学习使用温度计。案例"温度宝宝"和案例"气温是多少"分别针对中班、大班幼儿的年龄水平设计，在难度上体现了层次性。

案例　温度宝宝（中班）

设计意图

中班幼儿对周围事物很感兴趣，探究欲望很强，喜欢提问题。一天，我带他们在操场上活动时，几个小朋友跑到我面前问："老师，今天怎么这么热呀，我都出汗啦！"我想，这是让幼儿了解气温的好时机，而气温的测量离不开温度计。据活动前的了解，大部分幼儿对温度计的了解很少，但对温度变化很感兴趣。此活动就是让幼儿了解温度计的基本知识，并对测量活动产生兴趣。通过自身的操作，幼儿在不断地探索中发现问题，从而初步获得有关温度计的知识，激发对科学活动的兴趣，培养探索精神。

活动目标

1. 知道温度宝宝会随着气温的变化长高或变矮。

2. 知道气温是会不断变化的。

3. 乐于探究温度计的科学奥秘。

活动准备

温度计若干、冰水和温水若干杯、记录纸、笔。

活动过程

1. 简单认识温度计。

(1)师：你们知道今天的温度是多少吗？你们是怎么知道的？

幼儿自由讲述了解气温的多种方法。认识温度计，了解温度计的作用。

(2)教师出示自制温度计。

师：温度计外面是一个玻璃房子，里面住着一个红色的温度宝宝。温度宝宝有一个本领，它的个子一会儿高，一会儿矮，你们想不想知道它是怎么变的呀？

2. 测量温度，发现变化。

师：老师为小朋友准备了两杯水，我们可以先摸一摸，有什么感觉？（幼：一杯水凉凉的，一杯水热热的）请小朋友将温度计放到凉水杯里，你们发现了什么？（幼：温度宝宝变矮了）

(1)依次测量冷水杯和温水杯中水的温度，感知温度宝宝的变化并做好记录。

(2)到户外让幼儿直接感知阳光下和阴凉处不同的温度,将温度计分别置于阳光下和阴凉处进行测量,并记录结果进行比较。

3. 分享经验,总结归纳。

鼓励幼儿大胆表达自己的发现,教师总结。

师:温度宝宝可以变化,越热它的个子越高,越冷它的个子越矮。

活动延伸

幼儿说一说自己在什么地方见过温度计、温度表,可以回家跟爸爸妈妈一起找一找。

温馨提示

1. 温度计是玻璃制品,在测量过程中,引导幼儿安全使用温度计。

2. 温度计被广泛运用在人们的生活和工作中,比如:测量体温、测量气温等。幼儿虽然见过温度计,但对它只有一个模糊的概念,缺乏使用温度计的经验。此活动就是让幼儿来了解温度计的基本知识,并对测量活动产生兴趣。对于中班的幼儿来说,读温度计上面的刻度有一定的困难,通过观察,知道温度宝宝会随着气温的变化长高或变矮就可以了。

(案例提供:天津市河西区第18幼儿园　朱光)

案例　气温是多少(大班)

设计意图

神奇的气象预报员每天都会向人们报告当天或第二天的天气,而家里的爷爷奶奶、爸爸妈妈好像都很听他们的话,根据他们的预报调整全家人要穿的衣服和准备外出的物品。人们是怎么知道气温的呢?怎样读温度计上的数字呢?本活动通过集体交流和讨论、小组操作,让幼儿与温度计进行零距离的接触,不仅丰富了幼儿的生活经验,而且还增强了他们使用温度计的能力。

活动目标

1. 认识温度计,学习正确地认读温度计上的温度。

2. 能根据不同的温度在温度计相应刻度位置进行标注。

3. 对温度计有学习、探索的兴趣。

活动准备

1. 教具:温度计实物1支;标有不同温度的温度计图片若干。

2. 学具:"写出温度"操作单(上面画有红色液体在不同位置的温度计,旁边有记录温度的横线);"画刻度线"操作单(上面画的温度计没有刻度线,旁边横线上有温度值)。

活动过程

1. 怎样知道每天的温度?

(1)师:你知道今天的气温是多少度吗?你是怎么知道的?

请幼儿介绍气温,并说一说自己是从哪儿获得的信息。

(2)师:天气预报员又是从哪儿知道每天的温度的呢?

引发幼儿想要进一步了解的兴趣。教师简单地向幼儿介绍,了解气象台都有定时测量每天气温的地点,从温度计上读取到数据,再经过科学分析就可以预测每天的气温了。

2. 认识温度计。

师:原来是温度计帮了我们的忙。你见过温度计吗?它是什么样的?

教师出示温度计,引导幼儿观察并了解温度计的外形特征。知道温度计最下面有红色的液体,它可以根据气温上升或下降。红色液体上升的管子旁边有刻度,上面就是表示气温度数的。红色的液体停在什么位置,就表示现在的气温是多少度。

3. 怎样看温度?

(1)出示放大的温度计图片,引导幼儿仔细观察图片,相互交流。

师:你能看懂管子周围的刻度吗?旁边还有数字呢,你知道怎么读吗?看到这些数字,你有什么问题吗?

(2)鼓励幼儿提出自己的疑问,如:为什么刻度中间会有一个"0","0"的上面和下面都有"1""2"等数字。幼儿迁移经验做出解释,教师根据幼儿的讲述进行补充,引导幼儿了解"0"表示0℃的气温。0℃以上的温度表示零上的气温,越往上温度越高,一般夏天会有35℃的高温。0℃以下就是零下的气温,越往下越冷。

(3)出示标注刻度的温度计图片,引导幼儿仔细观察并正确读出温度。

师:你知道这些温度计上分别表示多少度吗?

4. 幼儿操作练习。

幼儿操作"写出温度"和"画刻度线"操作单,教师观察指导,引导幼儿仔细观察温度计上的刻度,细心地进行操作。

5. 每个季节的温度是多少?

师:我们会用温度计测量气温了,那你知道不同的季节大致的温度是多少吗?

进一步引发幼儿对气温的探索兴趣,鼓励幼儿回去后通过多种方式寻找答案,然后再来与同伴交流。

(案例提供:江苏省南京市中华路幼儿园　钱震)

第四章 形状与空间方位

形状与空间方位的学习是幼儿园数学教育的重要内容之一，它既能帮助幼儿辨认和区分客观世界中形形色色的物体外表，对其存在的基本形式有所把握，也能发展幼儿的空间知觉能力与初步的空间想象能力，为进一步学习几何打下一定的基础。

第一节 物体的形状

一、与物体形状相关的学习经验

物体的形状是指物体由外部的面或线条组合而呈现的外表。例如，皮球和西瓜的形状都是球体，各自表面的花纹也是一种形状。我们常见的平面几何图形和立体几何图形往往是从世界上纷繁复杂的实物形状中抽象出来的、相对来说较为规则的基本形状。

在 2012 年教育部发布的《3－6 岁儿童学习与发展指南》中，在“数学认知”部分多次提到了与物体形状有关的内容。如目标 1“初步感知生活中数学的有用和有趣”下面的典型表现中写到“感知和发现周围物体的形状是多种多样的，对不同的形状感兴趣”(3－4 岁)；“在指导下，感知和体会有些事物可以用形状来描述”(4－5 岁)。目标 3“感知形状与空间关系”下面的典型表现中提出“能注意物体较明显的形状特征，并能用自己的语言描述”(3－4 岁)；“能感知物体的形体结构特征，画出或拼搭出该物体的造型”(4－5 岁)；“能用常见的几何形体有创意地拼搭和画出物体的造型”(5－6 岁)。

根据上述内容，我们可以归纳出与物体形状相关的学习经验主要有以下三类：感知周围物体的形状、描述形状和造型活动。

二、幼儿认识物体形状教育活动的组织

(一)目标

3—4 岁	4—5 岁	5—6 岁
1. 感知和发现周围物体的形状是多种多样的,对不同的形状感兴趣。 2. 能注意物体较明显的形状特征,并能用自己的语言描述。	1. 在指导下,感知和体会有些事物可以用形状来描述。 2. 能感知物体的形体结构特征,画出或拼搭出该物体的造型。	能用常见的几何形体有创意地拼搭和画出物体的造型。

(二)教学建议

感知周围物体的形状、描述形状和造型活动这三类学习经验可以自然地融入日常生活、游戏活动、集体讨论中。在《3－6 岁儿童学习与发展指南》中提出的相关教育建议十分具体,具有可操作性,可供教师在实践中举一反三。

目标 1“初步感知生活中数学的有用和有趣”的教育建议 1:引导幼儿注意事物的形状特征,尝试用表示形状的词来描述事物,体会描述的生动形象性和趣味性。如:

• 参观游览后,和幼儿一起谈论所看到的事物的形状,鼓励幼儿产生联想,并用自己的语言进行描述。如:熊猫的身体圆圆的,全身好像是由一个个的圆形组成的。

• 和幼儿交谈或读书讲故事时,适当地运用一些有关形状的词汇来描述事物,如看图片时,和幼儿讨论奥运会场馆的形状,体会为什么有的场馆叫“水立方”,有的叫“鸟巢”。

目标 3“感知形状与空间关系”的教育建议 1:用多种方法帮助幼儿在物体与几何形体之间建立联系。如:

• 引导幼儿感受生活中各种物品的形状特征,并尝试识别和描述。如感受和识别盘子、桌子、车轮、地砖等物品的形状特征。

• 鼓励和支持幼儿用积木、纸盒、拼板等各种形状材料进行建构游戏或制作活动。如用长方形的纸盒加两个圆形瓶盖制作“汽车”。

• 收拾积木时,引导幼儿体验图形之间的转换。如两个三角形的积木可组合成一个正方形积木,两个正方形可组合成一个长方形。

• 引导幼儿注意观察生活物品的图形特征,鼓励他们按形状分类整理物品。

第二节　常见的平面图形

一、常见平面图形的含义

同一平面内的点、线、面所构成的图形叫平面图形(二维平面)。常见的平面

图形有三角形、长方形、正方形、梯形、椭圆形、圆形、扇形等。下面我们参考相关资料一一进行简单介绍。①

三角形:由不在同一直线上的三条线段所围成的封闭图形。

1.三角形按边的长短可以分成以下两种:三条边两两不等的三角形叫做不等边三角形;三条边中有两条边相等的三角形叫做等腰三角形,其中,三条边都相等的三角形叫做等边三角形。(见图 4—1)

2.三角形按角的大小可以分成以下三种:三个角都是锐角的三角形叫做锐角三角形;有一个角是直角的三角形叫做直角三角形;有一个角是钝角的三角形叫做钝角三角形。(见图 4—2)

3.等腰直角三角形是指三条边中两条相等,且有一个角是直角的三角形,它是直角三角形和等腰三角形的交集。(见图 4—3)

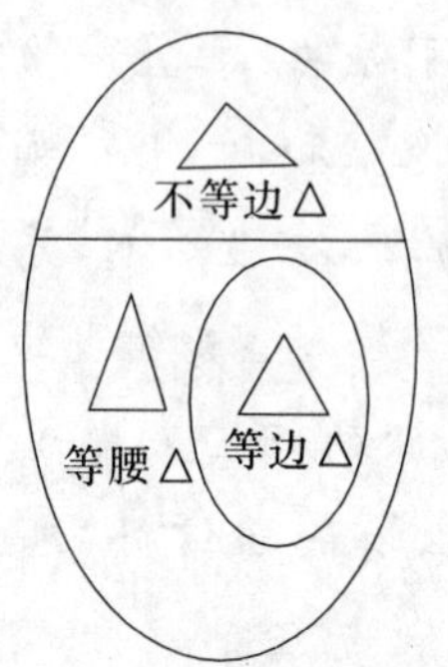

图 4-1　三角形的分类 1

锐角△
钝角△
直角△

图 4-2　三角形的分类 2

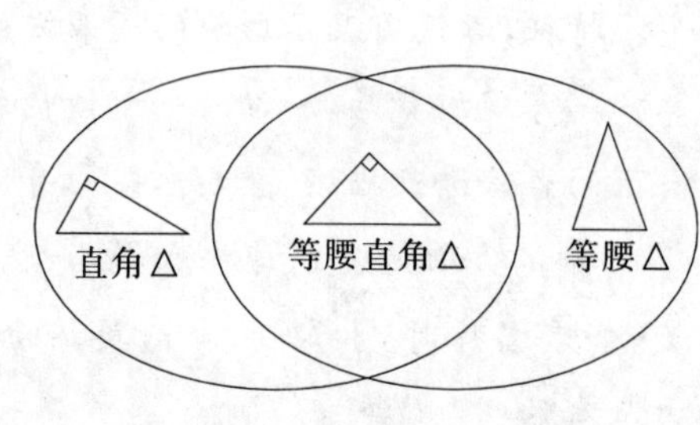

图 4-3　三角形的分类 3

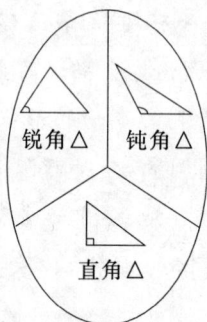

长方形:有一个角是直角的平行四边形。长方形的四个角都相等,两组对边分别相等。

正方形:有一个角是直角且有一组邻边相等的平行四边形。正方形的四个角都是直角,四条边也都相等。

梯形:只有一组对边平行的四边形。不平行的两条边叫做梯形的腰。

长方形、正方形、梯形都是四边形的特殊情况,它们的关系见图 4—4。

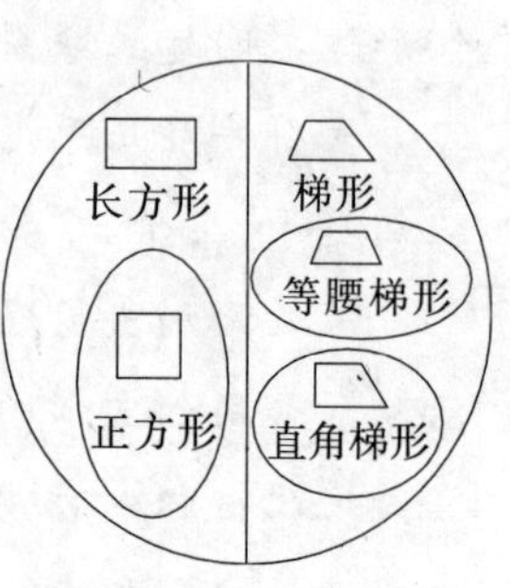

图 4—4
一些特殊的四边形

椭圆形:在平面内,到两个定点距离的和是常数的点的集合。椭圆形亦是由封闭曲线围成的,长轴和短轴不相等。圆形可视为椭圆形的特殊情况。(见图 4—5)

---

① 邹兆芳.幼儿数学新编[M].上海:上海三联书店,2005:16—17.

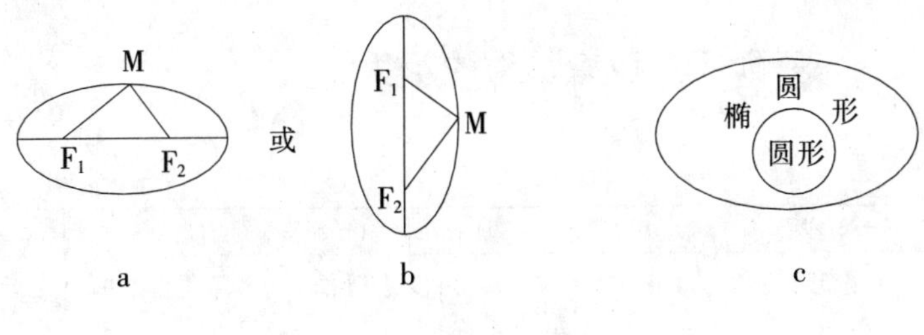

图 4—5　椭圆形

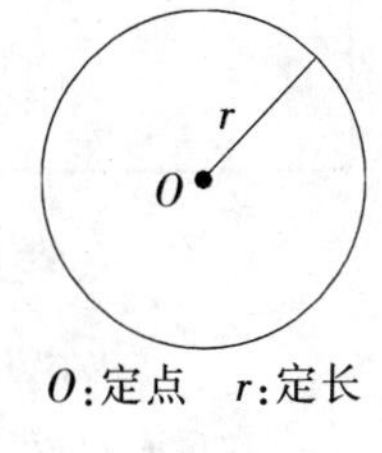

图 4—6　圆形

圆形:在平面内,到一定点距离等于定长的点的集合。定点称为圆心,定长称为半径。(见图4—6)

扇形:一条弧和经过这条弧两端的两条半径所围成的图形。半圆与直径的组合也是扇形。

二、幼儿认识平面图形的发展特点

研究显示,幼儿随着年龄的增长,认识平面图形的能力不断发展。[①] 小班幼儿对多种平面图形具有较好的配对能力,如圆形、正方形、三角形、长方形、半圆形、椭圆形,甚至包括梯形、菱形和平行四边形。绝大部分小班儿童都能按照范例找出相同的图形;大部分小班幼儿对圆形、正方形和三角形能达到正确认识的水平,他们不仅能正确配对和指认,而且能做到正确命名,能按照这些图形找出周围环境中相应的物品。

中班幼儿扩展了正确认识平面图形的范围,能正确认识长方形、半圆形、椭圆形和梯形;能理解平面图形的基本特征,如了解图形中角和边的数量;能对相似的平面图形进行比较,找出它们的相同和不同,如正方形和长方形、圆形和椭圆形;能做到图形守恒,即不受图形大小、颜色和摆放位置的影响,正确辨认和命名,例如能将不同颜色、不同旋转角度的三角形都挑选出来;能理解平面图形之间的简单关系,对所认识的图形进行分、合、拆、拼的转换,如将一个正方形分成两个长方形、两个三角形;对使用平面图形拼搭物体表现出很高的积极性和一定的创造性。

大班幼儿图形守恒和拼搭造型能力进一步提高;对图形之间关系的理解也进一步深入,能够理解图形之间较复杂的组合关系,如一个图形可以分成几个同样的其他图形,或几个不同的图形;可以在一定的抽象水平上概括和理解图形之间的关系,如正方形、长方形、梯形、菱形、平行四边形等,可以概括称之为四边形。

需要特别指出的是,幼儿认识平面图形的难易程度与顺序,既受图形本身复杂程度的影响,也与幼儿的生活经验关系密切。

① 林嘉绥,李丹玲.学前儿童数学教育[M].北京:北京师范大学出版社,1994:234—237.

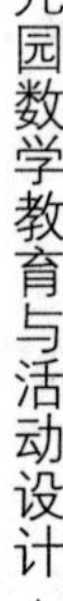

三、幼儿认识平面图形教育活动的组织

(一)目标

3—4 岁	4—5 岁	5—6 岁
1. 初步认识圆形、三角形和正方形等常见的平面图形。 2. 能够不受颜色、大小等具体特征的影响,辨认出圆形、三角形和正方形。	1. 初步认识长方形、椭圆形和梯形等常见的平面图形。 2. 能够不受颜色、大小、摆放位置、旋转角度等因素的影响,辨认出长方形、椭圆形和梯形。 3. 感知和发现常见平面几何图形的基本特征,并能进行分类。	

(二)教学建议

1. 鼓励幼儿采用多种方式感知平面图形。

幼儿对图形的认识建立在充分感知图形、不断获得相关感性经验的基础上。采用多种方式感知平面图形,可以帮助幼儿丰富感性经验,巩固图形表象,加深对图形基本特征的理解。通常采用的方式有观察、触摸实物,想象、制作图形等。案例“它是什么形状”尝试用身体动作、行走路线表现图形,十分巧妙地将感知图形的活动融入到生活环节中。

案例　它是什么形状(中班)

活动目标

1. 尝试用身体动作和行走路线表现圆形、三角形、长方形等基本图形。

2. 进一步巩固对图形基本特征的认识。

3. 在生活环节中体验数学的有趣。

活动过程

1. 餐前过渡环节。

(1)教师了解幼儿对哑剧的了解情况,鼓励个别幼儿向大家介绍哑剧。引导幼儿知道哑剧就是不说话,通过动作让别人了解你要表达的意思。

(2)引发幼儿思考并尝试做一做。

师:我们认识了许多的形状。你能不能不说话,通过身体动作告诉我们你认识哪些形状呢?

(3)鼓励个别幼儿示范做动作,其他幼儿猜。猜完之后请做动作的幼儿说一说猜得对不对。师幼再集体分析该动作怎样表示某个形状,还可以怎样表示该形状。如:用两只手的食指和拇指围合起来表示圆形;用两个胳膊围合起来也能表示圆形。

2. 散步环节。

教师带领幼儿按一定的形状走一圈，引发幼儿的兴趣。

(1)师：你们注意到刚才我们散步时走的路线是什么形状吗？

如果幼儿回答不上来，教师则带领幼儿再走一遍，引导幼儿感受路线的形状。

(2)师：谁愿意来做带路人，带我们走出另一个形状的路线？

鼓励个别幼儿带领大家按圆形、长方形、三角形等基本形状走一走，其他幼儿边走边感受路线的形状。

(3)请幼儿分小组散步，按某种形状的路线走一走，并讨论怎样走得更像，巩固对平面图形的认识。

（案例提供：江苏省南京市中华路幼儿园　唐晓艳）

2. 在多种有趣的游戏活动中巩固幼儿对平面图形的认识。

可以考虑的游戏活动形式有：给不同的图形涂上不同的颜色；将纸折成不同的图形；找出自己身上藏有哪些图形；用线绳、树枝、火柴棒等材料制作图形；画出各种图形，剪裁图形，在图形上添画等。案例“我和图形宝宝做游戏”设计了多种有趣的教育性游戏，供幼儿自由选择，既能激发幼儿探索的热情，又轻松愉快地达到了教学的效果。

案例　我和图形宝宝做游戏(中班)

设计意图

图形是数学活动中必不可少的几何知识，又是人们现实生活中随处可见的，人们的生活离不开这些图形。结合中班幼儿具体形象思维以及爱玩游戏等特点，设计了“种蘑菇、翻翻看、七巧板”等不同游戏，帮助幼儿掌握圆形、正方形、长方形、三角形的基本特征并进行分类。游戏采取室内外结合的形式，让幼儿自由选择游戏内容。幼儿在玩中学、学中玩，不断产生探索、学习的欲望，并达到教学的目标。

活动目标

1. 能够根据圆形、正方形、长方形、三角形的基本特征进行分类。

2. 通过游戏提高幼儿的记忆力及反应速度。

3. 积极主动参与探索活动，体验与教师、同伴游戏的快乐。

活动准备

1. 物质准备：大量的圆形、正方形、长方形、三角形卡片；四种图形的小房子；各种与图形有关的生活用品图片；画有8个格子、每个格子中放有一张图形卡片的画板。

2. 经验准备:幼儿已掌握各种图形的名称,能够根据图形的形状准确说出图形的名称;知道各种图形的基本特征;能够认真倾听教师指令,并做出相应的动作。

活动过程

1. 通过游戏情境创设,唤起幼儿对图形的认识,激发幼儿想要参与游戏的兴趣。

神奇的口袋(室内活动):教师从神奇的口袋中摸出不同的图形,请幼儿说出图形名称。

2. 分散活动,幼儿自由选择游戏活动。

(1)种蘑菇(室外活动):请幼儿将手中的"蘑菇"(图形)一个挨着一个"种"在相应图形的小屋周围,教师在游戏过程中有针对性地(在前一个活动环节中对于图形认识不是很清晰的幼儿)指导,询问幼儿为什么将手中的"蘑菇"种在这栋屋子的周围。(见场地图1)

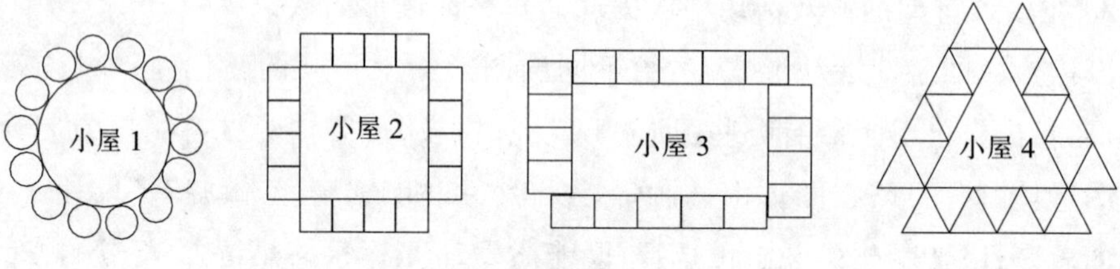

场地图1

(2)翻翻看(室内活动):一张8个格子的翻翻看画板。一次只能翻两张,如果两张图形卡片相同,则继续翻;如果不同,则要将已经翻过的卡片翻回去,再继续翻,直到将所有图形都翻成一对为止。

(3)七巧板(室内活动):教师为幼儿准备大小不一的图形卡片,鼓励幼儿大胆尝试将这些图形组合拼接,拼成房子、汽车、太阳等不同造型。

(4)小小探险家(室外活动):幼儿到藏有"宝石"的地方,寻找"宝石",并按照手中的"图形宝石",对照地上的图形小路将"宝石"送回家。如果不按照图形小路走就会迷路,也就找不到"图形宝石"的家了。(见场地图2)

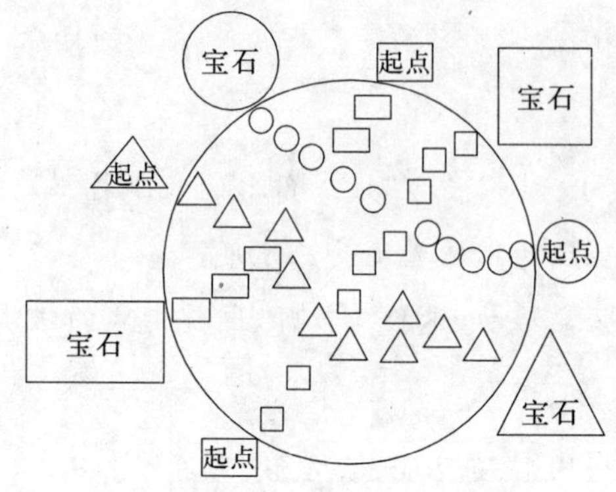

场地图2

3. 结束活动。

教师与幼儿一起在操场、活动室找图形宝宝，如桌面是长方形、镜面是圆形、书包格是正方形、房顶是三角形等等，让幼儿了解生活中有很多东西都是由不同的图形组合而成的。

（案例提供：天津市河西区第26幼儿园　郑宇）

3. 将幼儿喜爱的形象、食物或玩具作为教具或学具。

利用幼儿喜爱的物品作为教具、学具，可以使幼儿对教具、学具本身充满亲近感，并在活动中产生愉快的体验。案例"好吃的饼干"将幼儿喜爱的饼干作为教具、学具，从摸饼干、认饼干、吃饼干到迁移认识图形的经验逐步展开。活动设计贴近幼儿的生活，相信一定会取得良好的教学效果。在延伸活动中，教师还可以请幼儿设计、制作各种不同形状的饼干，甚至以"饼干"为主题发展统整性的课程。

案例　好吃的饼干(小班)

设计意图

饼干是幼儿爱吃的食物之一。饼干有着多样的造型，其中最普遍的就是圆形的和方形的。教师紧紧地抓住饼干的几何造型，让这些香脆可口的饼干成为小班幼儿认识图形的最好素材，让幼儿在摸一摸、看一看、说一说、尝一尝的过程中，轻松自然地认识圆形、三角形、正方形。

活动目标

1. 初步感知并认识圆形、三角形、正方形，能说出每种形状的名称。
2. 在观察、触摸、品尝中体验圆形、三角形、正方形的基本特征。
3. 感受数学活动的有趣，喜欢参加数学活动。

活动准备

1. 教具：奇妙的口袋1个(口袋用干净的布缝制，内装圆形、三角形、正方形的饼干若干，各种形状数量均等，且数量超过幼儿人数)；托盘三个(每个托盘分别放一种形状的饼干，用于品尝)；圆形、三角形和正方形图片若干。

2. 学具：小托盘每人1个。

活动过程

1. 摸饼干，引起兴趣。

教师出示奇妙的口袋，鼓励个别幼儿大胆地来摸，引导幼儿边摸边说说自己摸的感觉，如：是什么形状的？是硬的还是软的？猜猜是什么？请幼儿取出一样

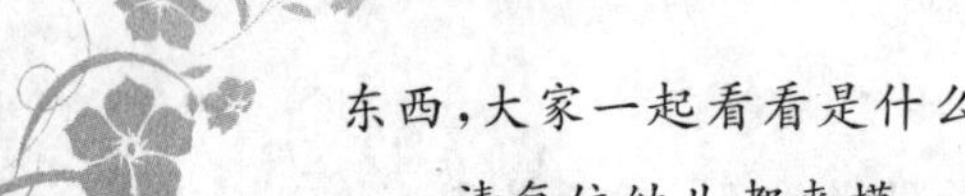

东西，大家一起看看是什么。

请每位幼儿都来摸一次，把摸到的东西放在面前的小托盘中，鼓励幼儿看一看、说一说：摸出的是什么东西？它是什么形状的？

2. 认饼干，感知图形特征。

(1)请摸正方形饼干的幼儿介绍饼干的形状。

师：你摸的饼干是什么形状的呢？

(2)引导幼儿认识正方形，感受正方形有尖尖的"角"。

师：这个饼干是方方的，它是一块正方形的饼干。

(3)鼓励摸到正方形饼干的幼儿把饼干举起来给大家看一看。

师：还有谁摸的也是正方形的饼干？举起来给大家看一看吧。

(4)教师再分别请摸到三角形和圆形饼干的幼儿介绍饼干的形状，感受三角形饼干也有尖尖的"角"，但是正方形饼干有4个尖尖的"角"，三角形饼干只有3个尖尖的"角"。感受圆形饼干没有尖尖的"角"。师幼共同认识并学说，如：这是××形的饼干。

3. 吃饼干，进一步认识图形。

(1)出示分别装有圆形、三角形、正方形饼干的盘子，请幼儿先说出饼干的形状再品尝饼干。

师：饼干好吃吗？我们尝一尝吧。要先说一说你想吃什么形状的饼干，然后再取出这种形状的饼干吃！

(2)取出饼干品尝。

师：你还想吃其他形状的饼干吗？

4. 巩固对图形的认识。

(1)教师出示一个圆形图片，引导幼儿巩固对圆形的认识。

师：刚才我们认出了饼干的形状，现在我们认一认，这是什么形状的图片？哪种饼干跟它很像？什么地方像？

(2)教师再分别出示三角形图片和正方形图片，引导幼儿说说什么形状的饼干像它们，并说出它们是三角形、正方形。

活动延伸

教师带领幼儿在活动室内寻找各种形状的事物，鼓励幼儿找到后说一说，如：圆圆的钟、三角形的房顶等等。

师：大家可真能干，把躲在活动室的图形找出来了。还有许多圆形、三角形、正方形，躲到我们身边其他地方，我们也去把它们找出来吧！

（案例提供：江苏省南京市中华路幼儿园　钱震）

4. 在其他领域的教育活动中自然渗透平面图形的教学内容。

平面图形出现的范围极广，甚至可以说是无处不在。正因如此，在其他领域教育活动中，常常会自然地涉及与之相关的内容。例如，绘画、做手工时常会出现画、剪、粘贴、拼摆不同图形的活动；在语言领域教育活动中，教师会使用关于图形主题的绘本，开展阅读活动，讨论图形概念等等。案例“小孩小孩真爱玩”便巧妙地利用体育游戏中指令的可变性，将平面图形的教学内容融入其中。

案例　小孩小孩真爱玩(小班)

设计意图

“小孩小孩真爱玩”是经典的小班体育游戏。它虽然简单但充满趣味，幼儿易懂易玩，而且百玩不厌。这样一个简单的活动，其指令的可变性却非常强。用图形替换游戏中的其他内容，让幼儿在体育活动中巩固对图形的认识，这样的融合十分自然巧妙，能真正体现在玩中学数学。

活动目标

1. 学习游戏“小孩小孩真爱玩”，能根据指令按指定图形路线走，巩固对圆形、三角形、正方形的认识。

2. 走路时双臂自然摆动，能保持身体平稳。

3. 乐意与同伴一起游戏，能听清要求进行活动。

活动准备

1. 场地：在地上画有大的圆形、正方形、三角形路线。

2. 教具：不同颜色的圆形、正方形、三角形的图形图片若干，分别贴在活动场地的四周。

活动过程

1. 大家走一走，感知图形特征。

(1)师：看看场地上有什么图形呀？

引导幼儿观察、发现并说一说地上有圆形、正方形、三角形的图形。

(2)师：我们按着图形的路线走一走好吗？

教师喊口令，带领幼儿沿图形轮廓线“齐步走、高人走、矮人走”等，感受不同的图形特征。

2. 大家说一说，了解“小孩小孩真爱玩”的游戏规则。

(1)师：图形片今天要和我们玩“捉迷藏”的游戏，我们一起来找找看，它们躲在了哪里？

引导幼儿观察场地四周的图形片，说一说图形的不同。

(2)师：你们想去摸一摸图形片吗？我们先来念一首儿歌吧：小孩小孩真爱玩，摸摸这，摸摸那，摸摸圆形就回来。

师幼共同念儿歌2—3遍，教师帮助幼儿熟悉儿歌内容。

(3)师：这次听清楚老师说要摸哪个图形片，你就走过去摸一下它再走回来，好吗？

请一名幼儿示范，师幼共同念儿歌。念到最后一句时，该幼儿根据指令走到相应的图形前摸一摸，再回到教师身边。

(4)师：刚才小朋友去摸图形再回来的时候，走得稳不稳呀？每个人在玩游戏的时候，小手轻轻地摆起来，小脚要走稳哦！

引导幼儿走路时自然摆臂，保持身体平稳。

3. 进行游戏“小孩小孩真爱玩”，巩固对图形的认识。

师：大家一起玩吧，要听清楚我说摸哪个图形片，看看谁能快速地摸它一下就走回来，回来的时候要走稳哦！

教师变换指令，师幼游戏2—3次，教师引导幼儿根据指令找到相应的图形。教师关注幼儿走路是否自然，引导先回来的幼儿说一说自己摸的是什么图形。

4. 放松游戏。

(1)教师表扬在游戏中走路自然平稳的幼儿，以及按指令正确游戏的幼儿。

(2)师幼共同模仿小动物的动作，放松身体。

（案例提供：江苏省南京市中华路幼儿园　钱震）

第三节　常见的立体图形

一、常见立体图形的含义

空间中点、线、面所构成的图形叫立体图形（三维空间），也叫几何体。它是由面所围成的封闭图形。常见的立体图形有球体、正方体、长方体、圆柱体、圆锥体、三棱柱、三棱锥等。下面我们参考相关资料一一进行简单介绍。①

球体：一个半圆以它的直径为轴旋转所得的曲面围成的几何体。球的截面是一个个大大小小不同的圆形，经过球心截得的圆形最大。（见图4—7）

---

① 邹兆芳. 幼儿数学新编[M]. 上海：上海三联书店，2005：17—18.

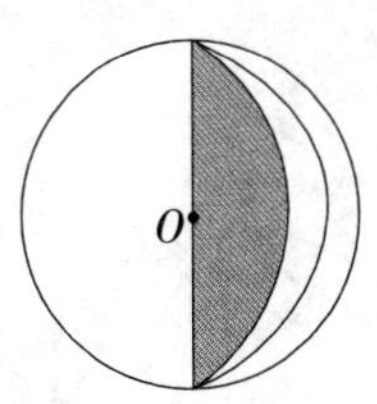

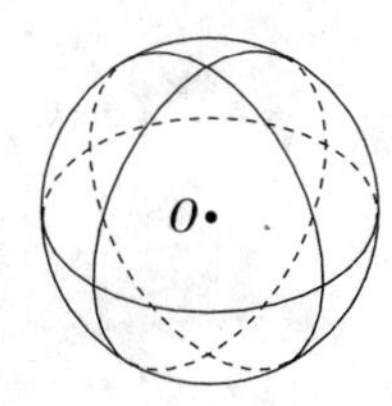

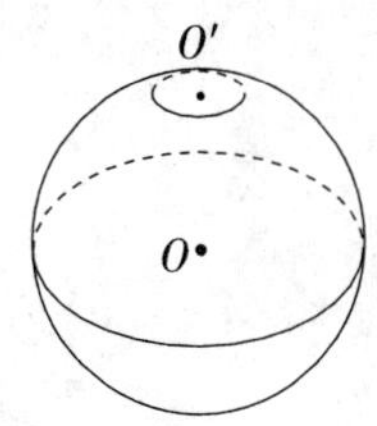

图 4－7 球体

正方体：棱都相等的长方体，其表面展开图由六个正方形组成。（见图 4－8）

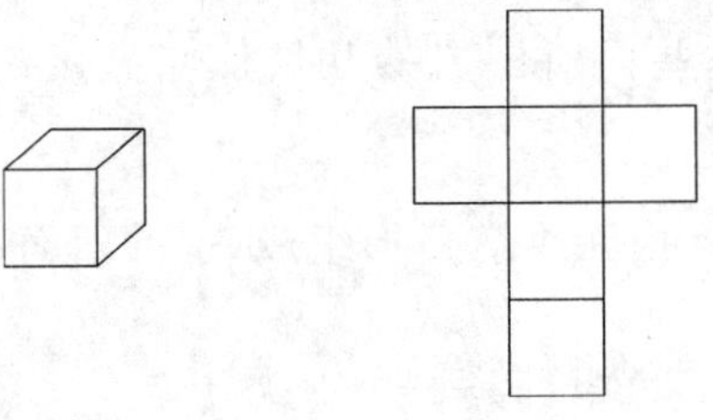

图 4－8 正方体及其表面展开图

长方体：底面是平行四边形且四条侧棱和底面垂直的平行六面体称为“直平行六面体”，底面是长方形的直平行六面体就是长方体，长方体表面展开图的六个面都是长方形或四个面是长方形、两个面是正方形。（见图 4－9）

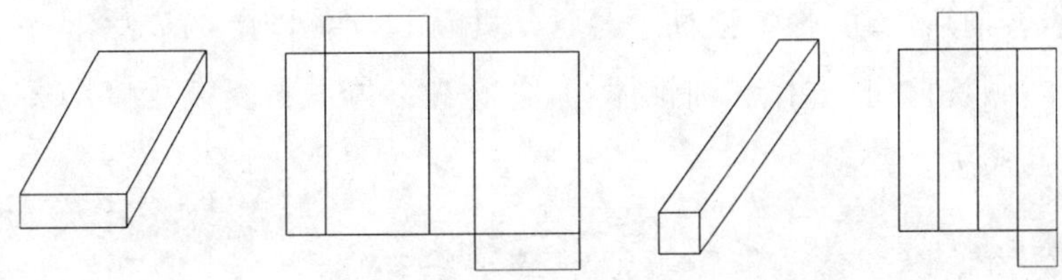

图 4－9 长方体及其表面展开图

圆柱体：以长方形一边所在直线为轴旋转一周形成的曲面所围成的几何体，其表面展开图为两个圆形和一个长方形。（见图 4－10）

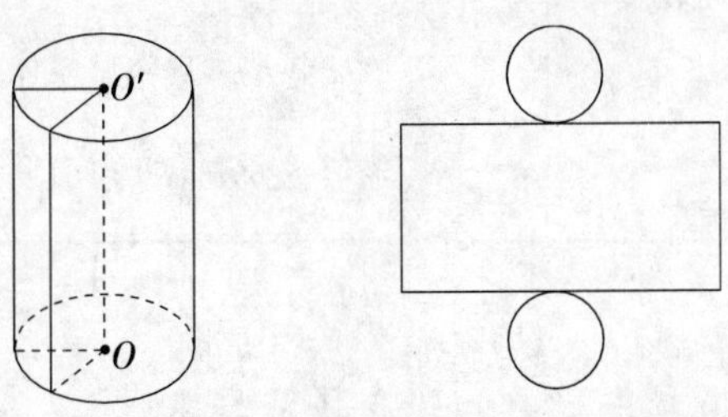

图 4－10 圆柱体及其表面展开图

圆锥体：以直角三角形的一条直角边所在直线为旋转轴，其余两边旋转形成的面所围成的旋转体叫做圆锥体，该直角边叫圆锥体的轴。（见图 4－11）

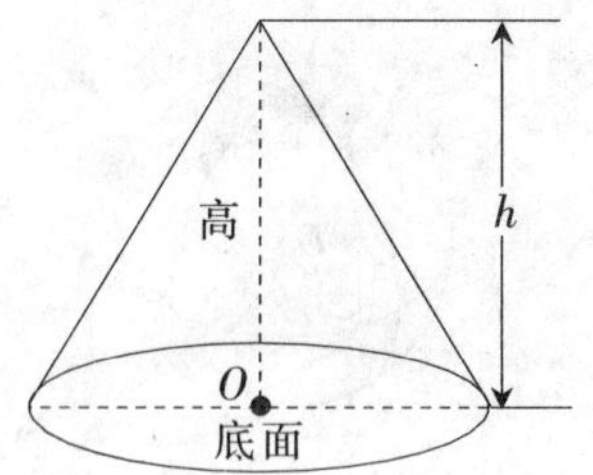

图 4—11　圆锥体

三棱柱:有两个面互相平行,其余各面都是四边形,并且每相邻两个四边形的公共边都互相平行,由这些面所围成的几何体叫做棱柱,底面是三角形的棱柱叫做三棱柱。

三棱锥:锥体的一种,由四个三角形组成,也称四面体。

二、幼儿认识立体图形的发展特点

研究发现,5 岁至 6 岁左右的幼儿能认识一些基本的立体图形,如球体、圆柱体、正方体、长方体等。他们能做到正确命名并能简单描述它们的基本特征,如正方体有上下、前后、左右 6 个面,6 个面一样大,都是正方形,把它放在桌面上,它不能滚动;圆柱体的上下两个面是一样大的圆形,中间的部分一样粗,把它平放在一个平面上,会前后滚动,像一根柱子等。幼儿认识立体图形的先后顺序一般是:球体、正方体、圆柱体、长方体和圆锥体等,它既受形体本身复杂程度的影响,也与幼儿的生活经验关系密切。

三、幼儿认识立体图形教育活动的组织

(一)目标

3—4 岁	4—5 岁	5—6 岁
		1. 初步认识球体、圆柱体、正方体和长方体等常见的立体几何图形。 2. 能感知和发现常见立体几何图形的基本特征,并能进行分类。 3. 能够区分平面几何图形和立体几何图形。

(二)教学建议

1. 在真实物品与立体图形之间建立联系。

立体图形就在我们的生活中,教师引导幼儿寻找周围与某些立体图形类似的物品,可以帮助幼儿在实物与立体图形之间建立联系,有利于幼儿进一步理解立体图形的基本特征,感受立体图形在生活中的具体存在。在案例“找出立体图形”

中，教师带领幼儿在教室里、在幼儿园里、在社区里不断寻找躲起来的立体图形，使幼儿在散步和寻找中，积累了丰富的视觉表象，同时也开始有意识地关注周围物体的图形特征。

案例　找出立体图形(大班)

活动目标

1. 寻找发现身边与正方体、长方体、球体和圆柱体相似的物体。

2. 进一步巩固对立体图形基本特征的认识。

3. 感受立体图形就在自己的生活中。

活动过程

1. 在教室中的寻找。

(1)师：你认识哪些立体图形？

鼓励幼儿说一说自己认识的立体图形，如：正方体、长方体、球体和圆柱体等。

(2)师：你能清楚地说出这些立体图形是什么样的吗？

鼓励幼儿用语言表述立体图形的基本特征。如：正方体是由6个大小一样的正方形组成的立体图形；长方体有6个面，相对的2个面是一样大的，其中有的面是长方形，有的面是正方形；球体不论从哪个面看都是圆的，不论往哪边推都能滚动；圆柱体上下两个面是大小相等的圆形，中间是粗细相同的柱子。

(3)师：这些立体图形都躲在我们身边，你能在教室里先把它们找出来吗？

引导幼儿在教室内寻找像某个立体图形的物体。如：电视机、空调——长方体。

2. 在幼儿园内的寻找。

师：边散步边找一找，幼儿园内哪些东西像我们认识的立体图形呢？

鼓励幼儿寻找并发现物体大致的形状与某一立体图形之间的相似关系。房子——长方体；大型器械的柱子——圆柱体。

3. 在社区内的寻找。

(1)激发幼儿继续寻找的兴趣。

师：立体图形除了喜欢躲在幼儿园里，会不会躲在小区里呢？会不会躲在街道上呢？你愿意把它们都找出来吗？

(2)师幼共同散步到附近的小区里，引导幼儿一路上边走边寻找立体图形，找到后轻轻地与同伴交流，说一说自己找到的物体像什么立体图形。

(3)鼓励幼儿回去后可以将自己找到的立体图形用绘画的方式记录下来。

(案例提供：江苏省南京市中华路幼儿园　唐晓艳)

2. 运用比较法帮助幼儿区分平面图形与立体图形。

将正方形和正方体、长方形和长方体或者圆形和球体放在一起进行比较，请幼儿观察、触摸、摆弄，然后讨论二者的相同点、不同点，有助于幼儿区分平面图形与立体图形。当然，比较法还可用于相似平面图形、相似立体图形的区分中。案例“美丽的包装盒”利用正方形卡片和幼儿生活中经常会接触到的正方体包装盒，既注重引导幼儿区分正方形与正方体，又强调了幼儿对正方体基本特征的把握。

案例 美丽的包装盒(大班)

活动目标

1. 在活动中感知正方形与正方体的不同。

2. 初步感知数与形的关系，有一定的空间概念。

3. 乐于帮助别人克服困难，感受成功的喜悦。

活动准备

PPT课件、与幼儿人数相等的正方体(平面展开图形)、剪刀、彩笔(每人一个)，各种装饰材料(皱纹纸、亮光纸、卡纸等)，以及生活中常见的各类包装盒若干。

活动过程

1. 导入部分。

(1)演示PPT课件引起幼儿兴趣。

师：圣诞节快到了，圣诞老人给小朋友们准备了这么多礼物，先看看包装盒是怎么做的吧。

(2)演示包装盒的展开图形与围合过程。

师：好漂亮的包装盒！可是包装盒不够了，我们一起来帮帮忙吧！

2. 引导幼儿感知平面图形与立体图形的不同以及正方体的特征。

(1)根据正方体展开图形，幼儿制作完成正方体纸盒。

师：看看，老师今天带来了许多美丽的图形纸，让我们一起来帮助圣诞老人制作漂亮的包装盒吧。

(2)每位幼儿一个包装盒进行自由探索。

师：你们手里的包装盒一样吗？请跟旁边的好朋友比一比，哪里不一样？

小结：它们的大小、高矮、图案不一样。

(3)出示正方形卡片和一个正方体的包装盒，观察比较正方形与包装盒有什么不同和相同。

师：正方形的特征是什么？（幼：四条边一样长，四个角一样大）请你们比一比，正方形和包装盒有什么相同点与不同点？（幼：正方形的面是平的，包装盒是有棱角的，而且包装盒的每个面都是正方形。）

（4）通过观察正方体的包装盒，让幼儿了解正方形有一个面，正方体的包装盒有六个面。

师：请小朋友看看包装盒的这个面，它是正方形，那正方形有几个面呢？（幼：一个面）包装盒有许多个面，请你想办法数一数，共有几个面？

引导幼儿用6种颜色的彩笔做标记，可以写6个数字，然后有规律地数。

（5）用和正方体的面相同大小的正方形进行探索得出正方体的六个面一样大。

师：包装盒有6个面，每一个面都是正方形，那每一个面一样大吗？你是怎么知道它们一样大的？（幼：用正方形量的，这样的物体叫正方体）

教师小结：今天，我们又学会了一个本领——认识了正方体。正方体有六个面，每个面都是一样大的正方形。还帮助圣诞老人做了许多漂亮的包装盒。

3. 通过动手操作巩固正方体的特征。

让幼儿随意拿生活中的包装盒，说出哪些是正方体，哪些不是，为什么？并利用各种装饰材料进行包装盒装饰。

活动延伸

1. 请幼儿用自己制作的美丽的包装盒装饰班级的圣诞树。

2. 包装盒里放入小礼物或新年祝愿，送给同伴或家长。

（案例提供：天津市卫生局幼儿园　李艳华）

3. 引导幼儿在动手拆装活动中理解立体图形的基本特征。

正方体、长方体等常见的立体图形经过拆分可以变成平面展开图。反过来，平面展开图经过拼合还可以还原成正方体、长方体，平面图形与立体图形之间相互转化的过程真是非常奇妙的，就像变魔术一样。在组织教育活动时，教师可以提供给幼儿正方体或长方体的平面展开图的硬纸片，请幼儿探索如何“变魔术”，使平面的图形变成正方体、长方体，然后再拆开来变成平面展开图。这些材料还可以放置在益智区中，供幼儿自主选用。根据幼儿对正方体或长方体的了解程度，教师可以在6个面涂上6种不同的颜色，或者画出轮廓，写上数字，提供一些操作线索上的支持，也可以将这些工作交给幼儿来做。在这样的操作中，幼儿会逐渐地掌握正方体“有6个面，6个面是一样大的正方形”等基本特征，头脑中对正方体、长方体的印象也会更加清晰、深刻。案例“拆装纸盒”就是从这个角度设计的活动。

案例　拆装纸盒(大班)

活动目标

1. 认识长方体,知道并能说出长方体的基本特征。

2. 在拆装纸盒过程中巩固对长方体的认识。

3. 能较细心地拆装纸盒,感受探索发现的快乐。

活动准备

各种长方体纸盒若干、糨糊、抹布等。

活动过程

1. 观察纸盒。

出示各种包装纸盒,鼓励幼儿根据自己的经验进行讲述。

师:这些是我们大家一起收集的各种纸盒,你知道它们是什么形状的吗?纸盒有6个面,有人认为它的面都是正方形,有人认为它的面都是长方形,还有人觉得它的面既有正方形,又有长方形。

此处的小结可根据幼儿的实际回答进行调整,激发幼儿的探索兴趣。

师:这些纸盒到底是什么样的呢?我们把它们拆开仔细地研究一下,好吗?

2. 拆纸盒。

幼儿每人取一个纸盒,教师引导幼儿为纸盒的每个面标上数字,沿接缝处轻轻拆开。

(1)师:这些纸盒的每个面是什么形状的?是不是一样大呢?你是怎么知道的?

鼓励幼儿迁移正方体的学习经验,思考用多种方法验证纸盒的每个面是什么形状,是否一样大。

(2)师:你发现了什么?还有不一样的发现吗?

鼓励幼儿大胆讲述自己的发现,师幼共同小结:这些纸盒都有6个面,有的面是长方形,有的面是正方形,但相对的面是一样大的,这样的是长方体纸盒。

(3)师:你的长方体纸盒和朋友的长方体纸盒一样吗?和你的朋友交换纸盒看一看、比一比吧!

引导幼儿与同伴交换纸盒进一步观察比较,感受长方体纸盒形状的丰富多样。如:有的长方体纸盒是由六个长方形组合成的;有的长方体纸盒是由四个长方形和两个正方形组合成的;纸盒中的长方形也有大有小,但相对面的两个长方形是一样大的。

3. 还原纸盒。

师:我们会拆纸盒,那你会将它们再还原吗?

鼓励幼儿尝试还原纸盒,按折痕将纸盒折起来,在边缘涂上糨糊,把纸盒粘合起来。

(案例提供:江苏省南京市中华路幼儿园　钱震)

4. 在多种有趣的造型活动中巩固幼儿对立体图形的认识。

在实践中，教师可以通过泥工、纸工、建构游戏等多种有趣的造型活动，巩固幼儿对立体图形的认识。比如，在泥工活动中，幼儿用橡皮泥、黏土等材料塑造立体的图形，体会“长”“宽”“高”等的概念；制作各种立体图形，感受其典型特征；将制作的球体、正方体、长方体等立体图形自由组合，创造出物品的多种造型。再比如，在纸工活动中，幼儿通过剪裁、粘贴、添画等操作，亲手制作一些立体图形；用两个一样大的硬圆片纸，一张长方形的颜色纸制作圆柱体等。在制作中幼儿将获得真切而深刻的直接经验。相关的活动设计请参见案例“圆柱体造型”。

案例　圆柱体造型(大班)

设计意图

圆柱体是大班幼儿需要认识的立体图形之一。仔细看一看、找一找，就能发现生活中用到圆柱体的地方很多，因而引导幼儿开展圆柱体造型的活动是有一定生活经验作基础的。在本活动中，主要运用到幼儿的美工制作技能。教师在活动中要与幼儿共同较透彻地分析圆柱体造型，才能让幼儿有的放矢地进行制作，同时在制作过程中进一步感受圆柱体的特征。

活动目标

1. 能用剪、拼、贴、添画等多种方法进行圆柱体造型，巩固对圆柱体特征的认识。

2. 初步建立空间知觉，有一定的创造能力和表现能力。

3. 感受圆柱体造型的丰富和有趣。

活动准备

1. 教具：一个制作好的圆柱体范例、实物投影仪、多个圆柱体造型范例(如：由圆柱体做成的玩具望远镜)。

2. 学具：大小不等的长方形纸；制作装饰用的材料和工具，如各种彩纸、水彩笔、油画棒、糨糊等。

活动过程

1. 出示范例，了解制作圆柱体的方法。

(1)师：这是什么形体？圆柱体是什么样的呢？它是怎样做成的呢？

教师手拿一只制作好的圆柱体范例，鼓励幼儿迁移对圆柱体的经验，复习讲述圆柱体的外形特征，并大胆自由猜测制作圆柱体的方法，也可让幼儿上来将圆柱体拆开观察后讲述。

(2)师:这些是什么形体的? 它的哪一部分是圆柱体?

教师在实物投影仪下展示多个圆柱体造型范例,引导幼儿仔细观察。

(3)师:日常生活中你见过哪些物体是圆柱体,或有一部分是圆柱体的?

启发幼儿讲述铅笔、茶杯、水瓶、望远镜、手枪等物体。

(4)师:你打算怎样制作一个圆柱体呢? 怎么在圆柱体上加底面? 如何将一个圆柱体和另一个圆柱体连接在一起?

幼儿自由讲述他们的想法。

2. 师幼共同讨论制作要求和步骤。

鼓励个别幼儿示范,其他幼儿观察。师幼共同讨论:制作前要先决定做什么,然后选择合适的材料,再想办法连接。

师:为了使你做的玩具更美观、更形象,还可以用什么办法?

引导幼儿用添画、贴、剪、拼等方法进行装饰。

3. 幼儿自由制作,教师巡回指导。

教师帮助能力差的幼儿选定简单的内容,确定合适的材料和制作方法。对能力强的幼儿,鼓励他们做较复杂的形体,并根据幼儿的需要给予适当的帮助。

4. 展示幼儿作品,大家共同评价。

师:谁来把自己的作品展示给大家看? 你们在制作的过程中遇到了什么问题? 你是怎样想办法解决的?

教师表扬努力制作、积极想办法的幼儿。

(案例提供:江苏省南京市中华路幼儿园　钱震)

第四节　空间方位

一、常见空间方位的含义

(一)空间方位和对空间方位的辨别

任何客观物体在空间中均占有一定的位置,并且同周围的物体存在着空间上的相互位置关系,这就是物体的空间方位,也可称之为物体的空间位置。空间方位可用“上下、前后、左右”等词语加以描述。空间方位属于空间形式问题,是数学的研究对象之一。

空间方位的辨别是指人对客观物体在空间中所处位置关系的判断。在心理学上属于狭义的空间定向,即位置的定向。空间方位的辨别是空间知觉问题,它是由视觉、听觉、触摸觉甚至嗅觉等几种感觉来完成的。对幼儿来说,视觉分析器和触摸觉分析器对空间方位的辨别起着重要的作用。

(二)确定物体方位需要有一个立足点

立足点即以什么为坐标来确定客体的空间位置。没有这个立足点就无法辨别客体的空间方位。如一位小朋友站在桌子与椅子的中间,如果以桌子为坐标,小朋友就在桌子的后面;如果以椅子为坐标,小朋友就在椅子的前面,由于立足点不同,小朋友所处的方位就截然相反。因此,幼儿认识空间方位时,理解“立足点”的概念十分重要。

(三)物体的空间位置关系是相对的、可变的和连续的

上下、前后、左右是相对的概念,上是对下而言,左是对右而言。两个物体之间的位置关系也是相对的,甲在乙的右边,乙就在甲的左边。

判断物体的方位要有立足点,如果这个立足点的方向发生了变化,那么物体的方位也会随之变化。前面例子中小朋友与桌子、椅子的前后关系,如果小朋友转身 180 度,那么他的前面就是椅子,后面就是桌子了。

空间方位的区域是连续的。以前后和左右空间方位为例,前与左、前与右,后与左、后与右的区域都是连续的,不能截然分隔的,见图 4－12。[①]

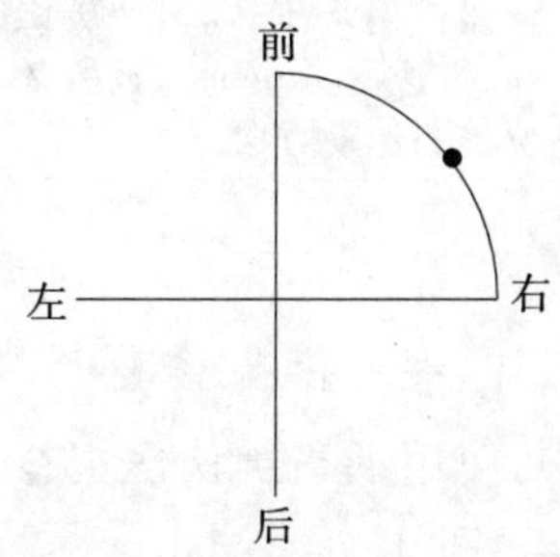

图 4－12　基本的空间方位

二、幼儿认识空间方位的发展特点

3 岁的幼儿一般已经能够用视觉判断相对于立足点的物体的位置。[②] 他们基本上能较好地区分上下的空间位置,在对前后方位的辨别中,则表现出一定的局限性。主要反映在所理解的空间方位的区域十分有限,对离自身近的、正对自身的客体较易辨别。

中班幼儿在区分空间方位的范围上有了较大的进步,表现在区分前后区域的面积

① 林嘉绥,李丹玲.学前儿童数学教育[M].北京:北京师范大学出版社,1994:253－254.

② [苏]A.M.列乌申娜.学前儿童初步数概念的形成[M].曹筱宁,成有信,朴永馨,译.北京:人民教育出版社,1982:122.

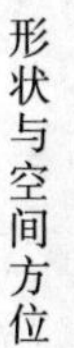

有所扩大,沿着某一方向(横向或纵向)的距离有所增加,能够对离自身稍远的或斜对自身的客体方位有较正确的判断,同时开始以自身为中心判定左右。

大班幼儿基本上都能把空间分成两个区域,左和右或者前和后;能使用上下、前后、里外、中间、旁边、左右等方位词描述物体的位置和运动方向;能按语言指示或根据简单示意图正确取放物品;也能辨别自己的左右,对于以客体为中心判定左右充满好奇。

心理学研究普遍认为,幼儿认识空间方位的顺序是先上下,再前后,最后是左右,其原因主要是由方位本身的复杂程度决定的。上下的方位一般以“天地”为标准,“天为上,地为下”是永恒不变的,上下方位区别明显,且不因方向的变化而变化,因此幼儿容易辨别。前后和左右的方位具有方向性,它们随幼儿自身位置的变化而变化,因此幼儿辨别起来比较困难,辨别左右要比前后更加困难。①

三、幼儿认识空间方位教育活动的组织

(一)目标

3—4 岁	4—5 岁	5—6 岁
能感知物体基本的空间位置与方位,理解上下、前后、里外等方位词。	能使用上下、前后、里外、中间、旁边等方位词描述物体的位置和运动方向。	1. 能按语言指示或根据简单示意图正确取放物品。 2. 能辨别自己的左右。

(二)教学建议

1. 让幼儿在真实情境中感知、理解和描述空间方位。

我们曾在实践中看到,幼儿使用纸笔辨认虚拟情境中的空间方位。具体做法是,教师给幼儿一些作业纸,作业纸上是一些粗线条的简笔画作品,比如在一幅画上,房子里外都有小朋友,教师要求幼儿将房子里面的小朋友涂成红色,将房子外面的小朋友涂成黄色。这种虚拟情境中的空间方位辨认活动,实际上只是单纯的、没有实际意义的训练而已,这种做法是不可取的,因为幼儿难以感受到辨认“里、外”活动的重要和有趣。感知、理解和描述空间方位需要结合幼儿熟悉的真实情境来进行。比如,幼儿在一个空间里会移动身体,摆放、搬移物品,他们会从教师、家长、同伴那里听到许多方位词,如“我们现在到户外去”,“幼儿园前面有个超市”等等。渐渐地,他们会理解基本的空间方位,并尝试用方位词加以描述。

在案例“娃娃在哪儿”中,教师通过让幼儿藏娃娃、说娃娃在哪儿等有趣的活动,为幼儿感知、理解和描述“上”“下”空间方位营造了相对真实的情境。

① 林嘉绥,李丹玲.学前儿童数学教育[M].北京:北京师范大学出版社,1994:255.

案例　娃娃在哪儿(小班)

活动目标

1. 理解物体之间的上下关系。

2. 尝试运用“娃娃在××的上面，在××的下面”的句式来表达物体的上下关系。

3. 喜欢集体游戏，在活动中能注意倾听指令。

活动准备

组块娃娃每人一个。

活动过程

1. 导入环节。

创设“说说我在哪儿”的游戏情境，学习用“娃娃在××的上面，在××的下面”完整表述组块娃娃的位置。

(1)介绍游戏。

师：今天娃娃要和小朋友一起玩“说说我在哪儿”的游戏，请你们说说它在哪儿。

(2)学习句式。

请幼儿闭上眼睛，教师把娃娃放在桌子的上面，然后请幼儿睁开眼睛找找娃娃在哪儿，带领幼儿一起完整地表述“娃娃站在桌子的上面”。

2. 集体练习。

(1)师：还有很多娃娃想和小朋友做游戏呢，每人拿一个娃娃一起听听它们想躲在哪里，把它们藏好。听好了，娃娃想站在你们的头顶上。

幼儿要立即把娃娃放在头顶上，教师检查幼儿是否放得正确。

(2)师：娃娃在哪里？

倾听幼儿回答，引导幼儿用“娃娃在我××的上面”或“在我××的下面”完整表述娃娃的位置，以同样的方式要求幼儿把娃娃放在自己的腿上、肩上、大腿下面等等。

3. 集体游戏。

(1)交代规则。

师：这次娃娃想在教室的其他地方躲一躲，它们一会儿想躲在上面，一会儿想躲在下面，你们一定要听清楚它们每次想躲在哪里，再帮助它们躲好，好吗？

(2)幼儿演示。

师：想想可以把娃娃放在什么东西的上面呢？谁愿意来放一放？放好了说一说娃娃站在××的上面。

(3)集体游戏。

请幼儿寻找合适的位置放好娃娃,指导幼儿完整地表述娃娃的位置。

4. 交流评价。

集体交流操作结果和表述方式,鼓励幼儿按指令准确摆放和完整表述。

(1)集体纠错。

引导幼儿整理材料收回娃娃,向幼儿逐一提问:把娃娃藏在什么地方?师幼一起判断幼儿所指位置及表述是否正确,教师对于幼儿表达不准确、不完整的情况进行指导,并提醒幼儿整理好材料。

(2)评价。

师:今天看到很多小朋友都能按老师的要求摆放娃娃,能准确地讲述娃娃的位置,娃娃们好开心啊,他们夸我们很棒,让我们为自己鼓鼓掌吧!

(案例提供:天津市河西区第18幼儿园　王彬)

2. 引导幼儿在观察描述、动手操作、实际体验中探索和发现空间方位的相对性。

探索和发现总是带着一定的问题进行的,同时,幼儿的探索和发现也往往离不开直接经验,如观察描述、动手操作、实际体验等。在幼儿园教育实践中,教师通过精心设计的直接经验活动,可以使幼儿感受到空间方位具有相对性。比如观察描述,请幼儿观察、描述教师或同伴站或坐在哪里,然后改变站或坐的位置,请幼儿重新观察、描述。比如动手操作,教师将空间方位的内容巧妙地融入动手操作的任务中。再比如实际体验,幼儿改变自己的位置,一会儿站在桌子前面,一会儿站在桌子后面;或者站在一楼,感受自己在二楼的下面;或者站在三楼,感受自己又在二楼的上面等等。

需要注意的是,对于幼儿在理解空间方位上存在的个体差异,教师要给予尊重,既要进行必要的讲解、演示,也要有足够的耐心,容许幼儿经历“逐渐理解”的过程。尤其要注意,教师不能随意加大空间方位辨别任务的难度,如以客体为中心辨别左右等,而要根据班上幼儿的实际情况来定,接受幼儿在空间方位理解上存在的个体差异。教师应容许一部分幼儿开始探索以客体为中心辨别左右;一部分幼儿初步感受到以自己为中心和以客体为中心辨别左右可能结果不同;一部分幼儿以自己为中心辨别左右尚存在有时正确,有时出错的不稳定现象。案例“搓柳条”和案例“夹夹子”设计了让幼儿感知和探索自身左右、客体左右的动手操作活动,教师要根据班中幼儿的实际情况从中获得关于活动设计的启发。此外,这些操作材料和任务还可以放置在活动区中,供幼儿自主选择和使用。

案例 搓柳条(大班)

活动目标

1. 在正确辨别自身左右方向的基础上,尝试分辨客体的左右方向。

2. 感受左右方向是随着客体的变化而变化的,有一定的理解、判断能力。

3. 体验与同伴共同搓柳条打扮教室的成功与快乐。

活动准备

剪成一段段的绿色皱纹纸。

活动过程

1. 提出任务:搓柳条。

教师出示一段绿色皱纹纸,引发幼儿搓柳条的兴趣。

师:春天到了,吃过饭后,每个小朋友找好朋友搓些柳条挂在教室,把春姑娘请到我们教室里来,好吗? 柳条怎么搓呢?

鼓励幼儿迁移经验,讲述搓柳条的方法:两个小朋友面对面站好,两个人分别拿住皱纹纸的一头,一起向左或向右边搓。

2. 幼儿搓柳条。

午餐后幼儿找一位小伙伴一起搓柳条。教师巡视,观察幼儿搓柳条的情况。

(1)师:你和谁搓柳条的? 搓成功了吗?

鼓励幼儿说一说自己搓柳条的情况。

(2)师:我也想搓,谁愿意来和我一起搓柳条?

教师邀请一位幼儿共同来示范搓柳条(示范的幼儿应和其他幼儿保持同一个方向,即背对其他幼儿),先商量向哪个方向搓,如:向左搓,帮助示范的幼儿确定他的左边。教师在示范时可以故意向自己的右边搓,引导幼儿发现纸条搓不起来。

3. 探究失败原因。

(1)师:纸条怎么搓不起来呢?

引发幼儿讨论原因,发现示范的小朋友是向左边搓,而教师却是向右边搓的。

(2)师:(指着示范的幼儿)你的左边不是在这边吗? 到我这儿怎么不在这边,要换一边了呢?

继续引导幼儿发现,面对面的时候两人的左边不在一个方向。一个人的左边是另一个人的右边,方向正好是相反的。

4. 柳条搓成功了。

教师和幼儿再次正确示范搓柳条。

师:原来当两人面对面站的时候,他们的方向正好是相反的。

(案例提供:江苏省南京市中华路幼儿园 唐晓艳)

案例　夹夹子(大班)

活动目标

1. 尝试判断自己与同伴左右两个袖子上夹子的数量。

2. 巩固对自身和客体左右方位的认识，理解方位的相对性。

3. 感受与同伴共同合作游戏的快乐。

活动准备

夹子若干、记录纸、笔每人一份；时钟一个。

活动过程

1. 给袖子夹夹子。

(1)师：这是什么？它有什么用？

教师出示夹子，引导幼儿迁移生活经验，说出夹子的作用，如：生活中可以用来夹衣服；活动时可以用来夹作品等等。

(2)师：你会把它们夹在自己的两只衣服袖子上吗？小心不要夹到肉哦！

引导幼儿尝试将夹子夹在衣服袖子上。请幼儿相互交流夹夹子的方法。

2. 听口令夹夹子。

(1)师：这次我们来听口令夹夹子。听到“开始”的口令，就将夹子夹到衣服袖子上；听到“时间到”的口令，就停下来。听明白了吗？

引导幼儿理解游戏的规则。教师说口令，幼儿开始夹夹子。教师观察并提醒幼儿按口令的要求开始和结束。

(2)师：你的两只袖子上夹了几个夹子呢？

引导幼儿数一数并说一说。教师观察，关注幼儿是否正确地说出左右两只袖子上的夹子数量。

3. 记录夹子的数量。

(1)幼儿再次游戏。教师请幼儿将两只袖子上的夹子数量记录下来，并与同伴交换检查，引导幼儿关注同伴的左右胳膊的位置。

师：这次游戏的时候，找一个好朋友一起玩。你不但要记录自己左右两只袖子上的夹子数，还要记录好朋友左右两只袖子上的夹子数哦！

(2)师：你记录的结果和好朋友记录的结果一样吗？为什么会有不同的结果呢？

引导幼儿再次与袖子上的夹子进行核对，找出正确答案。同时想一想、说一说为什么会错。理解好朋友和自己面对面地坐着，他的左右胳膊和自己的正好相反，所以记录时要先分辨好朋友胳膊的左右再记录。

（案例提供：江苏省南京市中华路幼儿园　钱震）

3. 在多种有趣的活动中让幼儿感受掌握空间方位的意义。

空间方位在生活中具有广泛的应用。在教育教学中，教师要注重引导幼儿在多种有趣的活动中感受其意义。比如，在音乐活动、体育活动中，幼儿通过观察模仿、创造性探索等方式做出身体动作，其中运动的方向、动作的位置等都与空间方位有关。教师可以适当使用方位词加以描述，如“向上举手”“向下蹲”“向左转一圈”“向前走两步”等等，使幼儿感受到只有准确理解了方位词，大家做出来的动作才能和谐一致。在幼儿自由做动作时，教师还可以请幼儿描述动作，同伴或教师根据他（她）的描述做出相应的动作，在语言与动作之间建立联系，进行对照。再比如，在美工活动中，教师可以启发幼儿为前来参观的客人绘制幼儿园地图，表现班级中的环境规划、幼儿园建筑之间的关系、幼儿园与周围道路和周围建筑之间的关系，给客人提供方便。

需要指出的是，幼儿在描述空间方位、按指令找宝贝或做动作、按示意图找位置时，教师要注意分析幼儿辨别方位的立足点、幼儿所使用的方位词、幼儿对方位词的理解等信息，适当地加以记录，作为反映幼儿当下水平的资料，这是教师进行教学指导的起点。如果幼儿没有讲清楚位置，笼统地使用“在这儿”“在那儿”等表述模糊的词语时，教师还可以装糊涂，故意出错，使幼儿感受到有必要准确、清楚地描述空间方位。案例“消防救援大演习”结合消防救援的情境，请幼儿准确描述自己和他人所处的位置，在这种假想的扮演游戏中，将社会学习与空间方位的学习自然融合在一起。

案例　消防救援大演习（中班）

设计意图

培养幼儿自我保护的意识与能力是幼儿园社会领域中很重要的内容之一，其中消防自救演习是落实这一要求的一个途径。那么，在这样一个紧张的过程中，有没有数学教育的因素呢？答案是肯定的。因为准确地说出自身或他人所处的位置，在救护过程中是非常重要的。而确定方位，就是数学教育的内容之一。所以，设计本活动时，我们充分地挖掘了其中所蕴含的数学教育因素，让幼儿真实地感受到：数学对人们的生活有很重要的作用！

活动目标

1. 初步了解失火后自救的一些简单常识，有自我保护意识。

2. 感知上下、前后、里外等空间位置，能用准确的语言表示。

3. 积极参与消防救援体验活动。

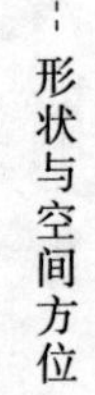

活动准备

消防员救援演习挂图；电冰箱、洗衣机、空调等便于幼儿躲藏的包装纸盒2个；毛绒小动物若干，数量多于幼儿人数；各种小动物头饰，数量为幼儿人数的一半。

活动过程

1. 讨论：失火了怎么办？

(1)师：如果我们身边发生了火灾，你会不会保护自己呢？怎样做呢？

引导幼儿迁移生活中的消防经验进行讲述。

(2)师：大家都知道要打119，请消防员叔叔来救援。但是在消防员叔叔还没有到来的时候，我们还可以怎么做呢？

进一步激发幼儿的经验，提出多种自救的方法。

2. 进一步了解消防自救的方法。

(1)师：告诉大家一个好消息，这几天，消防员叔叔正在进行消防大演习的活动，我们一起去看一看吧！瞧，叔叔们正在演习呢，他们是怎样帮助人们脱险的？

教师出示挂图，引导幼儿结合挂图说一说。如：用防毒面罩罩住口鼻离开火场，或将毛巾用水打湿捂住口鼻离开；将被子用水打湿后顶在头上离开；沿着墙角蹲下摸索着离开等等。

(2)师：你喜欢哪个叔叔，是几号？看一看他在哪儿，告诉旁边的好朋友。

幼儿自由讲述，教师关注幼儿对方位的认识。

(3)师：谁愿意告诉大家你喜欢的叔叔在哪里？

教师请5—6名幼儿讲述。

3. 我们来当消防员。

(1)师：小动物们也在进行消防演习活动，邀请我们去参加，你们愿意去吗？仔细看一看，场地上有什么？小动物们在哪儿呢？

请幼儿观察场地上的电冰箱、洗衣机、空调等包装纸盒的位置，利用这些物品讲述小动物的方位。

(2)师：小朋友来当消防员，救援小动物。看清楚你救的小动物在哪儿，说一说在哪里救出了谁。

4. 游戏活动。

一半幼儿扮演小动物，另一半幼儿扮演消防员。

师：小动物们先找到自己的位置，想一想在什么地方。消防员去找小动物，说一说你在哪里找到了什么小动物。幼儿交换角色，游戏继续进行2—3次。

（案例提供：江苏省南京市中华路幼儿园　钱震）

第五章　分　类

分类活动是幼儿对集合及其元素的异同特征进行感知和理解的表现。它涉及观察、分析、比较、综合等多种思维过程，对于增强幼儿的逻辑思维能力具有积极的作用。长期以来，我国一直坚持将分类作为幼儿园数学教育的一项重要内容。

《3－6 岁儿童学习与发展指南》多次明确地提到了分类的概念，例如目标 2 中有关"感知和理解数、量及数量关系"的教育建议提出："收拾物品时，根据情况，鼓励幼儿按照物体量的特征分类整理，如整理图书时按照大小摆放。"目标 3 中对"感知形状与空间关系"在 4－5 岁阶段提出："能感知和发现常见几何图形的基本特征，并能进行分类。"在目标 3 的教育建议中进一步提出："引导幼儿注意观察生活物品的图形特征，鼓励他们按形状分类整理物品。"

第一节　分类的基础知识

一、分类的含义

分类是把相同的或具有某一共同特征（属性）的东西归并在一起。进行分类时，幼儿要经过辨认（区分）和归并（归类）这两个步骤。[①] 简单地说，分类就是根据某种标准对事物进行区分和归类。当幼儿将所有玩具卡车都放在同一个箱子里，将纽扣整理成几类，或是说出自己再也不是 3 岁小孩时，他们就是在分类。[②] 严格意义上讲，分类要求在一次活动中要始终坚持某种标准，直至将物品分完，具有穷尽性（分完）和互不包容性（一个物品只能分进一类中）。

---

① 林嘉绥，李丹玲．学前儿童数学教育[M]．北京：北京师范大学出版社，1994：101－102．

② [美]米歇尔·格雷夫斯．理想的教学点子 1：以核心经验为中心设计日常计划[M]．林翠湄，译．南京：南京师范大学出版社，2009：53．

二、幼儿分类能力的发展特点

(一)分类标准的稳定性

20世纪30年代,苏联心理学家维果茨基就开始了儿童分类能力的研究。在研究中,维果茨基运用不同形状、大小、颜色的木块作为刺激材料,混在一起摆放在儿童面前,让儿童把这些木块分成若干堆。通过这种研究,维果茨基发现儿童分类能力的发展可以分为以下几个阶段:主观印象阶段、临时规则阶段和确定规则阶段。在主观印象阶段,儿童完全按照自己的主观愿望对木块进行分类,没有表现出任何分类规则;在临时规则阶段,儿童在某个时刻按颜色分类,而有的时候又按形状分类,分类标准时时变化;在固定标准阶段,儿童能够按照一个固定的标准对所有的刺激材料进行分堆。

20世纪50年代末至60年代,英海尔德和皮亚杰采用儿童熟悉的自然事物如火车、饼干、动物等研究了儿童的分类问题。他们发现儿童分类能力的发展可以分为三个阶段:形象聚集阶段、非形象聚集阶段和具有真正分类能力阶段。(1)2岁到5岁半的幼儿处于第一阶段,在这一阶段幼儿会把自己认为类似的或是有关系的物品放在一起,进行操作时没有全盘计划,分类标准不固定,经常变化,有时分到一类的物品未必都有某一共同特征,不同类别之间也没有相互排斥,同时知觉主导了分类的操作,分类时容易受刺激物摆放位置的影响;(2)5岁半到7岁的儿童处于第二阶段,这时儿童按照刺激物之间的相似性进行分类,逐步具有按照一个固定标准分类的能力,一些儿童在进行分类时会根据不同的标准形成好几个小类,一些儿童还会在某一类别中再分成更多的小类别,形成次级分类或是上下层级的分类;(3)7岁到12岁的儿童处于第三阶段,这时他们不但能够作上下层级的分类,了解集合之间的包含关系,而且能够坚持分类的标准,这时儿童才发展到真正理解分类的阶段。[①]

(二)分类标准出现的先后

研究发现,在幼儿园阶段,幼儿经常倾向于按照事物的具体特性进行分类,把具有同样颜色或形状的物体放在一起,而不是把属于同一类别的物体分成一堆。例如,幼儿倾向于把苹果和皮球放在一起,而不是把它和香蕉放在一块,原因是苹果和皮球都是圆的。在知觉特征和概念特征出现竞争时,对于幼儿来说,知觉特征是占优势的。

研究还显示,在功能关系和概念关系竞争时,对幼儿来说功能关系在分类时是占优势的分类标准。如:幼儿在分类时,常常把蜘蛛和蜘蛛网分在一起,而不是把蜘蛛和小甲虫分为一类;他们倾向于把马和马鞍子放在一起,而不是把马和狗放在一起。人们认为幼儿倾向于按照视觉特征(如颜色、形状)或功能关系进行分

① 王文忠,方富熹.幼儿分类能力发展研究综述[J].心理学动态,2001,9(3):210－211.

类是正常的，因为视觉特征比抽象特征更为明显，加工抽象的概念特征比加工视觉特征更耗时，更复杂；同时，在日常生活中，在自然界中，事物常常是按照功能关系连在一起的，功能关系是幼儿经常见到的关系。正是因为幼儿熟悉颜色和功能这些因素，所以在分类时常利用这些因素作为依据。[①]

(三)给类别起名称

幼儿给类别起名称与其分类标准的选择具有一致性。例如：如果幼儿按颜色分类，所起的类别名称往往就是“红的”“黄的”“绿的”等颜色的名称。随着分类标准从外部特征、功用到抽象概念，相应地给类别起名称也会不断发生变化。实际上，在日常生活中，我们常用的词就具有“类”的含义，如“猫”“灯”“香蕉”，指的既是某一个，也是某一类。从幼儿对这些词语的理解和运用，我们可以判断其对“类”含义的理解。然而，在语言中常常缺乏用来描述功能关系的词汇。比如：没有特定的词专指“狗和骨头”“猫和鱼”“脸和脸盆”，也许幼儿会说“××和××是好朋友”，或者“狗吃骨头”“猫吃鱼”“洗脸用脸盆”，将它们的联系讲出来，但这并非是给类别起名称，而是属于说明分类的理由。这启示我们在关注幼儿给类别起名称的同时，还要注意全面倾听幼儿的想法，给幼儿机会说一说分类的理由，以此来了解具体的幼儿分类能力的发展特点和发展水平。

三、幼儿分类教育活动的目标

3—4岁	4—5岁	5—6岁
能根据一种外部特征给物体分类，如形状、颜色、大小、长短、高矮等。	能按功能、用途给生活中常见的物体分类。	1. 能根据两种或两种以上的特征给物体分类。 2. 能按照简单的类别概念给常见的物体分类。 3. 能按照自己的标准给物体分类并说明分类的理由。

第二节　按照一定的标准分类

一、物品的常见属性

按照一定的标准分类与物品的属性关系密切，属性即物品所具有的性质、特点，它有本质属性与非本质属性之分：本质属性是该物品所特有的，决定其本质使其成为它自己，并与其他物品区别开来的性质、特点；非本质属性则指并非该物品特有的一些特征。

① 王文忠，方富熹．幼儿分类能力发展研究综述[J]．心理学动态，2001，9(3)：210—214.

幼儿进行分类时，需要了解物品的属性，再根据属性的“相同”与“不同”，进行“归类”和“区分”。表5－1列出了幼儿园分类活动会涉及的物品的常见属性，教师在组织分类活动、观察分析幼儿分类行为时可以参考。

表5－1　物品的常见属性与分类活动

序号	属性	分类活动举例
1	物品的名称	把玩具小汽车放在一起。
2	物品的颜色、形状	把圆形积木和正方形积木分开放。
3	量的差异（大小、长短、粗细、厚薄、宽窄、轻重等）	将大小皮球分开并放在两个筐里。
4	物品的功能、用途	把铅笔盒、手工剪刀、橡皮归为“学习用品”；把水杯、毛巾、牙刷归为“生活用品”。
5	物品材料的性质	按木的、布的、纸的、塑料的给娃娃分类。
6	数量	将画有一个动物图案的卡片放在一起；将画有两个动物图案的卡片放在一起。
7	其他特征	按娃娃的表情是哭的、笑的还是生气的分类；按小兔子耳朵是竖着的、还是耷拉下来的分类；按食草的还是食肉的给恐龙分类等。

二、幼儿按照物品属性分类的教育活动

分类是按照一定标准对物品进行组织的活动。它可以使物品变得整齐、有序，取用方便，在生活中具有极为广泛的应用，比如收拾碗筷、整理图书、衣物、床铺等。在超市、书店等物品丰富的场所，分类也会给我们带来许多便利。教师可以结合日常生活的实际需要开展分类教育活动，使幼儿体会分类的意义，同时促进思维能力、动手实践能力的发展。下面我们结合案例提出一些教育建议，供幼儿园开展分类活动时参考。

（一）在常规教育中渗透分类的教育内容

在日常班级生活中，幼儿需要遵守一些必要的规则，比如玩过的玩具要放回原处等，教师可以在这样的常规教育中融入分类的学习。案例“收拾玩具小能手”便是从这一思路出发设计活动。需要注意的是，教师在提出按实物标记进行归类的要求之前，要引导幼儿准确了解每种玩具的名称，观察和分辨不同玩具的外形。

案例　收拾玩具小能手（小班）

设计意图

用过的材料、玩过的玩具要归还原位，这应该成为幼儿的一种良好的习惯，它也有

利于培养幼儿的条理性和自理能力。如果仔细分析这样的活动，就不难发现其中蕴含了数学的归类内容。本活动就是在社会活动中，将隐含的数学归类的教育因素略微放大，让幼儿在自然状态下收拾整理，同时又巩固幼儿对相同玩具归放在一起的理解。

活动目标

1. 认识玩具实物标记，能将玩具按实物标记进行归类。

2. 在老师的鼓励下，能边收拾玩具边说："××玩具，我送你回家。"

3. 乐意参加数学操作活动，初步感受到活动的有趣。

活动准备

班级中的玩具若干箱，其中有一箱是多种不同的玩具混放在一起的。

活动过程

1. 认识玩具。

分别出示玩具，引导幼儿认识每种玩具，说一说玩具的名称。

师：小朋友来上幼儿园，玩具朋友也来上幼儿园啦！想不想认识玩具朋友呀？

2. 玩玩具。

(1)师：玩具朋友想和大家一起玩，你们愿意吗？

激发幼儿玩玩具的兴趣。

(2)师：和玩具朋友一起玩的时候要注意什么呢？

引发幼儿讨论，知道和玩具一起玩时，想玩什么拿什么，用一个拿一个，不用的玩具及时放回箱子里；小朋友都想玩的玩具，轮流玩，不能抢玩具和摔玩具……

(3)师：选一种你想玩的玩具，上桌去玩吧！

幼儿玩玩具，教师观察、指导幼儿正确地玩玩具，轻拿轻放。

3. 收拾玩具。

(1)师：小玩具累了，要休息了。我们轻轻地将玩具放回箱子里吧！

请幼儿将玩具放回箱子里，结束游戏。

(2)出示多种玩具混放在一起的箱子，激发幼儿分玩具的兴趣。

师：刚才收拾玩具的时候，有些调皮的小玩具都跑到一起啦！你能把它们分开送回家吗？

(3)师：你认识这些调皮的小玩具吗？

将混放在一起的玩具逐一拿出来，请幼儿说一说每种玩具的名称。

(4)师：这些玩具应该回哪个家呢？谁愿意来帮帮忙，送玩具回家？

鼓励个别幼儿示范送玩具回家，边送边说："××玩具，我送你回家。"

4. 玩具朋友回家了。

展示每个箱子里的玩具，师幼共同检查，并请幼儿说说玩具放得对不对。教

师表扬幼儿会收拾玩具，鼓励幼儿每次游戏后都按类将玩具送回箱子里放好。

（案例提供：江苏省南京市中华路幼儿园　钱震）

(二)结合真实生活的需要，引导幼儿体会分类的意义

学习生活中有用的数学，是近年来教育界逐渐达成的共识。就分类来讲，“有用”意味着引导幼儿感受和体会分类的意义，结合真实生活的需要有助于教师做到这一点。案例“快乐小帮手”创设了“搬新家后需要整理物品”的情境，带领小班幼儿根据物品的功用、归属，将日常生活中熟悉的用品、衣物进行分类，让幼儿感受到了“分类”的有用和有趣。

案例　快乐小帮手(小班)

设计意图

小班幼儿虽然年龄小，但他们对家中每位成员的物品是熟悉的。而且生活经验会让他在不知不觉中区分家中常见物品的属性，知道什么样的衣服属于谁的，知道什么样的物品应该放在什么地方。本活动就是通过重现家庭生活场景，有目的、有意识地激活幼儿的这一经验，进一步帮助幼儿初步建构“类”的概念。可想而知，在本活动中幼儿一定会感到很亲切，也一定会很投入。

活动目标

1. 能对物品的归属进行正确的判断，并尝试按归属进行分类。

2. 在教师的引导下能迁移自己的生活经验并进行操作活动。

3. 在活动中体会帮助别人的快乐，感受自己“真能干”。

活动准备

厨房、卫生间的物品若干，爸爸、妈妈、宝宝的衣物若干；厨房、卫生间的标志图；爸爸、妈妈、宝宝的标志图各一张。

活动过程

1. 去做客。

教师播放课件中小区的场景，通过播放课件，带领幼儿参观新家，引起幼儿活动的兴趣。

师：小朋友，告诉你们一个好消息，我刚刚搬了新家！看，这是我新家的小区，好看吗？欢迎大家到我家去做客哦！

2. 整理用品。

(1)师：搬新家真辛苦，还没有来得及整理家中的用品。

教师出示厨房和卫生间的用品，激发幼儿帮助整理的愿望。

(2)师：看看我家里有哪些东西需要整理，你们都认识这些东西吗？它们是在哪儿用的呢？

师幼共同观察用品，说说它们的名字，在什么地方使用。

(3)师：这些物品应该放在哪个房间呢？卧室？客厅？厨房？卫生间？

引导幼儿了解，在什么地方使用的物品应该放在什么地方。如：锅碗是在厨房使用的，应该放在厨房；洗发水是在卫生间使用的，应该放在卫生间等等。

(4)师：你们愿意帮我把这些物品放到厨房和卫生间吗？

出示厨房和卫生间的标志图，鼓励幼儿边分类边说"××放在厨房，××放在卫生间"。

3. 整理衣物。

(1)师：下面到我家的卧室去看看吧！

师幼观看课件中的卧室，引导幼儿发现衣物还没有收拾好，鼓励幼儿主动帮助整理衣物。

(2)师：这里的衣服都有谁的呢？

逐一出示衣服实物，师幼共同观察、分析衣物，说一说哪件衣服是爸爸的、妈妈的，还是宝宝的？

(3)师：这些衣服应该怎样放才能变得整齐呢？

教师鼓励幼儿提出分类方法，出示爸爸、妈妈、宝宝的标志图，鼓励幼儿边整理边说"这是爸爸的衣服，这是妈妈的衣服，这是宝宝的衣服"。

4. 真能干。

教师感谢幼儿做小帮手，引导幼儿体验帮助别人的快乐，感受自己真能干的愉快情绪。

（案例提供：江苏省南京市中华路幼儿园　钱震）

(三)提供熟悉的材料支持幼儿进行分类操作

分类离不开操作材料，对材料的操作反映着幼儿对物品属性的把握。教师可以提供幼儿熟悉的材料，引发幼儿分类整理的行为。在选择材料时，教师可以考虑幼儿熟悉的家用材料和自然材料，如幼儿的衣服、鞋子、手套、水果，幼儿捡拾的树叶、花朵，幼儿园里的积木、积塑等，这些材料往往包含着多种分类的特征，如颜色、形状、大小等；在活动形式上，既可以开展小组探究活动、区域活动，也可以进行集体教学。

在案例"分纽扣"中，教师提供的材料"纽扣"是幼儿生活中熟悉且经常接触的物品，具有许多分类特征，能够很方便地满足幼儿根据两种或两种以上特征进行分类的要求。

案例　分组扣(大班)

设计意图

分辨物体的不同特征,按物体的差异进行分类,这一要求对从小班开始就接触分类活动的大班幼儿来说,看似顺理成章,不应该有太大问题。但是仔细观察幼儿的操作不难发现,自己提出分类的标准,并且能按这一标准坚持完成分类,实际上在幼儿操作过程中还是有一定难度的。本活动中所使用的材料,既是幼儿生活中熟悉的、经常接触的,又是具有多种分类特征的。让幼儿通过摆弄自己熟悉的生活材料完成分类活动,会让幼儿在心理上感到轻松,有利于幼儿顺利地完成分类活动。

活动目标

1. 学习尝试从颜色、大小、形状等多个角度给物体进行分类。

2. 能仔细观察,比较出物体不同的特征。

3. 能动脑思考,愿意与同伴交流,并能学习别人解决问题的方法。

活动准备

1. 教具:纽扣三盘,每盘均为颜色、大小、形状、花纹、扣眼数量不同(每种至少2个以上)的纽扣若干。

2. 学具:分玩具(每套材料有颜色、大小、形状不同的小玩具若干,放在一个盒子里,小盘子2个、记录单、笔);"分花朵"压膜操作单(每张画有颜色、大小、形状、叶子不同的花朵若干,花瓶2个、笔)。

活动过程

1. 观察各种各样的纽扣。

(1)在实物投影仪下出示一盘纽扣实物,鼓励幼儿观察并描述各种纽扣的形状、颜色、大小等特征,引导幼儿发现纽扣上还有花纹、扣眼的数量等地方不一样。

师:妈妈在商场里看到许多好看的纽扣,她买了一些回来。瞧,这些纽扣一样吗?都有什么样的纽扣呢?

(2)师:妈妈想请小朋友帮忙分纽扣。这么多纽扣可以怎么分呢?

引导幼儿相互讨论,交流分类的方法。如:根据颜色分、根据形状分、根据大小分、根据纽扣上的花纹分、根据扣眼的数量分等。

2. 分纽扣。

(1)师:谁愿意来分一分?

教师再出示两盘纽扣,请3位幼儿示范分纽扣,每人分一盘。

(2)师:你是按什么方法分纽扣的?

鼓励幼儿说一说自己想按什么方法分纽扣,并在两张长方形纸片上画出分类标记，然后再按标记分纽扣。鼓励幼儿分完后对照标记说一说，学习自己检查。师幼共同观察，分析每类纽扣是否分得正确。

(3)师：这三位小朋友分纽扣的方法一样吗？你还有其他的分类方法吗？

引导幼儿进一步感受分类方法的多样性。

3. 幼儿操作练习。

(1)首先，介绍操作活动。

分玩具：观察玩具的颜色、大小、形状等特征，按不同的特征将玩具进行分类并记录分类结果。

分花朵：观察花朵的颜色、大小、形状、叶子等特征，按不同的特征将花朵分到两个花瓶里并记录分类结果。

(2)其次，幼儿操作，教师观察指导。

提醒幼儿先想好分类的方法，在分类的时候要坚持按这种方法把所有的玩具或花朵分完。鼓励幼儿完成分类后和同伴交流，说一说自己是怎么分的，了解同伴的分法。

4. 介绍分类方法的结果。

师：谁愿意来向大家介绍一下，你是怎么分的？

请个别幼儿介绍一种分类方法的结果，其他幼儿核对检查。教师关注是否有幼儿的结果和大家的不一样，组织大家观察、讨论并寻找原因，集体帮助解决问题。

（案例提供：江苏省南京市中华路幼儿园　钱震）

(四)开展“商店”等游戏活动，使分类更加真实、有趣

教师提供给幼儿分类操作的材料常常具有多种特征，如果能够结合生活中这些材料出现的真实情境开展分类游戏，将更有利于支持幼儿进行“有意义的学习”“真实的学习”“有趣味的学习”。案例“糖果店”和案例“小小理货员”，将糖果、各类物品放入“商店”中，巧妙地为幼儿设计了难易程度明显不同的分类游戏活动，前者涉及根据知觉特征将物品分类，较容易；后者涉及按照简单的类别概念分类，具有一定的难度。

案例　糖果店(小班)

活动目标

1. 能按糖果的种类、颜色、大小、口味等特征进行分类。

2. 愿意大声地讲述分类的过程和结果。

3. 感受用分类的方法解决生活中简单的问题带来的快乐。

活动准备

幼儿熟悉的奶糖、巧克力糖、水果糖若干，每种糖果都有大小区分，有两种颜色、两种口味。

活动过程

1. 观察糖果。

(1)师：糖果店今天到了许多糖果。我们一起来看看，都有些什么糖果？

教师分别出示糖果实物，幼儿观察并讲述每种糖果的名称。

(2)师：这些糖果一样吗？哪儿不一样？

引导幼儿继续观察，了解糖果的颜色、大小、形状、口味以及种类等都不一样。

2. 放糖果。

(1)师：糖果真多呀！我们要把它们放到盘子里，顾客才能看清楚。想一想，应该怎么放？

鼓励幼儿思考并相互讨论分类的方法。个别幼儿介绍讨论的结果，引导幼儿提出将一样的糖果放一起。

(2)师：我们先按糖果的种类来放。谁愿意试着把种类一样的糖果放一起？

个别幼儿示范按糖果的种类来放，如：将奶糖放一起，将巧克力糖放一起。

(3)师：这次我们按糖果的颜色来放。谁愿意把颜色一样的糖果放一起？

个别幼儿示范，集体说一说每种糖果是什么颜色的。

(4)师：我们还可以按糖果的大小来放。

个别幼儿示范将大小糖果分开放，大家检查并说一说。

(5)师：这些糖果都是什么口味的呢？口味一样的糖果放一起吧！

个别幼儿按糖果的口味摆放，大家说一说每一类是什么口味的糖果。

（案例提供：江苏省南京市中华路幼儿园　钱震）

案例　小小理货员(中班)

设计意图

随着幼儿年龄的不断增长和教育要求的不断提高，幼儿在日常生活中所接触和使用的玩具材料、学习和生活用品的种类与数量也在不断变化。此阶段正是引导幼儿学习按物品的特征、用途学习分类和整理的最佳时机，也有利于培养幼儿养成有条理地整理物品的好习惯。本案例结合区域活动(娃娃超市)，设计了此次按物品特征及用途归类的活动，在引导幼儿按物品特征及用途归类的过程中，幼儿有序地整理物品的能力和习惯也得到了很好的培养。

活动目标

1. 初步感知分类的意义，学习将物品按用途进行归类，并根据物品的共同特征设计标记。

2. 在活动中学习有条理地收拾、整理物品。

3. 感受生活中处处有分类，学会用学到的知识解决实际问题，初步养成整理物品的习惯。

活动准备

1. 经验准备：幼儿有初步按标记或用途分类的基础。

2. 材料准备：货架、小筐、物品若干(水果、饮料、玩具、衣服、生活用具等)。

活动过程

1. 以整理礼物为情境，引导幼儿将物品按种类摆放在一起。

(1)师：大班的哥哥姐姐送来了好多礼物，老师想请你们帮忙整理，先看看有哪些礼物？怎样摆放才整齐呢？

将各种物品散放在桌上，引发幼儿参与的兴趣。

(2)师：这有许多小筐，我们可以把相同的东西放在一起，还要摆放整齐。

教师组织幼儿观察初步分类的活动结果，并帮助幼儿梳理相关经验，根据幼儿整理的情况分别说说每个小筐里放的是什么礼物，有什么用。

2. 学习按物品的用途归类。

(1)组织幼儿讨论归类的标准。

师：现在我们准备将礼物摆放在货架上，你们看看可以把哪几种礼物放在一层货架上？为什么这样摆放？

讨论结果：按这些礼物的用途(吃、穿、玩、用)分别整理。

(2)按物品的用途分别摆放。

鼓励幼儿进行实际操作，教师随机观察指导。

3. 引导幼儿为物品设计标记。

(1)引导幼儿讨论、想办法解决问题。

师：老师想请小朋友想个办法，怎样才能让其他同伴不会将物品再次放错位置呢？

讨论结果：为物品制作标记。

(2)鼓励幼儿尝试自己设计与制作标记。

通过与同伴的讨论、协商。组织幼儿分别为物品设计出标记来(玩具类、饮料类、服装类、水果类、日用品类等)，并进行粘贴。

活动延伸

在数学区角中，教师可提供具有明显职业特征的物品，让幼儿进行归类，并设计相应的标记。如：将医疗器械、理发工具、炊具等进行分类。

（案例提供：天津市卫生局幼儿园　孙博）

（五）适时提出更具挑战性的分类要求

分类不限于具体的实物，还涉及抽象的材料。例如：在研究幼儿园教师的提问方式时，我们会根据问题有无标准答案将提问分为“封闭式提问”和“开放式提问”，这时的分类便是头脑中对思维材料进行的加工，属于抽象层面的分类。对于幼儿来说，由于抽象思维能力尚处于萌芽阶段，教师需要视实际情况，适时地请幼儿尝试更具挑战性的分类任务，以促进幼儿抽象思维能力的发展。案例“我是小问号”请幼儿根据问题所问内容这一抽象特征的不同，将问题归类，这对于幼儿来说，具有一定的挑战性。

案例　我是小问号（大班）

设计意图

每个孩子都是一个小问号，心中藏着无数的秘密。他们的秘密上至天文，下至地理，无所不在，无奇不有。本活动创设了一个宽松的氛围，让幼儿尽情地表达自己的疑问。值得一提的是，本活动的设计并没有止于表达，而是在幼儿表达之后，还引导幼儿将问题进行归类。其实，探究问题的答案固然能丰富幼儿的科学知识，但将问题归类也是整合教育的一种体现，对幼儿思维能力的发展也有积极的促进作用。

活动目标

1. 尝试用“什么、怎么、为什么”等疑问词进行提问，有一定的语言表达能力。
2. 认识问号，能用问号和简单的符号将自己的问题用绘画的方式表现出来。
3. 能积极主动地参加“小问号”活动，增进求知欲与好奇心。

活动准备

1. 教具：教师自制问号卡片1张，问号形状的奖牌若干。
2. 学具：绘画纸、彩笔人手一份。

活动过程

1. 导入活动，激发学习兴趣。

(1)教师出示问号卡片，引导幼儿认识问号，知道它表示“有疑问”。

师：你知道这是什么符号吗？它表示什么意思？

(2)引导幼儿大胆地说一说自己的想法。

师：你对自己周围的哪些事物感兴趣？你有什么想知道答案的问题吗？

2. 尝试用“什么、怎么、为什么”等疑问词进行提问。

(1)师：我们提问题的时候可以怎么说？可以用哪些词来提问题？

引导幼儿迁移生活经验自由讲述。

(2)师：觉得天空会下雨很神奇，可以怎么问呢？

引导幼儿尝试讲述“天空为什么会下雨呢？”或者“天空怎么会下雨呢？”等等，重点帮助全体幼儿重复句式中的“为什么”和“怎么”等提问词。

(3)师：你们还想知道哪些秘密？怎么问别人呢？

引导幼儿用“什么”“怎么”“为什么”等词提问。

3. 绘画《我的问题》。

(1)师：刚才我们都提了许多的问题，都是用嘴巴说的，有什么好方法能把这些问题记录下来？怎么记录？

引导幼儿迁移“博士爷爷的来信”活动中用绘画的形式表现问题的经验，提出用绘画的方法记录，鼓励幼儿运用问号和简单的符号来表示。

(2)师：你觉得绘画《我的问题》时，需要提醒自己注意什么？怎样才能让别人更清楚地知道你的问题呢？

引导幼儿回忆上次绘画的情况，提出意见或建议。幼儿绘画，教师巡回指导。教师重点帮助幼儿先提出自己的问题，再运用合适的符号来表示。

(3)师：画好的小朋友与周围的同伴说一说自己画的是什么，或者请同伴猜一猜自己画的是什么？

幼儿相互欣赏、介绍自己的作品。

4. 学做小问号。

(1)师：这么多的问题，怎样摆放才能更方便别人了解我们提了哪些问题呢？

引导幼儿思考并讨论，提议按问题的内容分类张贴，或按问题涉及的范围分类张贴。师幼共同讨论选择一种张贴方式，如：按问题涉及的范围张贴，即将关于天上的问题贴一起，关于地上的问题贴一起，关于水里的问题贴一起等，展示全体幼儿的作品。

(2)师：这么多的问题，你们知道哪个问题的答案呢？那如果不知道答案，有什么办法去寻找答案呢？

鼓励幼儿努力找出答案，解决问题。

（案例提供：江苏省南京市中华路幼儿园　钱震）

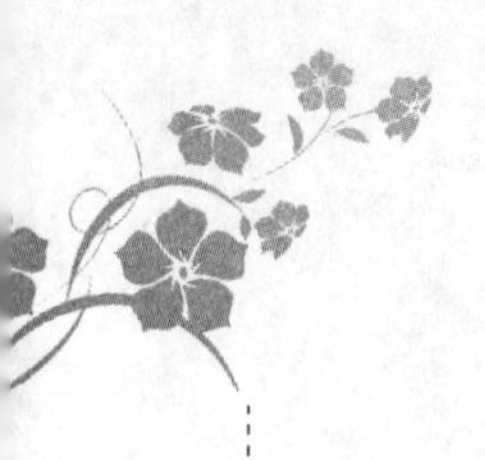

第三节 类别名称

一、类别名称的含义

在分类活动中，不管幼儿按照何种标准，都会涉及类别名称的问题。按物品的颜色分类，类别名称可能是“红的糖果”“绿的糖果”“黄的糖果”等；按物品的形状分类，类别名称可能是“圆形积木”“正方形积木”“三角形积木”等；按物品的功能分类，类别名称可能是“学习用品”“洗涤用品”“食品”等；按概念的包含关系分类，类别名称可能是“水果”“蔬菜”“交通工具”等。

在分类活动中，教师引导幼儿关注类别的名称，给类别起名字，有助于幼儿思考分类的标准，理解每一个物品(元素)与类别(集合)的归属关系，将自己所发现的物品的异与同充分地表达出来，既能促进幼儿思维能力的发展，也能促进幼儿语言能力的发展。

二、幼儿给类别起名称的教育活动

给类别起名称是分类活动“画龙点睛”式的一环，教师可以采用多种方式来进行。比如:倾听幼儿的分类理由后，教师建议性地先给类别起名；请幼儿设计、制作类别的标记，用“图像语言”给类别起名称；幼儿自由分类后给类别起名称，教师组织集体讨论；玩“猜猜我是怎么分的”游戏，使幼儿有机会换位思考分类标准的问题；给类别起名称与分类操作适当分开进行，等等。在此过程中，教师要注意记录幼儿的分类操作、说明分类理由的情况以及给类别起的名称，在“教学日志”“幼儿学习档案”中作为反映幼儿分类能力发展的资料加以整理和分析。

(一)通过设计、制作标记给类别起名称

类别名称可以运用多种“语言”表达出来。在案例“请你帮助我”中，教师请幼儿根据分好的物品为袋子设计简单的标记。幼儿两人一组共同商量，并将制作好的标记贴在袋子上。在这里，袋子就像一个形象的、可以触摸的集合，标记就是这个集合的名称。在设计和制作标记的环节，幼儿自然地经历了归纳、概括一类物品共同特征的思维过程，用绘画、手工制作等方式表征袋中物品，又可以拓展幼儿动脑动手的机会和参与空间。

案例 请你帮助我(中班)

设计思路

“分类”是数学活动的一个重要内容，在日常生活中也经常要运用。中班幼儿

正处于思维较为活跃的时期，已经有了初步的分类经验，但分类后还能说明分类标准是中班幼儿进行分类活动的难点。因此设计此次教育活动，以幼儿的日常用品为材料，利用幼儿以往的分类经验，结合幼儿的日常生活，来提升幼儿的归类意识。在活动中，通过幼儿的主动探索、尝试操作，在试、想、做、议中不断发现问题、解决问题，从而提升有关分类的经验。

活动目标

1. 能够按照物品的一定的联系进行归类，学习解决日常生活中的一些问题。

2. 尝试为相同的袋子设计和制作标记。

3. 乐意与同伴交流和商量解决问题的方法，初步体验与人合作的乐趣。

活动准备

四个颜色不同的袋子和四个颜色、形状相同的袋子，围巾、帽子、手套、坎肩、图书、玩具、彩笔、蜡笔、纸。

活动过程

1. 创设情境，引发幼儿兴趣。

(1)教师带上小熊头饰，站在堆满衣服的桌子前，引导幼儿通过操作找到解决问题的办法。

师：今天小熊想穿一件黄色的衣服，在哪呢？谁来帮我找一找？

(2)启发幼儿通过体验，感受分类的重要。

师：谁能帮帮我，想一个一下子就能找到衣服的好办法？

2. 通过对单一物品进行分类，掌握分类的简单方法。

(1)教师先引导幼儿观察这些衣物都包括哪些？(围巾、帽子、手套、坎肩)

(2)师：你们有什么好办法把它们都分开呢？

引导幼儿根据物品的不同特征进行分类。

(3)幼儿讲述分类方法，教师帮助幼儿进行提升和总结。

(4)引导幼儿将同一类服装放在一个袋子里，便于找寻。

3. 提升分类经验，根据自己的想法对不同种类物品进行分类练习。

(1)引发幼儿帮助小熊收拾整理的兴趣。

师：小熊的家总是乱糟糟的，请小朋友看一看，小熊的卧室是什么样的？(图书、玩具 、彩笔、蜡笔、纸、围巾、帽子、手套都堆在一起)

(2)师：谁有什么好办法来帮助小熊？请两名小朋友一组，互相商量合作完成吧！

每两名小朋友一组把物品分类后分别放在四个袋子中。教师拿出其中一个袋子，请其他组小朋友猜一猜里边放了什么，引出新的问题，请幼儿讨论怎样解决，进而引出设计简单的标记。

4. 根据物品为袋子设计和制作标记。

(1)幼儿两人一组,共同商量为袋子设计简单的标记,并制作出标记。

(2)将制作好的标记贴在袋子上。教师引导幼儿提升经验,掌握快速找到物品的好办法。

5. 结束部分。

师:今天小朋友们帮助小熊把它的物品都分类放整齐了,小熊很感谢你们,它决定今后也要像小朋友一样按照物品的种类收放好。希望小朋友在今后的生活中也要像今天一样将自己的物品分类整理好。

(案例提供:天津市河西区第26幼儿园　魏金妍)

(二)请幼儿说一说给类别起的名称

在分类操作之前或之后,请幼儿说一说分类的想法或理由,自然地就会涉及给类别起名称的问题。重视给类别起名称,有利于幼儿巩固类别概念,加深对类别包含关系的理解。案例"分小组"请幼儿按一定标准将小朋友分组,并给小组起名字,使分类从一般的物品扩展到人群,有助于让幼儿感受到生活中处处有分类。

案例　分小组(中班)

活动目标

1. 尝试根据小朋友性别、服饰等差异进行分组,并按分组标准给小组起名称。

2. 积极参与活动,从多角度思考、解决生活中简单的问题。

3. 感受身边处处有分类。

活动过程

1. 幼儿进行自我介绍。

(1)激发幼儿介绍自己的愿望。

师:我们大家都是一个班的小朋友,你熟悉我,我熟悉你。如果来了陌生的老师,你能清楚地向她介绍自己吗?

(2)师幼共同讨论。教师示范,鼓励幼儿自我介绍时说清楚自己所在的班级、小组,以及自己的姓名、性别。

师:介绍的时候要说清楚什么呢?如:我是中×班的小朋友,名字叫××,我是女生。

2. 观察、讨论同伴的不同之处。

引导幼儿观察并说出同伴间的不同之处。

师:仔细看一看,参加活动的小朋友都有哪些地方不一样?(男女不同、小组不同、个子高矮不同、发型不同、衣裤鞋子不同……)

3. 商议分组的标准。

(1)师:今天,我们大家一起来玩游戏,游戏前需要分小组,你们想怎么分呢?

幼儿提议分小组的方法,其他幼儿按该方法分成两个小组。如:按男女生分小组。

(2)师:分好的小组要起个名字,让别人一听就知道你们是什么小组,而且知道你们是按什么分的。

启发幼儿给小组起名字。如:男生组、女生组等等。

(3)再次启发幼儿分小组,如按衣服颜色分小组,分完后起名字。如:红色衣服组、黄色衣服组等等。

(4)游戏反复多次,启发幼儿寻找同伴之间的差异进行多次分组,每次分完后要给小组起名字。如:按头发的长短分、按穿裙子和裤子的区别分等等。

(案例提供:江苏省南京市中华路幼儿园　钱震)

(三)在"我来分,你来说"活动中使幼儿有机会换位思考类别的名称

案例"熊猫百货商店"选择幼儿熟悉且具有多种分类特征的物品作为操作材料,尝试让幼儿自由分类、给类别起名称、记录分类结果,在积累了丰富的分类操作、记录及起名称经验后,引入"我来分,你来说"的活动,给幼儿换位思考提供了机会,不仅有助于幼儿分析和判断类别名称是否恰当,而且也增添了活动的趣味性。

案例　熊猫百货商店(大班)

设计意图

分类活动的魅力就在于它是一种思维方式——把具体问题抽象化,再通过解决抽象的问题,应用到实际生活中。因此,幼儿园分类活动的主要内容应该来源于幼儿的实际生活,在生活中抓住教育契机,培养幼儿的逻辑思维能力和问题解决能力。这个"熊猫百货商店"的分类活动,以经典动画片为背景,所有材料均来源于幼儿的实际生活,同时教师从材料的质地、色系、款式等方面入手,在材料的丰富性和科学性上精心设计,避免了仅利用图片请幼儿分类的枯燥和分类途径的单一。

活动目标

1. 通过操作,用自己的方法来将同一种物品按不同特征进行分类,从中体验分类的趣味及重要。

2. 通过观察、分析,归纳出所分种类的名称。

3. 用简单的方法记录分类结果。

活动准备

幼儿自带各种成人或幼儿用的围巾、帽子、手套、围裙；铅笔、记录表、动物手偶、《熊猫百货商店》的片段。

活动过程

1. 活动导入。

利用课件演示《熊猫百货商店》诙谐、有趣的片段，引入主题。引导幼儿看动画片中的动物，用自己的方法分类。请幼儿说一说分类的方法，并引导幼儿从不同角度给动物分类，说出分组名称。比如：可以按水生、陆生分类或按胎生、卵生分类，还可以按颜色分类。

2. 分类并起名称。

(1)师：熊猫百货商店里又添加了许多商品，请大家帮忙分一分。

幼儿按照自己的想法分类，将类别的名称告诉小熊猫，并将分类的方法记录下来。

(2)幼儿分为四组，分别将围巾、帽子、手套、围裙进行分类。

活动中准备四张桌子，一张桌子上放有不同款式、质地的帽子，其他几张桌子上分别放有围巾、手套、围裙。教师巡回指导，引导幼儿不仅要分类，还要给分好的物品起类别名称，并作简单记录。

(3)幼儿交流自己组在第一轮的分类中是按照什么特征分类的，并介绍类别的名称。

(4)幼儿再次分类并起名，并向大家介绍类别名称和分类记录。

(5)“我来分，你来说”。幼儿第三次分类，并将分类做好记录，起好名字，再请其他组的幼儿观察分类后，猜一猜自己组是按照什么特征分类的，请其他组的幼儿为自己组的分类起名字。

(6)幼儿交换材料进行分类练习，并根据自己的想法分类并起名字，做好简单记录后向大家介绍。

3. 生活中的分类。

通过演示课件，让幼儿感受到生活中的分类就在自己身边。

（案例提供：天津市河西区第26幼儿园　王静）

第六章 排序与模式

第一节 排 序

一、排序的含义

排序是按物体的某种特征中量的差异或某种顺序来排列物体的。排序以比较为基础，比较往往涉及两个物体，而排序涉及对两个以上物品或物群进行比较，并且将它们从第一个到最后一个按顺序排列好。排序建立在对事物进行观察和比较的基础上，也就是说，幼儿首先要发现物体在某种特征上的差异，如大小、长短、高矮、粗细、厚薄、宽窄、数量多少、颜色深浅等，然后确定排列的顺序，比如由大到小、还是由小到大，最后从开始到结束依次排列。由于同样一组物体，既可以按量的递增顺序排序，也可以按量的递减顺序排序，因此我们说排序具有可逆性。

幼儿的排序活动大体上有四种类型：一是按物体外部特征的差异进行排序，如大小、长短、高矮、粗细、厚薄、宽窄等，这种排序活动所占比例最大；二是按物群的数量特征进行排序，如第一行 1 个雪花片、第二行 2 个雪花片……第十行 10 个雪花片；三是按数字大小进行排序，数字是一种抽象的符号，能够将数字按大小排序意味着幼儿已经掌握了数序，初步理解了相邻数的概念；四是按事情发生的先后顺序或者某种人为规定的顺序进行排序，比如按照图片中故事发生的先后顺序，将一组图片排序，或者按照范例中的顺序对四个图片进行排序等。

排序活动有助于加深幼儿对基数、序数概念的认识，巩固对各种量的差异进行比较的技能，对幼儿的智力发展也具有积极的作用。通过排序活动，我们不仅可以初步培养幼儿的观察能力、比较能力，而且由于排好顺序的物体具有一种内在的秩序，往往给人以整齐有序的美感，因此通过排序活动也可以培养幼儿整齐有序地摆放物品的意识与行为习惯。

二、幼儿排序能力的发展特点

幼儿排序能力的发展与他们对量的差异的感知和区分具有直接的、密切的联系。

3岁左右的幼儿大多不会排序，或者只能排列3个以内的差别较明显的实物。这是因为此时他们只能够感知和区分量的明显差异，对实物的大小或长短只有“笼统”的印象。他们常常将长的、粗的、厚的等统一描述成大的，将短的、细的、薄的等统一描述成小的，并且只能从少量实物中辨别出最大的和最小的、最长的和最短的。此时，他们对量的判断还常常处于绝对化的水平上，说某个物体是大的，会将大看成是绝对的、不变的。

4岁左右的幼儿在排序时，通过摆弄实物，能够很快从中找到最大的和最小的、最长的和最短的，然后通过两两比较，能够将3—4个物体依次排列。但他们将实物从小到大、从短到长进行递增排列比较容易，对于按递减的顺序排列感到困难。同时排列两端实物容易，排列中间实物比较困难，需要花费较多的时间进行比较和判断。一开始在实际操作和比较中，要初步感受到量的相对性，如“我比××高，比××矮”，只有理解了量的相对性，涉及更多数量物体的排序活动才能顺利地进行。

随着年龄的增长，5—6岁的幼儿对量的感知和区分由模糊变得精确起来，描述量的词汇也日渐丰富，除了大小、长短之外，还明白了高矮、粗细、厚薄、宽窄等词语的含义。在此期间，周围的成人结合实际情景，使用准确的描述量的差异的词语，对于幼儿准确理解和独立使用上述词语具有重要的促进作用。以此为基础，幼儿也能认识和区分差异不太明显的量，能够准确排序的物品数量也在不断增多。与此同时，他们也掌握了10以内基数与序数的概念，不仅认识了10以内抽象的数字，而且还在使用和进一步的书写中熟悉了这些数字。相应地，通过努力，他们便能够从数量关系入手，对若干个“物群”进行排序，也能够对抽象的数字进行递增和递减排序。

三、幼儿排序教育活动的组织

(一)目标

3—4岁	4—5岁	5—6岁
能按大小、高矮、长短给3个常见的物体排序。	能按物体大小、长短、高矮、粗细、厚薄、多少等量的递增或递减顺序排列5个以内的物体。	能发现和体会到按一定顺序排列的物体比较整齐、美观。

(二)教学建议

1. 巧妙设计让排序活动变成幼儿喜爱的游戏活动。

非游戏活动游戏化是实现幼儿园以游戏为基本活动的一条重要途径。非游戏活动游戏化的措施有很多，在非游戏活动中添加游戏因素是一个总体的思路。可以添加的游戏因素主要有自主、乐趣、假想、规则、竞争、幽默等。案例“大家来排队”首先将日常活动“排队”变为“排序活动”，然后在假想的“开火车”情境中让幼儿按照“每节车厢有三位乘客”“从矮到高”“每节车厢有四位乘客”“从高到矮”等规则排队。通过让幼儿自由结合，让幼儿自己在经过多次比较后排好顺序，最终使排序活动成为幼儿自主的、愉悦的、假想的、有规则的一种游戏活动。

案例　大家来排队(中班)

在幼儿园一日生活中，排队是经常要做的事情。如何使排队更加有趣，同时又能蕴涵更加丰富的教育内容呢？我想到了排序。

周三户外活动前，我神秘地对小朋友们说：“今天我们要开着小火车去操场，每节车厢有三位乘客，请小朋友们自由组合！”听完我说的话，孩子们兴奋地寻找自己的好朋友，不一会儿便分成了八节车厢。我又提出要求：“请每节车厢的乘客按照从矮到高的顺序排好队，我们准备开车了。”这可给孩子们出了一个难题，以前只比较过两个人的高矮，三个人怎么比呢？我便引导幼儿先两个幼儿进行比较，再请其中矮的幼儿和另外一名幼儿比较，就可以找出最矮的。很快小朋友们便按照从矮到高的顺序排好了队，于是小火车拉着汽笛开到了操场。

第二天户外活动前，孩子们又要求玩开火车的游戏。我说：“今天要增加难度，每节车厢要上四位乘客……”没等我说完，孩子们便迫不及待地找到了好朋友，我继续说：“今天四名乘客要按照从高到矮的顺序排队。”有了昨天的经验，孩子们先两个两个地比高矮。在经历了多次尝试之后，孩子们终于按要求排好了队，大家都很高兴。

户外活动后，孩子们提议再玩开火车的游戏。这次他们主动提出一节车厢有六位乘客，我说：“这次我们换一种方法，好吗?”孩子们点了点头。“每节车厢六位乘客，我们按一个男孩一个女孩的顺序排队怎么样?”“没问题!”孩子们便开始找好朋友，这次他们发现随意找朋友不行了，因为如果都是男孩子就不能按要求排好队。于是他们便商量怎样分组。最后有的幼儿终于破解了“密码”，兴奋地大喊：“一节车厢要有三个男孩三个女孩！”真是“一语点醒梦中人”，孩子们很快分好组，并按照一个男孩一个女孩的顺序排好了队。

（案例提供：天津市卫生局幼儿园　于萍）

在上面的案例中，教师还请幼儿“按一个男孩一个女孩的顺序排队”，我们通常将这种活动称为“有规律排序”，以区别于一般的按物体的量的差异进行的排

序。随着人们对数学领域关键经验研究的日趋深入，目前在幼儿园数学教育中已明确引入了模式、模式认知等相关概念，来描述按照一定规律所进行的排列，具体内容请参见本章第二节。

2. 引导幼儿发现、表达和改变排列顺序，体会排序的可逆性。

引导幼儿发现、表达排列的顺序，可以提升幼儿排序的任务意识和目的性。同时，改变排列顺序，即采用相同的一组材料，分别按递增、递减的顺序排序，还能帮助幼儿体会排序的可逆性。在案例“扣链串排排队”中，教师先请幼儿将扣链穿成串儿，然后分别按从短到长、从长到短的顺序进行排队，并要求幼儿说出排队的方法，就很好地体现了这一点。

案例　扣链串排排队(小班)

活动目标

1. 能在3—5个物体中找出最长和最短的物体，并能按其长短进行排序。
2. 有初步的比较和排序的能力。
3. 会用简单的语言表述操作的结果。

活动准备

扣链玩具若干。

活动过程

1. 玩扣链。

(1)出示扣链玩具，引导幼儿说一说扣链的名称和玩法，知道将扣链从缺口处连起来，一个连一个，连成一长条。

师：小朋友，这个玩具叫什么呀？它是怎么玩的？

(2)幼儿自选扣链进行游戏，教师提醒幼儿穿三条扣链，三条扣链的长短要不一样。

师：每人穿三条扣链，要有长有短哦！

2. 观察扣链串。

引导幼儿比较并分辨长短扣链，按指令要求举起长短不同的扣链。

师：将你穿的扣链放好，比一比，哪条最长？把最长的举起来！哪条最短？把最短的举起来！

3. 扣链串来“排队”。

(1)师：扣链串想排排队。最短的扣链串想排第一个，其他扣链串应该怎么排呢？大家试着帮扣链串排排队吧！

引导幼儿理解排序要求，先将短扣链串放在第一个，然后按从短到长的顺序排队，并鼓励幼儿与同伴相互说一说扣链的排队方法。

(2)师：最长的扣链串也想排在第一个。这次我们把最长的扣链串排在第一个，其他两个扣链串怎么排呢？你能再试一试吗？

引导幼儿按从长到短的顺序重新给扣链串排队，并鼓励幼儿相互说一说排队的方法。

活动小贴士

1. 本游戏中要求幼儿穿的扣链串可以是3—5串，具体视幼儿的发展情况而定。

2. 游戏可以在区域中进行，进行过程中也可以配上音乐，让幼儿更能感受到轻松愉快的游戏氛围。

（案例提供：江苏省南京市中华路幼儿园　钱震）

3. 通过欣赏排序作品，让幼儿体会排序可以使物品变得整齐、美观。

在排序教育活动中，教师除了帮助幼儿理解排序的含义、掌握排序技能之外，还要格外注意创造机会让幼儿领会排序的意义，也就是了解为什么要进行排序，排序有什么作用。《3—6岁儿童学习与发展指南》在目标1“初步感知生活中数学的有用和有趣”中已经明确地提到了这一点，即“能发现和体会到按一定规律排列的物体比较整齐、美观”①，并将之列为5—6岁幼儿的一项典型表现。为了实现这一目标，教师可以引导幼儿欣赏排序作品，或者比较物品在排序前后的不同状态。案例“排整齐”的活动名称及活动目标定位就体现出教师对排序意义的重视。

案例　排整齐(大班)

设计意图

将物体按递增或递减的顺序排列，这样的活动要求对幼儿来说并不陌生，幼儿从小班就开始接触类似的要求及活动。但是，分辨物体厚薄和粗细的差异，对大班幼儿来说还是有一定挑战的。本活动开始时，教师引导幼儿按个子高矮排队，这个环节的作用是激活幼儿排序的经验，引发幼儿的兴趣，随后才进入按厚薄和粗细排序的环节。教师可以运用生活中、游戏中甚至幼儿自制的玩具等幼儿熟悉的材料让幼儿进行操作，这样会让幼儿感受到排序与他们的生活紧密相关，也

① 根据《3—6岁儿童学习与发展指南》的相关内容分析，这里所讲的“排列规律”既涉及按物体的某种特征上量的差异或某种顺序来排列物体(排序)，也涉及按照一定规则进行的不断重复的排列(模式)。

能更好地激发幼儿参与活动的主动性。

活动目标

1. 能较仔细地观察并发现物体厚薄、粗细的差异，初步尝试将厚薄、粗细不同的物体按递增或递减的顺序进行排列。

2. 讲述排序前后的不同，感受排序可以使物品变整齐、美观。

3. 讲述排序的方法，并根据讲述检查操作的结果是否正确，初步养成自我检查的良好习惯。

活动准备

1. 教具：6 本大小相同、厚薄不同的书。

2. 学具：排积木(每套材料有 7—8 块厚薄不同的长方体积木，排序板 1 块)；排纸棒(每套材料有 7—8 根自制的粗细不同的纸棒，排序板 1 块)。

活动过程

1. 导入活动——比个子。

师：新年要到了，我们又要长大一岁了，我们的个子也长高了。

引导幼儿提出比比谁的个子高。请 3—5 个小朋友上前，大家帮助他们背靠背比个子，然后按个子从高到矮的顺序排一排，鼓励幼儿说一说他们是怎么排的？启发幼儿再换一种方法排一排(从矮到高排)。最后请各组小朋友共同尝试按从矮到高或从高到矮的方法排队。

2. 学习活动——排图片。

(1)教师出示 6 本大小相同、厚薄不同的书，引导幼儿发现书的厚薄不一样。

师：幼儿园的老师给大家送来了新礼物——图书，这些图书一样吗？哪儿不一样呢？

(2)请个别幼儿尝试按厚薄排列新书。

师：我们可以怎样排，能把这些新书放整齐呢？

(3)启发幼儿思考还有什么方法。

3. 幼儿操作练习。

(1)介绍小组活动内容。

排积木：教师提供厚薄不同的长方体积木，让幼儿进行厚薄排序。

排纸棒：教师提供粗细不同的纸棒进行粗细排序。

(2)教师观察指导，提醒幼儿在排序板上进行操作。重点指导做“排纸棒”的活动，引导幼儿发现纸棒的粗细不同，按从粗到细或从细到粗的方法排列纸棒。

鼓励幼儿排完以后说一说自己是按什么顺序排的，并对照检查操作的结果，引导幼儿养成检查的习惯。

4. 活动评价——我是这样排的。

鼓励幼儿介绍自己的方法，说说自己是怎么排的，排序后和排序前有什么不同，师幼按照其讲述的方法共同检查操作是否正确。了解排序的方法可以从厚（粗）到薄（细）排，也可以从薄（细）到厚（粗）排。

（案例提供：江苏省南京市中华路幼儿园　钱震）

4. 在其他领域活动中自然渗透排序的内容。

案例“好吃的‘面条’”在小班撕纸活动中自然渗透了排序的内容，给我们提供了一个可参考的范例。案例“小小擂台赛”也是一个领域整合的典型例子。教师在科学活动中提出了排序的要求，幼儿通过排序对所掌握的动物科学知识进行了梳理和提升。

案例　好吃的“面条”（小班）

设计意图

撕纸是小班手工活动内容之一，也是有效促进小班幼儿手部肌肉发展的活动内容之一。撕纸既满足了幼儿动手操作的需要，也让幼儿在撕的过程中体验到创造的乐趣。本活动是让幼儿将纸撕成长条，但小班幼儿受到技能的限制，撕的纸条必然会长短不一。活动中教师也充分利用了这一特点，引导幼儿给长短不一的纸条排序。这样的设计充分体现了教师对幼儿发展水平的尊重，以及较强的随机教育能力。

活动目标

1. 学习将整张白色皱纹纸撕成细长条，手指会在撕的过程中往下移动。

2. 认识面条，知道面条是细细长长的，尝试按长短差异给“面条”排序。

3. 愿意参与手工活动，能大胆地进行撕纸。

活动准备

1. 教具：面条的图片；白色皱纹纸。

2. 学具：白色皱纹纸、小盘子人手一份。

活动过程

1. 观察面条。

(1)师：面条是什么样的？

出示面条图片，引导幼儿观察并说一说面条的外形特征：面条是白白的、细细长长的。

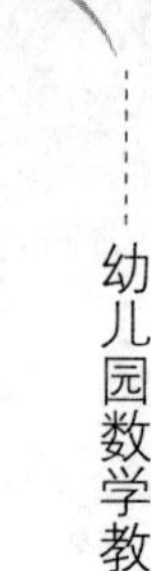

(2)师:每根面条都是一样细,还是有的粗有的细呢?

进一步引导幼儿仔细观察,了解每根面条的粗细都差不多。

2. 学习做"面条"的方法。

(1)引发幼儿撕面条的兴趣。

师:幼儿园也想给小朋友做面条,可是面条不够了,你愿意帮忙做一些面条吗?

(2)取出白色皱纹纸,教师示范撕长条,引导幼儿仔细观察。

师:我们一起来学习做面条吧!怎样才能做出细细长长的面条呢?

(3)鼓励幼儿说一说做面条的方法,教师根据幼儿的讲述进行补充。如:两只手的食指和拇指捏住白色皱纹纸的一边,从上往下一点点地撕,撕一点手指往下移一点,撕一点手指往下移一点,一直撕到最下边,撕出一根长长的"面条"。

(4)鼓励幼儿徒手练习,教师提醒幼儿撕一点小手往下移一点。

师:我们帮幼儿园做的"面条"一定要粗细差不多哦!这样其他小朋友们才喜欢吃。

3. 开始撕"面条"。

(1)幼儿取皱纹纸进行撕"面条"活动。教师观察并指导,提醒幼儿从一边开始撕,撕之前看看"面条"的粗细是否差不多,撕的时候注意小手慢慢往下移动。提醒幼儿将撕下的"面条"放在自己面前的空盘子里。

(2)请幼儿将盘子里的"面条"取出来排在桌子上,数一数有几根。

师:你撕了几根"面条"?把它们排好数一数吧!

(3)引导幼儿在自己撕的"面条"中找出最长的和最短的,与同伴进行交流。

师:找一找你撕的最长的"面条",举起来给好朋友看一看。再找一找最短的"面条",也给好朋友看一看。

(4)引导幼儿按一定的顺序给面条排队,排好后和同伴说一说是按什么顺序排的,分享手工活动的快乐。

师:每一根"面条"长短都不一样,你能不能按顺序给"面条"排队呢?

(案例提供:江苏省南京市中华路幼儿园　钱震)

案例　小小擂台赛(大班)

活动目标

1. 能从视频中获得关键信息,知道大象、长颈鹿、长尾猴、河马都是世界之最。
2. 能独立提出自己的排序标准。
3. 大胆猜测别人排序的标准,体会到标准不同,排序的结果也不同。

活动准备

1. 材料准备：视频课件，大象、长颈鹿、长尾猴、河马等动物卡片。

2. 经验准备：了解动物的明显特征。

活动过程

1. 欣赏视频，丰富幼儿的感性认识。

师：今天动物园可热闹了，你们看看谁来了！师生共同欣赏动物视频，利用课件唤醒幼儿已有的经验，感知动物的明显特征。

视频内容：大象是世界上最重的动物……长颈鹿是世界上最高的动物……长尾猴的尾巴是世界上最长的尾巴……

2. 引入动物擂台赛。

师：今天，小动物们可高兴了。它们要参加一个动物的擂台赛，比一比到底谁第一。第一个上场的是长颈鹿，你们猜猜它说什么了。它可能在想，我和它们比，比什么才能赢？大象听了长颈鹿的炫耀，心里有些不痛快，它有很多话想说，小朋友们猜猜它想说什么？它可能想说，我最重，在陆地上，没有哪个动物比我更重，比我的力量更大，我可以轻松地卷起一棵大树呢！河马看着大象得意的神情，很生气，也很不服气，不管怎么比，我都是第一。大家猜猜长尾猴说什么了？它有独特的尾巴、灵活的身体，还会爬树。

3. 猜想环节。

(1)教师在白板上按一定的顺序为动物排序，请幼儿猜想，这是按什么顺序排的。

(2)给每位幼儿提供一份四张小动物图片，让幼儿照自己的想法为小动物排序。同伴之间互相猜一猜，进一步体验顺序不同，排序的结果就会不同。

(3)请个别幼儿向全班小朋友展示自己的排序结果，让其他幼儿猜一猜这是按照什么顺序排的，最后幼儿说出自己的排序方法，再次体会猜测的乐趣。

（案例提供：天津市河西区第18幼儿园　杜金艳）

第二节　模　式

一、有关模式与模式认知的基础知识

(一)模式的含义

“模式”一词有两层含义，既指不断重复的按照一定规则排成的序列，用符号

表示，如△—○—△—○—△—○；也指从该序列中抽象出来的一种关系，用符号表示，如A—B—A—B—A—B。模式具有三个特点：单元完整性、重复性和可预测性。

在模式序列中不断重复的、可以区分出来的最小部分被称为模式的基本单元，模式序列就是在基本单元的基础上进行的不断重复。模式具有单元完整性的特点，也就是说模式序列中的每个基本单元都是相对完整的，都不能有残缺。

模式的基本单元是不断重复的，或者说，它按照一定的规则进行不断的循环。模式序列往往至少包含2个基本单元，模式的规则需要通过基本单元的重复表现出来。幼儿识别模式就是识别模式的基本单元并概括基本单元之间的重复关系，也就是从具体序列中抽象出模式规则，发现排列的规律，并作为预测模式进一步发展的依据。如数字模式1、3、5、7……一个数字便是一个基本单元，其规则是“后一个数都在前一个数的基础上加上2”，这便构成一个“加2”的递增模式；图形模式▲—●—▲—●—●—▲—●—●—●，其规则是后一个基本单元在前一个的基础上增加一个●，这构成了A—B—A—B—B—A—B—B—B的模式。在这里，我们需要注意的是，模式序列中基本单元的不断重复有可能是没有发生改变的复制，如A—B—A—B—A—B模式，也可能是基本单元在下一次出现时发生了某种改变，如A—B—A—B—B—A—B—B—B模式，但无论发生何种改变，它都是有规律可循的。

模式的可预测性正是在单元完整性和重复性的基础上产生的，它指按照模式规则，模式中残缺的部分以及进一步的发展是完全可以预测出来的。如□—■—△—▲—___?___—■—△—▲……根据A—B—C—D—A—B—C—D……的模式规则，中间缺的应该是“□”，接下来还应该是“□—■—△—▲”。

由上可知，模式不是一个实物或一个符号就能够表达清楚的规律或实际具有的具体属性，而是存在于不断重复的按照一定规则排成的整体序列之中，它既具体又抽象，是人们认识周围世界的规律性、有序地组织周围世界的一种方式。

（二）模式的类型

分类标准不同，模式的类型也就不同。根据模式中基本单元在重复中是否发生改变，模式可以分为重复性模式和发展性模式：重复性模式是指模式的基本单元保持不变，模式由N个相同的单元构成；发展性模式指模式的基本单元按一定的规律不断发展变化。

根据模式基本单元的不同，模式可分为四种类型：重复模式、循环模式、滋长模式和变异模式。重复模式，如红—黄—蓝、红—黄—蓝，A—B—C、A—B—C等，构成元素是不断向前的线性排列；循环模式，如一天中的白天—黑夜—白天—黑夜，一年中的春—夏—秋—冬交替循环等，与重复模式类似，但略有区别，构成元素是循环往复的环形排列；滋长模式，如A—B、A—B—B、A—B—B—B等；变异模式，如红—橙、红—黄、红—绿、红—青、红—蓝、红—紫、红—橙……A—B、A—C、A—D、A—E、A—F、A—G、A—B……

根据载体的不同，模式可分为实物模式和符号模式：实物模式是以实物、动作、声音等形式呈现的模式；符号模式则是通过字母、数字、文字等抽象的符号系统表达的模式，例如等差模式2、5、8、11，以及合并前两项得出第三项的模式3、5、8、13、21。

根据模式所属刺激类型的不同，模式还可区分为视觉模式、听觉模式、运动模式等。视觉模式具体表现为重复出现的有规律的图案、花样等；听觉模式具体表现为有规律的声音组合，如按节奏× ××｜× ××｜说"哒哒哒，哒哒哒"；运动模式具体表现为有规律的动作组合，如左脚单脚跳—右脚单脚跳—双脚蹦跳—左脚单脚跳—右脚单脚跳—双脚蹦跳等。

（三）模式认知的含义与构成

模式认知是指对模式信息进行加工、应用的过程。[①] 在构成上，它涉及模式识别、模式欣赏、模式填补、模式复制、模式扩展、模式创造、模式比较、模式转换、模式描述、模式交流等诸多内容。其中，模式识别是基础。

1. 模式识别就是辨别出模式的基本单元以及基本单元之间的关系，从而揭示模式的规则。

2. 模式欣赏是指欣赏模式序列在排列上的秩序美的过程。

3. 模式填补是指对不完整的模式序列进行补充使之完整的过程。

4. 模式复制是生产出与原有模式具有相同结构特征的模式的过程。它包含两种情况：一是既复制模式的规则，也复制表现模式的操作材料；二是仅复制模式的规则，在操作材料上则有所改变。有研究显示，用相同的材料复制模式与用不同的材料复制模式相比，后者要求更高水平的认知能力，尤其是抽象概括能力，相应地，幼儿的通过率也会下降。[②]

5. 模式扩展是根据原有模式的规则对后续模式进行预测，并生产出后续模式元素和基本单元的过程。

6. 模式创造指儿童自由创造出了各式各样的模式。模式创造需要建立在儿童充分理解模式的含义与特点并积累了丰富的加工和应用模式信息的基础之上，它有利于发展儿童的创造性思维。所创造模式的种类及复杂程度在一定程度上

---

① 魏勇刚，尹荣，庞丽娟．儿童模式认知的推理机制[J]．心理科学，2010，33(3)：649—650．

② 史亚娟．论模式能力及其对儿童数学认知能力发展的影响[J]．学前教育研究，2003(7/8)：13—15．

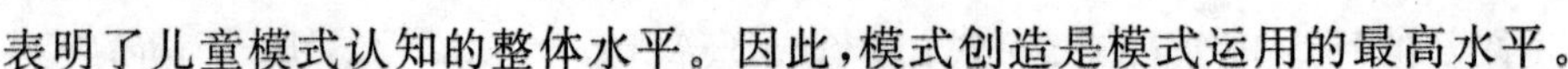

表明了儿童模式认知的整体水平。因此,模式创造是模式运用的最高水平。

7.模式比较也就是分析两个模式序列在结构上的异同。模式比较的过程可以促使儿童透过模式的表面现象,把握模式的内在本质。例如,通过对声音模式“大声－小声－大声－小声”与图案模式“◇－◆－◇－◆－◇－◆”进行比较,儿童会发现尽管它们的表现形式不同,但它们具有相同的内在结构,是同一种模式的不同表现形式,用符号表示都可以概括成 A－B－A－B 模式。

8.模式转换是指用不同的材料或符号再造某一个模式,也就是用不同的表现形式表征同一个模式。能够进行模式转换,意味着儿童对模式的本质和内涵有了准确的理解。[①] 例如,儿童用模式积木(Pattern Blocks)创造的模式序列,在保存时便遇到了困难,在教师的支持下,他们使用粘贴图片对模式进行了再造。

9.模式描述是指使用文字、字母、数字或其他符号对模式结构及其中包含的规律性联系的概括表征。实际上,有很多儿童只用部分信息对模式进行概括,尤其是对于较复杂的模式,儿童出现这种情况的概率更高。

10.在模式交流中儿童逐渐从使用自己创造的符号、图形、语言表达等方式,并结合实物和具体情境来描述模式,发展到使用多数儿童认可的符号、图形、语言表达的方式来描述模式,最后到脱离具体情境使用标准的数学概念、数学符号系统来表征模式。模式交流在帮助儿童建构数学知识以及建立非正式的数学概念和数学观念的抽象符号系统之间的联系上有重要的作用。通过模式交流,儿童彼此交换对模式的理解和表征,这有助于儿童对模式各构成元素特征的全面把握,使儿童在对模式进行概括时能排除一些非本质特征的影响,获得对模式结构的更确切的概括。

由此可见,模式认知涉及分类、排序、计数、概括、推理、语言表达等智力活动形式,以及儿童对部分与整体关系的认识等。作为数学认知能力的一个重要组成部分,模式认知通过对模式规则的概括和预测,直接促进了儿童概括能力的发展与抽象数学概念的获得,也为其问题解决能力的形成奠定了基础。有国外研究者还指出,识别、描述或扩展模式被认为是以概括为心脏的代数的先驱,通过让儿童观察和概括模式,能够帮助他们从算术过渡到代数。

(四)模式与排序的关系

模式和排序都是儿童早期数学教育的重要组成部分,但由于二者在表现形式上具有一定的相似性,非常容易使人产生混淆,所以我们有必要在这里对二者进行比较,以明确它们之间的联系与区别。

---

① 史亚娟.论模式能力及其对儿童数学认知能力发展的影响[J].学前教育研究,2003(7/8):13－15.

模式和排序既有区别又有联系。我们先谈区别，二者含义不同、特点不同。模式是指不断重复的按照一定规则排成的序列，具有重复性特点，而排序是指将两个以上物体或物群在某种特征上的差异或某种顺序进行排列，不强调重复性，只强调序列中元素的顺序性，如从小到大、从短到长，以及按第一、第二、第三等序数的顺序排列等。

虽然模式和排序的含义、特点具有较大差异，但二者仍然存在着密切的联系。可以说，排序是模式的前提和基础，儿童只有对排序有了一定的了解，才能理解模式单元中元素的排列方式，才能识别模式的基本单元。在我国以往的幼儿园数学教育中，人们常常用"有规律排序"代替模式认知活动。这实际上大大缩小了模式认知的范围，因为模式认知涉及模式识别、模式欣赏、模式填补、模式复制、模式扩展、模式创造、模式比较、模式转换、模式描述、模式交流等诸多内容。"模式"一词尚未作为独立的概念出现在我国幼儿园数学教育当中，这在很大程度上限制了模式认知教育活动的开展，以及幼儿相关能力的培养。美国数学教师协会(NCTM)在 2000 年发布的《学校数学原则和标准》中对儿童排序与模式的发展标准做出了具体明确的规定，学前班至二年级的相关标准是：儿童应当能按大小、数量和其他属性排列物品；识别并延伸模式；分析模式是如何构成的。[①] 美国数学教师协会在标准中将排序与模式放在一起，对我们具有重要的启示。

二、幼儿模式认知能力的发展特点

模式认知能力是对客观事物之间本质的、稳定的、反复出现的关系的一种认识能力。有资料显示，皮亚杰曾对儿童模式认知能力的发展进行过专门研究。他指出，早在婴儿时期儿童就已开始感知模式，他们最初感知的是空间模式，如房间里有规律地摆放的家具、摇篮上方有规律地悬挂的玩具等，也可以感知一些习惯性的动作，如推开门——→妈妈走进来——→喂宝宝等。通过研究，皮亚杰将儿童模式概念的发展划分为六个阶段：第一阶段是描述顺序，指儿童按照事物之间的大小、颜色、图形、数量等的关系来理解和辨识事物间的顺序；第二阶段是描述和建构线型模式，指儿童对曲线、Z 型线、直线、环型线或宽线、细线组成的线型模式的理解、辨识和创建；第三阶段是复制一个次序，指按照事物之间已经存在的顺序规则来进行复制，使事物间的连接关系继续保持下去；第四阶段是创建一个次序，即创建一个顺序规则并按这种顺序规则将多种事物连接组合；第五阶段是构建一个模式，即在创建一个次序的基础上反复地按一定规律复制该次序，形成一个模式；第

① [美]罗莎琳德·查尔斯沃斯(Rosalind Charlesworth). 3－8 岁儿童的数学经验[M]. 潘月娟，译. 北京：人民教育出版社，2007：157.

六阶段是认识循环模式，循环模式是一种封闭型模式，其特点是模式中的顺序规则是不间断的，可以永远地循环往复下去。他认为后一阶段是前一阶段的发展，但在一次模式活动中，各阶段的内容可以同时或交叉出现。[①] 很显然，皮亚杰是将排序与模式合在一起来划分发展阶段的。

从模式认知的不同活动类型看，人们普遍认为：模式识别属于模式理解，是模式认知的基础；模式创造属于模式应用，代表着模式认知的最高水平。

我国有研究者曾对幼儿模式认知能力的发展特点进行了实证研究，所采用的测量幼儿模式认知能力的具体方法是：区分出重复、循环、滋长和变异四种模式类型，每种模式类型 5 道题，分别涉及颜色、大小、实物、数字和图形，研究者提供 20 道测试题，要求幼儿做出反应，并说出相应的理由，每题回答正确记 1 分，否则记 0 分。依据幼儿在完成题目时表现的五个水平——完全没有模式概念、处于模式认知的萌芽、开始有模式认知但不稳定、基本上有较稳定的模式认知、有式样认知概念且不受模式内容特征的影响，得出儿童模式认知发展具有如下的特点：(1)3.5 岁儿童处于模式认知发展的萌芽状态；4.5 岁儿童式样认知开始发展；5.5 岁儿童模式认知与 4.5 岁儿童相比有所发展，但仍处于开始发展阶段；6.5 岁儿童基本上或完全掌握了模式概念。(2)儿童模式认知发展随年龄变化呈上升趋势，但不平衡，有两个快速发展期：3.5－4.5 岁和 5.5－6.5 岁。(3)儿童对各类模式的认知由易到难依次是：循环──→重复──→滋长──→变异。[②]

另一项研究还发现：(1)3－4.5 岁儿童的模式认知能力无显著的性别差异，4.5－5 岁儿童的模式认知能力有显著的性别差异，女孩的模式扩展能力显著高于男孩；(2)儿童最初的模式复制能力显著高于模式扩展能力，随着年龄的增长它们之间的差距有减小的趋势；(3)不同年龄的儿童在模式复制与模式扩展任务中所犯错误类型不同，其主导错误类型依次为：完全没有模式概念，能提取模式的数量特征但不能概括模式结构，不能从具体实物中抽象概括出模式结构，能概括模式结构但不能根据模式结构进行推理，能概括模式结构但不认识模式结构的坚定性。[③]

---

① 周淑惠. 幼儿数学新论——教材教法[M]. 台北：心理出版社，1999. 转引自杨铮铮. 4－5 岁儿童模式与排序能力发展的研究——城市与农村儿童的比较[D]. 上海：华东师范大学，2007：9.

② 林泳海，周葱葱. 3.5－6.5 岁儿童式样认知发展的实验研究[J]. 心理学探新，2003，23(85)：33－41.

③ 史亚娟，庞丽娟，陶沙等. 3－5 岁儿童模式认知能力发展的研究[J]. 心理发展与教育，2003(4)：46－52.

三、幼儿模式认知教育活动的组织

(一)目标

3—4岁	4—5岁	5—6岁
1. 初步感知具有重复性旋律或词语的音乐、儿歌和故事的重复性特点。 2. 能发现和正确模仿物体简单的排列规律,如ABAB等。	能发现并说出事物排列的简单规律,如ABAB、AB-CABC等。	1. 感知和发现生活中许多事物都是按一定规律排列的,如一周七天、一年四季等。 2. 能发现事物简单的排列规律,并尝试创造新的排列规律。

(二)教学建议

1. 调动幼儿的多种感官感知、欣赏模式。

模式按其所属刺激类型的不同,可区分出视觉模式、听觉模式、运动模式等,调动幼儿的视觉、听觉、运动觉等多种感官感知、欣赏不同类型的模式,可以帮助幼儿了解模式的多样性,积累丰富的模式经验,感受数学的有趣。下面两个案例便广泛涉及了运动模式、视觉模式和听觉模式,为幼儿充分感知、欣赏不同刺激类型的模式创造了机会。

案例　一起来运动(中班)

活动目标

1. 理解游戏玩法,能按要求做动作。

2. 感受运动、舞蹈动作以及散步队形中蕴含的模式。

3. 体验模式在不同生活环节中的运用,感受数学的有趣。

活动过程

1. 晨间锻炼环节。

(1)引发幼儿锻炼的兴趣。

师:小动物想和我们一起锻炼身体,你们欢迎它们吗?

(2)引导幼儿进行模仿动作热身,学三下小猫走路,学三下小鸟飞,再学三下小猫走路,学三下小鸟飞,交替进行。

师:小猫和小鸟一起来了,我们模仿它们的样子走路。学三下小猫走,再学三下小鸟飞,小猫走和小鸟飞要交替进行哦!

(3)再次引导幼儿模仿小鸭、大象、小鸡、小兔等动物的动作,两个动物一组,模仿每个动物走3—5下,然后交换另一种动物,感受热身活动中蕴含的模式。

2. 过渡环节。

师：我的小手想跳舞，你们的小手想跳舞吗？一起来吧！

(1)教师带领幼儿做动作。如：拍两下手，拍两下腿，拍两下手，拍两下腿；再如：向左边绕两次手腕花，再向右边绕两次手腕花，向左边绕两次手腕花，再向右边绕两次手腕花。

(2)鼓励幼儿说一说小手是怎么跳舞的，感受其中蕴含的模式。

(3)鼓励个别幼儿带领大家做动作，引导幼儿在动作中也要体现出模式。

3. 散步环节。

师：今天我们去散步时，排队的要求和以前有点不一样，要听仔细哦！

(1)请幼儿按一个男孩一个女孩的顺序要求排队，相互说一说，检查排得对不对。

(2)引导幼儿按两个男孩两个女孩的顺序要求排队，并说一说检查排队的结果。

（案例提供：江苏省南京市中华路幼儿园　钱震）

案例　神奇的模式(大班)

活动目标

1. 动手动脑，通过观察与感知能发现模式规律。

2. 发现生活中的模式，学会创造新的模式。

3. 通过游戏体验数学活动的趣味性。

活动准备

穿好的珠子(颜色一一间隔)、打击乐录音(两种乐器间隔演奏发出的声音)、体育活动录像(单脚、双脚轮流跳)。

活动过程

1. 开始部分。

教师分别引导幼儿观察穿珠、听录音、看录像。

2. 中间部分。

(1)教师提问，引导幼儿找出穿珠的规律，请幼儿尝试按规律进行穿珠。

(2)听打击乐的录音，请幼儿听一听、找一找录音中乐器声音的规律，请幼儿也用打击乐器创造出自己的打击乐模式。

(3)看录像，学一学录像中幼儿的动作，说一说他是怎样做动作的，自己创编一组两个动作交替进行的运动。

(4)请幼儿说一说穿珠、录音和录像活动中，这三件事情有什么相同之处？引导幼儿找出它们一一间隔的共同模式规律。

(5)请幼儿想一想，还有什么事情是按照这个模式来进行的？

3. 结束部分。

寻找生活中的模式，如小朋友衣服的图案、白天和夜晚的交替等，鼓励幼儿大胆地去发现。

活动延伸

开展亲子活动“模式展览会”，让幼儿和家长带着他们认为可以形成模式的物品到幼儿园来展示。看一看谁发现的或创造的模式多！

（案例提供：天津市河西区第18幼儿园　李耀竹）

2. 密切结合幼儿的生活开展模式认知活动。

在日常生活中具有规律排列特点的事物有很多，利用其中幼儿所熟悉的事物，开展模式认知的相关活动：模式识别、模式填补、模式复制、模式扩展、模式创造等，引导幼儿发现生活中的规律排列，如一周七天按照从周一到周日的顺序排列。鼓励幼儿尝试自己设计有规律的花边图案，制作有规律的手工作品，创编有一定规律的动作，或者按某种规律进行积木搭建等，不仅有助于加深幼儿对模式结构的理解，还能帮助幼儿发现“生活中处处有模式”，感受模式在生活中的具体应用，体会模式的重要和有趣。在案例“穿糖葫芦”中，教师便利用幼儿熟悉、喜爱的糖葫芦、手链等物品，设计了应用模式知识的手工制作活动。

案例　穿糖葫芦(中班)

设计意图

糖葫芦是幼儿爱吃的食物之一，手链也是幼儿喜欢的装饰品之一。糖葫芦和手链都可以渗透规律排列的内容，用它们来学习模式排列，能很好地激发幼儿的兴趣。同时，运用幼儿日常游戏中常见的木珠和雪花片来制作冰糖葫芦和手链，也能让幼儿在轻松愉快的氛围中自主学习模式排列。

活动目标

1. 观察、发现物体排列的AABB规律，能用语言讲述物体排列的规律。

2. 能按AABB规律排列木珠和花片，制成冰糖葫芦和手链。

3. 喜欢规律排序的活动，乐意尝试不同的小组游戏。

活动准备

1. 教具：“冰糖葫芦”一串（用红色大木珠和黑色大木珠按AABB规律穿在一根长条棒上）；彩色圆形木珠若干、一次性筷子人手一根（一头用油泥固定）、油泥一团。

2. 学具:"糖葫芦"(彩色圆形木珠、一次性筷子人手一根,筷子的一头用油泥固定);"手链"(雪花片、丝带人手一根,丝带约15厘米长,一头打上结)。

活动过程

1. 以"冰糖葫芦"导入,激发幼儿制作的兴趣。

教师手握一串冰糖葫芦,激发幼儿制作"冰糖葫芦"的愿望。

师:小朋友们瞧,这是什么?(幼:冰糖葫芦)娃娃家的宝宝可喜欢吃糖葫芦了,我们一起来做一些送给它们,好吗?

2. 制作冰糖葫芦,学习按AABB规律排列物体。

师:我们先来看看,这串冰糖葫芦是什么样子的?

幼儿观察,并自由讲述冰糖葫芦的样子。

师:这些木珠是怎样穿起来的,我们一起来说说看。

引导幼儿观察并发现规律,带领幼儿读一读规律:2个红珠—2个黑珠—2个红珠—2个黑珠—2个红珠—2个黑珠。

师:如果接着往下穿木珠,应该穿什么样的木珠呢?

鼓励幼儿大胆表达自己的想法。

3. 尝试穿冰糖葫芦,引导幼儿按AABB规律排列木珠。

(1)教师出示木珠和小棒。

师:这里还有许多彩色的木珠,谁想来试一试。

(2)请一名幼儿示范,按AABB规律穿一串冰糖葫芦。

师:他是怎么穿的呢?我们一起来说一说。

师幼共同说一说木珠排列的规律,并检查是否正确。

4. 幼儿操作练习。

(1)介绍操作内容,明确活动规则。

穿糖葫芦:选择两种颜色的木珠按AABB规律穿在一次性筷子上。

穿手链:选择两种颜色的雪花片按AABB规律制作成手链。

(2)幼儿操作,教师巡回指导,帮助幼儿理解操作的要求,引导幼儿按AABB规律排列物体。

(3)交流操作的过程和结果。

师:你们的冰糖葫芦和手链做好了吗?你们是怎么穿的?

引导幼儿看着穿好的糖葫芦和手链,说一说自己的操作过程和结果。

师:看看这根手链是怎么做的,我们一起来说一说。

引导幼儿观察有排列错误的作品,通过读一读,发现规律后再予以调整。

(案例提供:江苏省南京市中华路幼儿园　钱震)

3. 引导幼儿运用一定的模式认知活动的技能来装饰作品、布置环境。

运用模式认知活动的技能，幼儿可以制作出有规律排列的作品。这些作品能让人体验到一种秩序美，人们可以用这些作品布置环境、美化环境。从这个角度看，模式认知活动就是一种感受美和创造美的活动，它站在科学与美术的联结地带，站在数学与美术的交界处。案例"美丽的围巾"将数学与美术充分整合，产生了二者相互促进的理想效果。

案例　美丽的围巾(小班)

设计意图

有规律的排列经常被运用到装饰活动中。装饰的方法是多样的，本活动引导幼儿学习装饰围巾，用图案和花纹有规律地排列装饰。将有规律的排列融合在活动中，使美术与数学活动充分整合，互相支持，也是此类活动设计的一大特点。

活动目标

1. 欣赏围巾的颜色和花纹，尝试用涂色、线条以及按规律粘贴花纹的方法装饰围巾。

2. 能较细心地进行装饰活动，感受不同装饰结果的美。

3. 能较愉快地参与动手操作活动，初步获得成功感。

活动准备

1. 教具：实物围巾若干条，白色围巾底纸2—3张，按ABAB规律装饰的围巾范例图片1张。

2. 学具：白色围巾底纸人手1张，油画棒、花、蝴蝶等花纹图案若干，糨糊、抹布若干。(三个小组摆放的材料有所不同，两组为涂色、画格子装饰法，摆放油画棒即可，另一组为粘贴花纹装饰法，摆放花纹图案、糨糊、抹布等)

活动过程

1. 欣赏围巾。

(1)引导幼儿结合自己的生活经验，用简单的话说一说自己的围巾。

师：天气渐渐凉了哦，你出门的时候带上围巾了吗？你的围巾是什么样子的呢？

(2)出示围巾实物，引导幼儿观察围巾并说一说围巾的花纹、颜色等。

师：商店有许多好看的围巾。你能说说这些围巾是什么样的吗？

(3)教师重点分析几条有特点的围巾。如：纯色围巾，引导幼儿感受围巾颜色的均匀；格子围巾，引导幼儿感受线条围成的格子，有的围巾中格子里的颜色是一样的，有的围巾中格子里的颜色是两种颜色交替排列的；花纹围巾，引导幼儿感受

花纹排列的规律。

2. 怎样装饰围巾。

(1)师:今天我们就来帮围巾工厂装饰围巾,好吗?

教师出示白色的围巾底纸,引发幼儿装饰的兴趣。

(2)师:你想怎样装饰围巾呢?

根据幼儿的提议,师幼共同说一说装饰时要注意什么。如:用一种颜色装饰时,要将颜色涂均匀;用格子装饰时,要把格子画得大小差不多。

(3)师:看,这条围巾是怎么装饰的? 围巾的上面有些什么?(幼:有小花)围巾上面的小花是什么颜色的? 怎样排列的呢?

教师出示用花纹按规律排列装饰的围巾范例,鼓励幼儿说说围巾上小花的排列,引导幼儿观察并说出:一朵红花,一朵蓝花,一朵红花,一朵蓝花。

(4)师:你想用什么方法装饰围巾,可以到不同的小组去装饰。

引导幼儿了解每组的装饰方法,请想好的幼儿选择小组进行装饰活动。

3. 装饰围巾。

幼儿操作,教师观察指导。提醒幼儿细心涂色,引导按规律粘贴花纹的幼儿想好后先说一说用哪两种花纹装饰,怎样排列。然后再将花纹摆放在围巾上,检查后再粘贴,提醒幼儿粘贴时少蘸糨糊,贴好后要及时将手上的糨糊擦干净。

4. 用围巾作品布置环境。

展示幼儿装饰的围巾作品,引导幼儿相互欣赏。师幼共同说一说每种围巾是用什么方法装饰的,并鼓励幼儿给自己最喜欢的围巾拍拍手。

(案例提供:江苏省南京市中华路幼儿园　钱震)

第七章 部分与整体

第一节 有关部分与整体的基础知识

一、部分与整体关系的含义

简单地讲，部分与整体的关系是指：整体可以分成部分，部分可以构成整体。这也是人们对部分与整体关系的广义理解。

20 世纪 80 年代初，中国科学院心理研究所刘静和等研究者在关于儿童数和数的包含、数的组成和分解、用非除法运算解答包含除法问题等一系列实验的基础上，提出了儿童对部分与整体关系认识的 12 项指标，对我们深入理解部分与整体的关系具有重要启示。他们随后利用这 12 项指标对 520 名 4－11 岁的儿童在正整数、几何图形、分数这三个方面部分与整体的关系进行了考察，进而提出了达到这 12 项指标的具体标准。结果发现，12 项指标的难易程度是不同的。

1. 整体可以分为若干相等或不相等部分。

$A=a+a+a+\cdots\cdots$

$A=a+b+c+\cdots\cdots$

2. 各部分之和等于整体。

$a+a+a+\cdots\cdots=A$

$a+b+c+\cdots\cdots=A$

3. 整体大于任何一个部分。

$$A>\begin{matrix}a\\b\\c\end{matrix}\qquad A>\begin{matrix}a\\a\\a\end{matrix}$$

4. 任何一个部分都小于整体。

$$\begin{matrix}a\\b\\c\end{matrix}<A\qquad \begin{matrix}a\\a\\a\end{matrix}<A$$

5. 整体包含部分。

$A \supset a$

$A \supset b$

$A \supset c$

6. 部分包含于整体，任何部分都来自整体。

$a \subset A$

$b \subset A$

$c \subset A$

7. 部分位置的变化不影响整体。

$A=a+b+c$

$A=c+a+b$

$A=c+b+a$

8. 当整体分为两个部分 $A=a+b$ 时，部分之间存在着消长、增减关系。

$A=(a-N)+(b+N)$

9. 当整体分为两个部分 $A=a+b$ 时，一部分是另一部分的“补”，并存在可逆关系。

$a=A-b$

$b=A-a$

10. 整体是一个大的堆或集合，所划分出来的每一个部分或小的堆分别可以看作一个集合。

$A=\{a,b,c,d,e,f,g,h\}$

$A=\{a,c\}\{b,d\}\{e,f\}\{g,h\}$

11. 整体可分为部分，部分又可作为一个整体再分为部分。

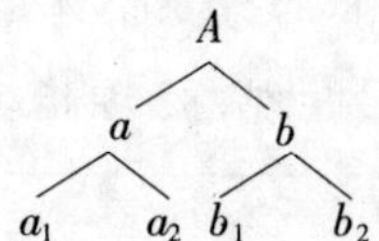

12. 当整体分为相等部分时，部分的数与每部分中的单元数是相反方向消长的关系。

$A=N\times a=M\times b$

若 $N>M$，必然 $a<b$。

若 $N<M$，必然 $a>b$。

图 7－1　部分与整体关系的 12 项指标[①]

部分与整体的关系反映了客观世界的普遍联系，认识这一关系是儿童认知发展的一个方面，它在数学领域主要体现为一种逻辑关系。儿童对这一关系的认识标志着思维发展的水平，也是掌握分数等数概念、加减等运算的基础。

① 刘静和，王宪钿，张梅玲，等. 儿童在数及数字上对部分与整体关系认识的发展[J]. 心理学报，1982(3)：263－271.

二、部分与整体关系的基本类型

从广义的理解出发，部分与整体关系主要包含以下三种基本类型：

(一)物体的部分与整体

即认识到物体是由特定的部分组成的。比如：人的身体有头、颈、胳膊、手、腿、脚等部分，幼儿园的每个班里都有活动室、午睡室、盥洗室、厕所等地方，这些不同的部分各有名称，合起来组成物体的整体。为了增进幼儿对物体部分与整体关系的理解，教师可从下列方面入手开展相关的教育活动。

1. 认识物体的各个部分

认识物体的部分与整体的关系可以自然地整合到其他领域的教育活动中。比如：结合语言教育活动“金色的房子”，认识房子是由墙、窗、屋顶、门等部分构成的，房子里面有客厅、厨房、卫生间、卧室等部分；结合绘画活动“画人脸”，认识人脸上有眼睛、眉毛、鼻子、嘴等部分；结合手工制作活动“小汽车”，认识小汽车由车轮、车门、车窗、车座、方向盘等部件构成；结合科学活动“认识植物”，知道一株植物一般由根、茎、叶等部分构成。

认识物体的各个部分要求我们不仅要区分出物体的部分，还要用语言准确地加以描述。为帮助幼儿了解、熟悉物体的各个部分，教师可以直接向幼儿讲解物体各个部分的名称。比如在某年春节晚会的小品“卖鞋”中，鞠萍阿姨扮演卖鞋的人，向冯巩扮演的买鞋人讲解鞋的各个部分：“那我们今天就说说这鞋吧，你认识鞋吗？看，这是鞋底，这是鞋帮，这是鞋眼，这外面的——是鞋带。”这段话在很大程度上反映了幼儿园教师在帮助幼儿认识物体时的语言特点。

除了直接讲解外，教师也可以结合歌曲帮助幼儿认识物体的各个部分。比如歌曲《玩娃娃》：“这是娃娃小手，拍拍拍拍拍；这是娃娃小脚，踏踏踏踏踏。”歌曲《头发、肩膀、膝盖、脚》：“头发、肩膀、膝盖、脚，膝盖、脚，膝盖、脚，头发、肩膀、膝盖、脚，眼睛、耳朵、鼻子、嘴。”教师可以边唱歌曲，边做动作，指出整体中相应的部分。

给幼儿提供能够从整体中拆分出各个部分的操作材料，供幼儿自主操作，有助于增进幼儿对物体整体与部分关系的认识，比如经典教具“鱼拼图”“树拼图”等。

2. 发现物体缺失的部分

向幼儿提供缺失某些部分的物体或物体的图片，如没有门的房子、没有轮子的自行车等，请幼儿仔细观察，说一说这个物体少了什么，或者从一些图片中找出缺少的部分。

3. 由部分推知物体的整体

向幼儿出示物体的一个或一些组成部分，不让其看到另外的部分，请幼儿猜一猜这是什么物体？

(二)划分物群或数群

物群是由一定数量的物体构成的,划分物群也就是将一组物体的整体群划分为若干个物体的部分群(子群)。比如:将一堆雪花片分成两小堆;将玉米粒装进不同的杯子里;让6个小动物住进两个房子;把一堆玩具小饼干分给3个小娃娃等。划分物群是直观感知层面的操作与思维活动,划分数群则需要将直观感知层面的操作与思维活动逐步提升到抽象逻辑层面。比如能够全面准确地回答"7可以分成几和几","几和几合起来组成7"这样的问题。因此,划分数群要以划分物群为基础,相关内容见本章第二节"数的组成与分解"。划分物群或数群既涉及等分,也涉及不等分。

(三)分割整体或组合整体

分割整体是指对一个物体的整体进行人为的划分或切割。比如:把一个苹果切成两半;把一张长方形的彩纸折成四份;把一张比萨饼切成若干小份。组合整体是指将若干个由整体分割而产生的部分重新组合起来,比如将若干块小拼图拼成完整的大图案等。本章第三节"平面图形的分割与组合"就属于这种类型的部分与整体的关系。对整体进行分割时,既可以进行等分,也可以进行不等分。等分是学习除法和分数的基础,也是通常情况下保证分配公平的一种措施。

需要特别指出的是,第三种类型"分割整体或组合整体"与第一种类型"物体的部分与整体"是不同的。在第一种类型中,物体的各个部分是特定的,是不能人为地任意加以分割的,每个部分都有其约定俗成的名称,如树有树根、树干、树枝、树叶等部分。而在第三种类型中,对整体进行的分割往往是人为的,分割出来的每个部分常常没有独特的名称,如将一张大的图案剪切成6块不规则的小拼图。

第二节　数的组成与分解

一、数的组成与分解的含义

数的组成与分解是数的部分与整体问题,它与儿童对部分与整体关系的认识发展具有密切的关系。[①] 数的组成与分解就像一枚硬币的两面一样密不可分,但又不能混同。其中,数的组成是指除1以外的任何一个自然数都是由两个或两个以上的部分数组成的;数的分解是指除1以外的任何一个自然数都可以分成两个

---

① 林嘉绥.儿童对部分与整体关系认识发展的实验研究——4—7岁儿童数的组成和分解[J].心理学报,1981(2):159.

或两个以上的部分数。对幼儿来讲，他们主要是学习10以内的自然数分成两个部分数的问题。

掌握数的组成与分解是幼儿数群概念发展和理解数群之间关系的重要标志，它比理解数的实际含义、数的守恒等都要困难。数的组成与分解反映了总数和部分数、整体和部分之间的关系，实质上是三个数群之间的等量、互换和互补关系。(见图7—2)

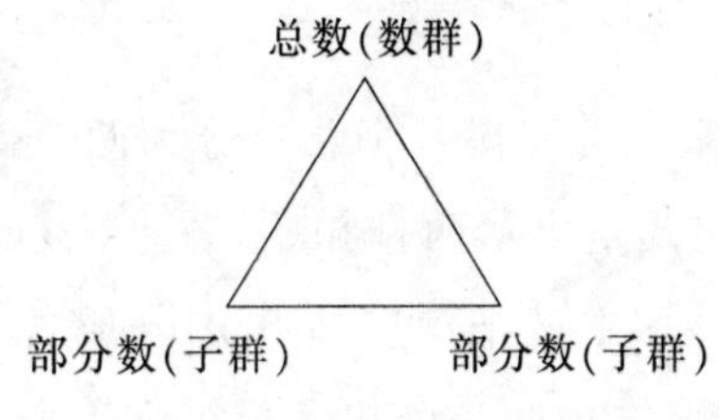

图7—2　总数与部分数的关系

等量关系是指一个数群(总数)与其分解出来的两个子群(部分数)之和是相等的关系，即 $B=A+A'$。对于幼儿来说，他们理解等量关系也就是知道一个数可以分成两个部分数，这两个部分数合起来就是原来的那个数。互换关系是指两个部分数互换位置，总数是不变的，即 $B=A+A'=A'+A$。互补关系是指在一个数分成的两个部分数中，一个部分数从上到下一个数比一个数大1，另一个部分数从上到下一个数比一个数小1，即 $B=(A+n)+(A'-n)$。(见图7—3)

10	
1	9
2	8
3	7
4	6
5	5
6	4
7	3
8	2
9	1

图7—3　10的组成与分解

3＋4＝7

4＋3＝7

7－3＝4

7－4＝3

图7—4　数群"7"、子群"4"和"3"演变的算式

数的组成与分解是一种概念水平上的数运算，也是在抽象水平进行加减运算的基础。数的组成与分解涉及三个数群之间的关系，这三个数群可以演化出若干个加减法算式，如数群"7"和两个子群"4"和"3"，就可以演变出四个算式。对此许多一线教师称之为"一题四式"。(见图7—4)

幼儿在抽象水平上掌握数的组成与分解的概念，也就成为其直接掌握加减运算中数群关系的基础。

二、幼儿数的组成与分解概念的发展特点

为了揭示幼儿对数的组成与分解概念的发展特点，中国科学院心理研究所的林嘉

绥早在20世纪80年代就以北京市幼儿园及小学中4—7岁共140名儿童为被试进行了实验。[①] 被试每半岁为一个年龄组，共7组，每组20人，各组儿童年龄前后相差不超过2个月，男女兼有。考虑到研究对象的年龄限制，实验内容仅限于10以内的总数分为两个部分数问题。实验分为两个部分：第一部分是数的部分与整体关系的分项实验，涉及等量关系、互补关系和互换关系；第二部分是数的组成和分解。具体操作方法如下：

1. 等量关系：了解儿童是否懂得一个总数分为两个部分数其总数不变。

材料及方法：主试者向儿童出示两排扣子，各8个，问儿童："这里两排扣子哪排扣子多?"得到正确回答后，主试把第二排扣子分成各为4个扣子的两个部分，一边分一边说："现在我把第二排的8个扣子分给你4个，分给我4个，那么咱们两人的扣子合起来和上面一排没分的扣子比，哪一排多？为什么?"

2. 互补关系：了解儿童是否懂得两个部分数之间存在着互补的关系。

材料及方法：主试出示两排各为10条的小塑料鱼，问儿童："这两排鱼哪排多?"得到正确回答后，主试出示两个小"缸"，边做边说："我把这10条鱼(第二排的)分着放在这两个'鱼缸'里，一边5条，现在这两个'鱼缸'里的鱼合起来和没分的那排鱼比，哪个多?"当儿童作出正确回答后，主试边做边说："我从这个'鱼缸'(左边的)里捞出3条鱼放到这个(右边的)'鱼缸'里，现在这两个'鱼缸'里的鱼合起来和没分的那排鱼比，哪个多?"当儿童作出正确回答后再问："我从这个'鱼缸'里捞出去了3条鱼，为什么还是一样多呢?"

3. 互换关系：了解儿童是否懂得两个部分数之间的互换关系。

材料及方法：主试以故事口吻叙述："两个小朋友帮助阿姨搬白菜，小明第一次搬了6棵(出示画有6棵白菜的卡片)，第二次又搬了3棵(出示画有3棵白菜的卡片，与6棵白菜的卡片并列)；小红第一次搬3棵(出示画有3棵白菜的卡片放在第二排)，第二次又搬了6棵(出示画有6棵白菜的卡片与前一张并放在第二排)，那么小明和小红谁搬的白菜多？为什么?"得到正确回答后再问："小明第一次搬6棵，小红第一次才搬3棵，为什么他们搬的是一样多呢?"

4. 数的组成：了解儿童能否全面列举几和几合起来是某个已知总数的不同组成方式。

材料及方法：主试先要求儿童口头回答："几和几合起来是8?"并要求说出所知道的不同的组成方式。然后主试拿出一张画有8个扣子的图片，问："这是几个扣子?"得到正确回答后，再拿出一盒扣子和一张上面画有两个大圈的长方形卡

---

① 林嘉绥.儿童对部分与整体关系认识发展的实验研究——4—7岁儿童数的组成和分解[J].心理学报,1981(2):159—167.

片，边说边指给儿童看："请你从盒子里拿扣子，在这个圈里(左边)放几个，在这个圈里(右边)放几个，合起来一共是8个扣子。"当儿童完成任务后，再出示一张画有两个大圈的长方形卡片，要求儿童再拿一次，总数仍是8个扣子，但要和已有的组成方式不一样，即如果第一次是4和4，第二次应是3和5等等，一直做到儿童说没有新的办法为止。如果儿童不会口头组成却会用实物组成，那么主试在儿童做完实物组成后再要求其口头回答一下"几和几合起来是8"的问题。

5. 数的分解：了解儿童能否全面列举某个已知总数可以分成几和几的不同分解方式。

材料及方法：主试先要求儿童口头回答："8可以分成几和几?"并要求说出所知道的不同的分解方式。然后主试拿出8个扣子在桌上摆成一排，问："这是几个扣子?"得到正确回答后，拿出一张画有两个大圈的长方形卡片说："现在请你把8个扣子分到这两个圈里，8个扣子可以分成几个和几个?"当儿童完成任务后，再拿出8个扣子和一张与上述同样的长方形卡片说："8个扣子还可以分成几个和几个？请你再分一次，分的要和刚才分过的不一样。"一直做到儿童说没有新的办法为止，如果儿童完全不会口头分解却会用实物分解，那么在儿童做完实物分解后，再让儿童口头回答一下"8可以分成几和几"的问题。

第一部分的实验结果显示，4－7岁儿童掌握三种关系的水平趋向一致，具体可以区分出三种不同水平：第一水平是不知道一个总数可以分为两个部分数，两个部分数相加总数不变，不知道两个部分数互换、互补后总数不变，大多数儿童会拿总数和一个部分数比；第二水平是通过直觉或尝试错误后作出正确判断，不能回答或不能正确回答理由，而且动摇不定；第三水平是儿童完全掌握总数和部分数以及部分数之间的互补和互换关系，不需任何启发和尝试错误，并能正确阐明理由。实验结果还显示：儿童在4岁半以前不能理解数的部分与整体的关系；5岁已能初步理解；5岁半已能基本理解；6岁已能大部分理解；6岁半以后达到完全理解的水平。

第二部分的实验结果显示，4－7岁儿童掌握8的组成、分解也表现为三个不同发展水平：第一水平，对数的组成、分解完全不理解，完全不能进行8的口头组成和分解，绝大多数儿童把总数等同于部分数，在两个圈内各放上与总数相等数量的扣子，有的幼儿对分解虽然在行动上能将8个扣子分成4个和4个，但口头上却随意说成"6个和8个"；第二水平，对组成、分解有所理解，但不完全，不稳定，直觉作用明显；第三水平，完全掌握数的组成、分解，他们能够完全地说出或用实物摆出8的各种组成或分解的形式，不需要任何提示，有的相当熟练而有顺序，有的儿童虽然不那么熟练而有顺序，但也能一边看(或者一边说)一边思索，正确地做出8的各种形式的组成和分解。一般的发展趋势是：完全掌握8的组成和分解的

4—7岁儿童(第三水平)口头表达和实物摆放基本一致,不完全会组成、分解的儿童实物摆放优于口头表达的现象比较普遍;4—7岁儿童对数的组成、分解的掌握基本上是同步发展的。具体发展水平是:4岁半以前完全不能理解;5岁开始有可能理解;5岁半能初步理解;6岁接近基本掌握;6岁半组和7岁组大部分儿童已能掌握8的组成、分解。

在对上述研究结果进行分析时,研究者进一步提出:4—7岁儿童掌握数的部分与整体关系是一个比较困难的过程,它比掌握基数、序数和数群概念要晚半年到一年的时间。一方面,儿童在正确理解了部分数与总数的关系之后才能进而认识部分数之间的互补和互换关系。另一方面,从数的部分与整体关系看,数的组成、分解是儿童对总数与部分数以及部分数之间关系的综合反应,它比对"分项"中的等量、互补、互换三种关系分别进行测验要复杂得多。因此,儿童只有能够了解和掌握了10以内的任何一个自然数(除1以外)均可分解成若干不同组合形式的部分数,并穷尽其所有组合形式,而不是只完成一种形式的组成或分解时,儿童数的组成与分解概念才算达到完全掌握的水平。以此为标准,上述实验结果表明,要到6岁半才有大部分儿童能达到这一水平。①

上述实证研究对于我们准确把握幼儿对数的组成与分解概念的掌握程度具有重要启示。在当前的教学实践中,我们会看到幼儿记诵某个数的全部组成与分解形式的情况,幼儿像背诵儿歌一样,把某个数的所有分解形式记在脑子里并能顺口说出来,比如"10可以分成1和9,10可以分成2和8……"这时,我们需要先打个问号,幼儿是否真正理解了10的组成与分解的含义,可能幼儿是在理解之后列举出来的,也可能幼儿根本不理解,是死记硬背的。如何加以分辨呢?上述研究中所使用的测试方法也给我们提供了参考,即口头组成与分解和实物组成与分解相结合有助于准确考察出幼儿的真实水平。

三、幼儿数的组成与分解教育活动的组织

(一)目标

3—4岁	4—5岁	5—6岁
借助实际情境和操作(如合并或分开)初步了解3以内总数与部分数的关系,如1和2合在一起是3,3可以分成1和2。	借助实际情境和操作初步了解5以内总数与部分数的关系,如2和3合在一起是5,5可以分成2和3。	借助实际情境和操作初步理解10以内各数的分解与组成情况。

---

① 林嘉绥.儿童对部分与整体关系认识发展的实验研究——4—7岁儿童数的组成和分解[J].心理学报,1981(2):159—167.

(二)教学建议

1. 借助实际情景和动手操作,引导幼儿理解“分”与“合”的含义。

对一组物品进行划分,或者将两组物品合在一起,可以为幼儿理解“分”与“合”的含义积累初步的感性经验。比如在户外活动时,教师拿出两个皮球,分给两位小朋友,同时用语言加以描述:“我把两个皮球分给了两位小朋友,××一个,××一个。”当活动快结束、幼儿把皮球交回来时,教师还可以这样描述:“××还给我一个皮球,××还给我一个皮球,它们合在一起又变成两个啦。”案例“指一指,说一说”是在一日生活的不同环节,结合幼儿经历的实际情境,采用提问的方法引导幼儿体会“分”与“合”。而在案例“摇摇乐”中,教师则精心设计了“摇摇乐”游戏,让幼儿在动手操作、描述结果中理解“分”与“合”。

案例 指一指,说一说(小班)

活动目标

1. 能在与教师的问答中初步感受一个和一个合起来是两个。

2. 能听懂并愿意回答教师的提问。

活动过程

1. 入园环节。

(当班上来了一位小朋友后)师:现在班上有几位小朋友?

(当班上再来一位小朋友后)师:刚才班里有一位小朋友,现在来了几位小朋友?合起来是几位小朋友?

(如果班上有一位男孩一位女孩)师:现在班上有几位小朋友?几位男孩?几位女孩?

2. 早点环节。

师:你拿了几块饼干?吃了几块?还要吃几块?

教师提醒幼儿每人吃两块饼干。

如果看到幼儿两只手上分别拿一块饼干,教师可以问:“你拿了几块饼干?”然后分别指着幼儿的每只小手问:“这只手上拿了几块饼干?那只手上呢?”

3. 午睡环节。

教师鼓励幼儿将自己的鞋子脱下来放整齐。

师:小朋友穿了几只鞋子?一只在哪儿?另一只在哪儿?(鼓励幼儿边指鞋子边回答。)

教师鼓励幼儿学习将脱下来的衣服整理好。

师:说一说上衣有几只袖子?指一指裤子有几个裤管?

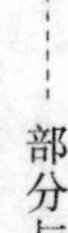

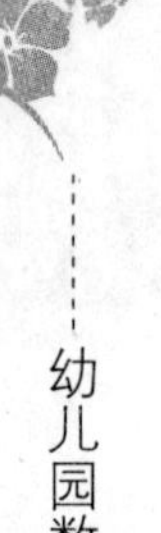

鼓励幼儿边指边说:"一只袖子,一只袖子,合起来是两只袖子……"

(案例提供:江苏省南京市中华路幼儿园　唐晓艳)

案例　摇摇乐(中班)

活动目标

1. 能把双色雪花片按颜色分成两份,能说出每一份的数量。

2. 初步体验总数与两个部分数之间的分合关系。

3. 理解游戏玩法和规则,喜欢玩摇摇乐的游戏。

活动准备

雪花片、胶带、小碟子若干(每人两个)。

活动过程

1. 制作双色雪花片。

(1)教师取出雪花片,引导幼儿思考。

师:每个雪花片只有一种颜色,能不能想个办法,让雪花片的两面变成两种不同的颜色呢?

(2)幼儿将两个不同颜色的雪花片用胶带粘贴到一起,制作成双色雪花片。如:将红、黄两种颜色的雪花片粘贴在一起。

2. 抛雪花片。

师:如果将这个双色雪花片向上一抛,落下来的时候会是什么颜色朝上?

教师取一个双色雪花片,鼓励幼儿猜测,知道落下来的时候两种颜色都有可能朝上。

教师和幼儿一起玩抛雪花片的游戏,抛之前先猜可能是什么颜色朝上,抛完之后看一看是不是该颜色朝上,引发幼儿对游戏的兴趣。

3."摇摇乐"游戏。

(1)教师取2个双色雪花片,鼓励幼儿继续猜测,了解也许是某种颜色朝上,也许是另一种颜色朝上。

师:如果同时抛两个双色雪花片,落下来的时候会是什么颜色朝上?

(2)教师取两个碟子,将两个双色雪花片放在其中一个碟子里,另一个碟子倒扣在上面,然后摇一摇,再轻轻地将上面的碟子拿开,引导幼儿观察碟子里的雪花片是什么颜色。鼓励幼儿说一说"两个雪花片,一个是红色,一个是黄色"。

(3)请幼儿自己取雪花片摇一摇,打开看一看,说一说。

(4)逐渐增加雪花片的数量到5个,幼儿每摇一次打开后都要说一说:"×个雪花片,×个红色,×个黄色。"

(案例提供:江苏省南京市中华路幼儿园　贾宗萍)

2. 启发幼儿通过操作材料、记录和分析结果，探索数的分解与组成的规律。

幼儿掌握数的分解与组成需要经历从具体到抽象的认识发展过程。为此，教师可从实物或其他直观材料入手，由较小的数开始。比如提供4个塑料小瓶盖，让幼儿亲自动手操作，将它们分成两份，分一分、摆一摆，每分好一次就记录一下分的结果，最后看看有几种不同的分法。接下来，教师再引导幼儿按一定的顺序列出4的所有分法，并思考怎样才能把4的所有分法都试一遍。启发幼儿仔细观察左边的一列数（逐一递增）、右边的一列数（逐一递减）、同一行的两个数、第一行的两个数和第三行的两个数，让幼儿在充分讨论、报告发现的基础上，逐渐认识到"4可以分成1和3，1和3合起来组成4"（等量关系）；"分出来的两个数一个数减少1，另一个数就增加1，总数不变"（互补关系）；"第一行和第三行都有1和3，只是换了一下位置，1和3、3和1，合起来都是4"（互换关系）。最后，幼儿再次整理4的所有分解并组成算式。

案例"打保龄球"利用有趣的体育游戏让幼儿把投中与未投中的结果分别记录下来，非常巧妙地为幼儿探索和发现10的分解与组成的规律提供了机会。

案例　打保龄球（大班）

活动目标

1. 理解10的分合规律，知道10可以分成"1和9""2和8""3和7""4和6""5和5""6和4""7和3""8和2""9和1"，它们合起来都是10。

2. 学习记录的方法，能将实验的过程记录下来。

活动准备

保龄球、饮料瓶、"1—10"的数字卡片、铅笔、记录表、歌曲《找朋友》。

活动过程

1. 介绍游戏材料和游戏规则，激发幼儿参与活动的兴趣。

教师可以边介绍边演示玩法与规则：首先将10个饮料瓶按规定摆放好，第一至第四排分别摆放一个、两个、三个、四个饮料瓶。然后在三米距离处，用球击之。击球后认真地点数倒地的饮料瓶和未倒地的饮料瓶，并用纸笔以表格的形式进行详细记录。

2. 引导幼儿两人一组玩打保龄球的游戏。

两个幼儿一人打保龄球，一人记录。教师提醒幼儿打完球后要及时将成绩记录在表格中。

（1）幼儿之间交流10个保龄球可以分成几个和几个，两个数合起来是几。

(2)幼儿在具备10的分合经验后,教师可以引导幼儿发现和归纳先前的分合经验。以10的分合为例,结合演示教具,教师可以帮助幼儿发现两个部分数之间的互换和互补的规律,即10可以分成“1和9”“2和8”“3和7”“4和6”“5和5”“6和4”“7和3”“8和2”“9和1”九组形式,提升幼儿的经验。教师在帮助幼儿梳理分合形式时,书写的数字组合要呈现出正排序与逆排序。

3. 玩游戏“找朋友”,进一步巩固对10的分合的认识。

每位幼儿一个数字卡片,随音乐玩游戏。比如拿3的小朋友就要找到拿7的小朋友,两个人手拉手做朋友,同时说出“3和7组成10”。

(案例提供:天津市卫生局幼儿园　周丽)

在数的分解与组成教学中,我们需要注意以下几点:一是幼儿操作发现在先,教师总结提升在后,这样做有利于帮助幼儿真正掌握数的分解与组成;二是尊重幼儿在掌握程度上可能存在的个别差异,为有需要的幼儿提供更多的操作机会,通过演示、讲解、引导发现等方法帮助其掌握数的分解与组成,千万不能操之过急,逼迫幼儿死记硬背某个数的所有分解组成式子;三是当幼儿初步发现了某个数的分解与组成的规律后,教师可以引导幼儿运用所掌握的规律来解决10以内更大的数的分解与组成问题,为幼儿提供迁移运用规律进行数的分解与组成的机会。

3. 利用多种有趣的活动帮助幼儿练习和巩固。

让幼儿熟悉数的分解与组成,需要进行适当的练习,教师可以利用多种有趣的活动为幼儿创造练习和巩固的机会,以便使幼儿熟练掌握10以内除1之外每一个数的所有分解组成式子,只有这样才能使数的分解组成成为幼儿学习加减运算的工具和基础。

常见的活动有操作练习、游戏练习、口头练习等,下面我们来看几个例子。操作练习:教师报一个数,幼儿将相应数量的材料分放在两个圆圈里,同时在纸上写出该数的一种分解组成式子,要求速度要快,操作要有顺序,写出的式子看起来是有序排列的;游戏练习:幼儿每人一套1—10的数字卡片,两两一组,游戏规则是一名幼儿先亮出一张数字卡片,另一名幼儿必须马上亮出一张数字卡片,与前面出现的数字合起来正好是教师事先指定的一个数,比如10;口头练习:教师和幼儿对唱“凑十”的歌曲。

4. 在其他领域教学活动中自然渗透数的分解与组合。

案例“朝三暮四”在语言活动中自然渗透了7的分解与组合,取得了很好的教育效果。要挑选出这样的带有整合优势的内容,需要熟悉多个领域的关键经验,同时也要处处留心,对生活中具有潜在教育意义的内容具有足够的敏感性。

案例　朝三暮四(大班)

设计意图

《朝三暮四》是一个典型的蕴含数学知识的成语故事。故事本身,无论从生活经验的角度来阅读和理解,还是运用数学逻辑关系去分析,都充满了趣味。这样的一个故事在学习过程中,完全可以自然而然地将其中包含的数的组成中数的互换关系凸显出来。而且,也只有运用数的组成中的互换关系对故事进行分析,才能让幼儿更清楚地感受猴子选择的可笑所在,理解故事内容,体验到数学在故事中、生活中的运用。

活动目标

1. 学习成语故事《朝三暮四》,理解故事内容,尝试学讲故事。

2. 尝试运用数的互换关系分析猴子两次吃香蕉的数量关系,感受数学在故事中的运用。

3. 在活动中能较主动地动脑思考,大胆地参与讨论。

活动准备

香蕉实物7个、记录纸、笔。

活动过程

1. 听故事《朝三暮四》。

教师有表情地讲述故事内容:古时候有个人养了一群猴子。后来,猴子越来越多,食物不够吃,他打算每天给猴子少喂点食物。一天,他在拿香蕉给猴子时说:"以后每天早上给你们三个香蕉,晚上给四个香蕉。"猴子一听,都发怒了,吵闹不休。于是,他又改口说:"那就早上给四个,晚上给三个。"猴子们听到早上由三个变成四个,都高兴地答应了。

师:听明白了吗?这个故事说了一件什么事?

鼓励幼儿讲述故事大意,了解幼儿对故事的理解程度。如果幼儿表现出对故事内容比较模糊,不清楚,教师可再次讲述一遍。

2. 讨论:猴子聪明吗?

(1)师:你觉得猴子聪明吗?为什么呢?

鼓励幼儿相互讨论,发表自己的意见,并说一说理由。

(2)出示7根香蕉,引导幼儿用香蕉演示两种吃法,并用分合式来表示。幼儿讲述,教师记录。

师:早上吃3个,晚上吃4个,猴子一天吃几个?可以怎样表示?后来猴子怎么吃香蕉的呢?可以怎么表示?

(3)师:猴子有没有吃到更多的香蕉呢?你怎么知道的?

引导幼儿根据总数都是7来判断猴子没有多吃香蕉,每天都是吃7根香蕉。

3. 不一样的吃香蕉方法。

(1)师:这两种吃香蕉的方法哪儿一样?哪儿不一样?

引导幼儿观察、比较、讨论,师幼共同小结:这两种吃香蕉的方法都是吃了7根香蕉,它们的总数都是7。但早晚吃的数量不一样,一个是先吃3根再吃4根,还有一个是先吃4根再吃3根,两种吃法的部分数交换了位置。

(2)师:这两种吃香蕉的方法,总数并没有增加,为什么猴子会以为自己多吃到了香蕉呢?

引导幼儿讨论、交流,了解这两种分合的方法比较相似,但是一个是小的部分数在前面,一个是大的部分数在前面,猴子可能只看到在前面的大的部分数,所以上当了。

(3)师:故事真是有意思,把两个部分数换一下位置,就让猴子以为自己多吃了香蕉,实际上总数并没有改变。

4. 学讲故事《朝三暮四》。

师:现在你会讲这个故事了吗?试一试,怎样才能把这个故事讲得生动有趣呢?

引导幼儿与好朋友一起尝试讲这个故事,鼓励幼儿用夸张的动作表现出猴子第一次生气不满意和第二次心满意足的样子。

(案例提供:江苏省南京市中华路幼儿园　钱震)

第三节　平面图形的分割与组合

一、有关平面图形的分割与组合的基础知识

(一)图形、几何图形与平面图形

图形是指用绘画的方式表现出来的简化了细节之后的物体的形状。比如,幼儿描述他(她)想吃的生日蛋糕的样子,“是双层的,是这个样子的”,他(她)在纸上画出一个双层蛋糕的简图,只有外部一些轮廓,缺少实物的细节。我们说,这就是他(她)想要的蛋糕的图形。图形是客观事物在我们头脑中形成的一种主观形象,任何物体,包括没有亲眼看见过的想象出来的物体,都可以产生出图形。

而在几何学里面专门研究的、从众多实物中高度抽象出来的、应用广泛的各种图形,我们称之为几何图形。几何源于西方的测地术,主要解决点、线、面、体之间的关系。点、线、面、体既是基本的几何图形,也是构成几何图形的元素,其中点是构成几何图形的基本元素,点、线、面、体经过运动变化,就能组合成各种各样的几何图形。在几何学中,球、圆柱、圆锥、棱柱、棱锥等几何体简称体,包围着体的是面。面分为平面和曲面两种,面无厚度,面与面相交的地方形成了线;线有直线

和曲线两种，线无粗细，线与线相交的地方是点；点无大小，“点动成线，线动成面，面动成体”。生活中到处都有几何图形，在我们能看见的一切物体上都能找到几何图形。这些几何图形都是由点、线、面、体组成的，点、线、面、体作为构图元素，能帮助我们有效地刻画着这个多姿多彩的世界。

几何图形包括平面图形与立体图形两种：由同一平面内的点、线、面构成的图形为平面图形，如点、直线、线段、射线、三角形、四边形等；各部分不在同一平面内的几何图形被称为立体图形，如长方体、球体、圆锥体等。

(二)平面图形的分割与组合

平面图形的分割就是将一个相对完整的平面图形或几何图案切分成两个或两个以上规则或不规则的图形。它既包括等分，即分割产生的各个部分大小相等(比如将一个长方形二等分、四等分等)，也包括不等分(比如将一个长方形图案随意剪切成5份，自制拼图材料)。反过来，平面图形的组合就是将两个或两个以上规则或不规则的平面图形组合成一个更大的图形或几何图案(比如用“七巧板”拼出小鱼、房子等形象)。在许多拼图任务中，分割与组合常常是需要同时考虑的。

下面我们介绍一下平面图形二等分、四等分的含义，这是幼儿园阶段幼儿接触比较多的分割平面图形的情况。

所谓等分就是把一个整体分成几个相等的部分。等分的份数越多，每一份就越小，即整体大于任一部分，任一部分都小于整体。幼儿园阶段一般只涉及二等分和四等分。把一个几何图形(或实物)分成相等的两份叫二等分(二等分是整个的一半)，分成相等的四份叫四等分(四等分是整个的一半里的一半)，见图7—5。儿童在日常生活中经常遇到等分问题，如将一块蛋糕切成相等的两块；将一张正方形纸折成一样的四个小正方形等。通过等分的教学，不仅可以帮助儿童学会有关等分的知识及技能，了解整体和部分的关系，同时也为其将来学习除法和分数积累一些感性经验。

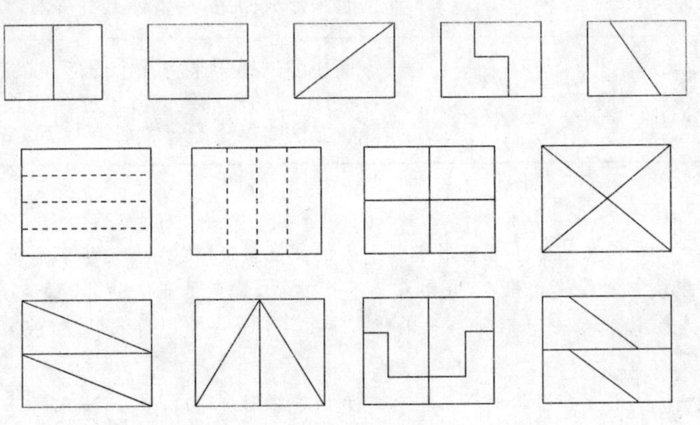

图7—5　平面图形的二等分与四等分

二、幼儿平面图形分割与组合能力的发展特点

一直以来，我国研究者对幼儿几何能力的研究主要集中在几何图形辨认能力方面，即探讨对各种图形的命名、匹配、指认等能力的发展，而对几何图形分割与组合能力关注较少[①]，且相对集中于等分分割与组合，以及利用经典的"七巧板"、几何形状积木[②]进行的平面图形分割与组合。

要完成几何图形分割与组合的拼图任务，幼儿要能够识别不同的图形以及一种图形旋转不同角度后的形态。研究显示，3－6岁儿童的几何图形组合能力与几何图形辨认能力存在着较为复杂的关系，大多数幼儿的两种能力是同步发展的，但在少部分幼儿身上，两者的发展则是不一致甚至是相反的。可见，图形组合能力和图形辨认能力是相互独立的两种能力。[③]

国外研究者克莱门茨等人第一次对儿童的几何图形组合能力进行了系统的研究。他们提出，要有效地完成几何图形的组合任务，儿童必须具有以下能力：(1)能够想象形状的图示，并能将想象的图示与目标图示进行匹配；(2)能够逐渐具有辨别、操作单个以及多个几何形状的能力；(3)能将一个形状与另一个结合起来（从尝试错误到考虑原因）；(4)能够进行形状的替代等。[④]

此外，克莱门茨等人还提出了儿童图形组合能力发展阶段的假设，认为儿童图形组合能力的发展可能会经历7个阶段，见表7－6。[⑤]

表7－6　儿童的几何图形组合能力发展阶段假设

阶段	阶段名称	阶段基本特征
1	前组合阶段 Precomposer	不能够进行图形组合，甚至不能完成简单的拼图任务。
2	零散组合阶段 Piece Assembler	使用尝试错误完成简单的图案框架，将图形简单连接起来形成图案，从整体上看待图形。
3	图像阶段 Picture Maker	使用尝试错误来将几个图形连接起来形成一个图案，通过图案的轮廓线或者轮廓线的长度来匹配图形，并开始尝试错误地旋转和翻转形状。

---

① 常宏.3－6岁儿童平面几何图形组合能力的发展研究[D].上海：华东师范大学，2009：1.

② 也译为模块积木或模式积木，它由6色6形构成，黄色的正六边形、绿色的三角形、橙色的正方形、红色的梯形、蓝色的大菱形和白色的小菱形，一个盒子里通常装有约250块，每种25块或50块数量不等。

③ 常宏.3－6岁儿童平面几何图形组合能力的发展研究[D].上海：华东师范大学，2009：57.

④ 常宏.3－6岁儿童平面几何图形组合能力的发展研究[D].上海：华东师范大学，2009：2－3.

⑤ 常宏.3－6岁儿童平面几何图形组合能力的发展研究[D].上海：华东师范大学，2009：19.

阶段	阶段名称	阶段基本特征
4	形状组合阶段 Shape Composer	有意识地将图形组合起来形成新的图形或图案。既通过边也通过角来判断要选择的图形，并逐渐能根据已经拼好的部分的角来考虑多个备选的形状，能够形成图形的图示，有目的地旋转和翻转形状。
5	替换组合阶段 Substitution Composer	有意识地、系统地采用形状的组合单元来完成拼图的某些部分。
6	延续形状组合阶段 Shape Composite Iterater	在一个组合单元内进行有目的的建构和操作，能够延续形状的组合模式，形成更好的覆盖。
7	高级单元的形状组合阶段 Shape Composer with Superordinate Units	利用延续和别的操作方法来建构组合单元的单元，并能够应用复杂的组合单元关系。

这一理论假设的有效性随后得到了研究证实。克莱门茨等人的研究还指出，3—6岁儿童的几何图形组合能力主要处于前3个阶段，即前组合阶段、零散组合阶段、图像阶段，部分幼儿发展到了第3阶段到第4阶段的过渡期(图像阶段到形状组合阶段)。[①]

对我国被试所进行的研究结果也证实，3—6岁儿童的图形组合能力存在着年龄差异。其中，小班幼儿在几何图形组合能力测查中，以阶段2和阶段3的行为特征为主，其几何图形组合能力主要处于阶段2、阶段2—3过渡期、阶段3几个水平；中班幼儿以阶段3的行为特征为主，图形组合能力主要处于阶段2—3过渡期、阶段3、阶段3—4过渡期几个水平；大班幼儿以阶段3和阶段4的行为特征为主，主要处于阶段3—4过渡期和阶段4两个水平。各年龄段幼儿图形组合能力的具体特点如下：

小班幼儿主要通过尝试错误来完成简单的图案轮廓，能够将图形简单地连接起来，他们主要根据图形的整体视觉特征来选择和判断图形。部分幼儿开始尝试错误地将几个图形连接起来形成一个图案，能通过图案的轮廓线或轮廓线的长度来匹配图形，并尝试错误地旋转和翻转图形。

中班幼儿主要通过尝试错误来组合图形，通过图案的轮廓线或者轮廓线的长度来匹配图形，并能够尝试错误地旋转和翻转图形。部分中班幼儿开始能够通过心理表征来解决简单的图形组合任务，选择和操作图形时开始表现出目的性。

大班幼儿中，部分仍然是通过尝试错误来组合图形，且缺乏有意识地旋转和翻转图形的能力。但相当数量的大班幼儿已经能够通过心理表征来解决部分图形组合任务，能够有意识地组合图形，有目的地旋转和翻转图形，并且在辨认和选择图形时，既通过边也通过角来判断要选择的图形。[②]

① 常宏.3—6岁儿童平面几何图形组合能力的发展研究[D].上海：华东师范大学，2009：2—3.

② 常宏.3—6岁儿童平面几何图形组合能力的发展研究[D].上海：华东师范大学，2009：48—49.

3－6岁儿童完成不同类型的图形组合任务时存在以下特点：(1)完成带有图形轮廓的拼图任务比完成不带图形轮廓的拼图任务更为容易；(2)在同类任务中，需要组合的图形数量越少，完成起来就越容易；(3)在同类任务中，通过操作图形来完成任务比通过心理表征来完成任务更为容易；(4)在同一类图形组合的心理表征任务中，对熟悉图形的心理表征能力高于不熟悉的图形；(5)在同类任务中，目标图案越简单，幼儿将图形组合起来成为目标图案就越容易；(6)小、中班幼儿基本不具备完成图形替代关系任务的能力，大班幼儿在反复操作过程中能逐步发现图形之间的替代关系；(7)3－6岁儿童的几何图形组合能力不存在性别差异；(8)经验对3－6岁儿童的图形组合能力存在影响。①

三、幼儿平面图形分割与组合教育活动的组织

(一)目标

3—4岁	4—5岁	5—6岁
运用常见的平面几何图形拼板进行拼摆时，能够解决需要使用3块拼板的拼图任务。	运用常见的平面几何图形拼板进行拼摆时，能够解决需要使用4块拼板的拼图任务。	1. 运用常见的平面几何图形拼板进行拼摆时，能够解决需要使用5块拼板的拼图任务。 2. 初步理解等分的含义，能将一个外形比较规则的实物或几何图形二等分或四等分。

(二)教学建议

1. 在室内外游戏活动中让幼儿感受平面图形的分割与组合。

为幼儿提供动手操作的机会，使他们能够不断地探索和熟悉图形的分割与组合的不同方法、策略，这对于提高幼儿的几何图形组合能力至关重要。因为正是在操作中，幼儿积累了越来越丰富的图形分割与组合的经验，不断感知和发现图形之间的转换关系，形成对几何图形组合过程和结果的心理表征。这些技能和能力不仅是儿童以后学习几何的基础，而且对于发展幼儿的观察力、动手能力，以及培养幼儿思维的灵活性都具有重要意义。

为此，教师可以在室内外游戏活动中投放拼图、几何图形图片、画有拼摆图案的任务纸；请幼儿用特定的图形进行组合和拆分，尝试将特定的图形旋转成不同的角度；也可以设计出多种多样的游戏活动，如自制小拼图、在拼好的图案四周画出轮廓线、自制任务纸等等。案例“拼图乐”和案例“开心农场”分别从室内和户外两个角度为我们呈现了如何让幼儿感受平面图形分割与组合的游戏活动设计，相信我们可以从中获得启发。

① 常宏.3－6岁儿童平面几何图形组合能力的发展研究[D].上海：华东师范大学，2009：57.

案例　拼图乐(小班)

设计意图

拼图作为儿童益智玩具,早已进入幼儿的生活和游戏中。本活动除了拼图是教师根据幼儿发展情况自制的这一特点外,还有一大特点,就是在幼儿玩拼图的过程中,教师应有意识地引导幼儿体验拼分割后的图片与完整图案之间所包含的部分与整体的关系。这是拼图活动的灵魂所在,也是集体教学的价值体现。

活动目标

1. 能根据物体的线条、颜色和结构,进行简单的拼图游戏。

2. 学习运用重叠、比较的方法,完成拼图并进行检查。

3. 喜欢参加拼图游戏,初步体验完成拼图后的成功感。

活动准备

1. 教具:小汽车图案的拼图(分成 3—4 块,并提供底版);小朋友图案的拼图(分成 4—5 块,不提供底版)。

2. 学具:多种动物拼图(分成 3－4 块,并提供底版);交通工具的拼图(分成 3－4块,并提供底版);小朋友的拼图(分成 4－5 块,不提供底版)。

活动过程

1. 提问导入,引发兴趣。

师:小朋友,你们会玩拼图游戏吗? 你们玩过什么样的拼图?

鼓励幼儿根据自己的经验说一说,引发幼儿的活动兴趣。

2. 尝试拼有底版的拼图。

出示有底版的小汽车拼图。师幼共同观察、分析拼板,说一说每块拼板上的图案是什么,是汽车的什么部分。

(1)师:这是小汽车的拼图,你们能拼出来吗? 看看每块拼板上有什么? 想想它是汽车的什么部分呢?

请个别幼儿拼图,师幼共同检查并进行表扬鼓励,激发幼儿感受完成拼图的成功与快乐。

(2)师:你们是用什么方法拼出来的? 讨论拼图的方法和检查的方法。鼓励幼儿大胆地讲述自己拼图的方法:先观察图片,再根据线条、颜色、结构进行拼图。

(3)师:你们觉得这幅图拼好了吗? 怎样才算是拼好了呢? 我们怎么知道图拼对了呢?

引导幼儿观察图案是否完整、线条是否连接上了,与底版进行对照等。引导幼儿了解,拼好后的拼图就是一幅完整的图案。

(4)师：刚才我们看到的都是一块一块散着的拼图，现在它们拼成了什么？哪儿是汽车的车头？哪儿是汽车的身体？哪儿是汽车的轮子呢？

引导幼儿进一步感受将每一块拼图合在一起就组成了汽车的造型。

3. 尝试拼没有底版的拼图。

师：这儿还有一幅拼图，但是没有底版，你们能拼出来吗？继续引导幼儿说一说每块拼图上的图案是什么，鼓励个别幼儿进行尝试。

4. 幼儿操作练习。

(1)了解操作内容。

多种动物拼图：观察拼图，能对照底版拼出完整的动物图案。

交通拼图：观察拼图，能对照底版拼出完整的交通工具图案。

小朋友拼图：观察拼图，自己探索拼出完整的小朋友图案。

(2)幼儿操作，教师观察指导。提醒幼儿先观察，并说一说每块拼图上的图案是什么，然后再完成拼图。拼完后再说一说拼图的每个部分是什么。

5. 师幼共同玩拼图——评价活动。

师：这里有一幅没有底版的小朋友拼图，谁愿意来试一试把它拼起来？

出示一幅无底版的小朋友拼图，鼓励个别幼儿示范，师幼共同观察，找出拼图中出现的问题，并引导幼儿思考解决的方法。

（案例提供：江苏省南京市中华路幼儿园　钱震）

案例　开心农场(小班)

设计意图

认识整体与部分的关系是小班数学领域的一个教学目标，而对于这样抽象的概念，幼儿的理解和掌握是有一定难度的。通过营造参观农场的情境，把活动目标物化到材料和游戏中，使幼儿在愉快的游戏氛围中，在与拼图等一系列材料的互动中，初步感知和理解整体与部分之间的关系。

活动目标

1. 通过游戏化的情境，让幼儿初步感知和理解整体与部分的关系。

2. 让幼儿大胆地与材料互动，清楚地表达自己的想法，体验发现、收获的乐趣。

活动准备

1. 幼儿汽车 2 辆、农场指示牌、家禽拼图、西瓜 1 个、橘子若干、音乐、录音机。

2. 场地：室内为“家禽区”，设有农场道具“草垛、木屋、树木”；室外为“果园”，设有道具“瓜藤、橘子树”，地面上画有直径为 3 米的大圆圈。

活动过程

1. 发出邀请。

播放愉悦的音乐，教师向幼儿发出邀请。

师：今天的天气真好！小朋友们，我们要到开心农场去，现在就出发！

2. 参观农场——家禽区（室内游戏活动）。

(1)教师带领幼儿下车。

师：开心农场到了！这有一个指示牌，小朋友请看，指示牌分成几部分？（幼：两部分。）对，家禽区和果园。你们说，咱们先去哪一部分参观呢？

(2)教师引导幼儿参观“家禽区”。

师：得知小朋友来开心农场，家禽区的小动物都躲了起来，要和我们玩捉迷藏，让我们一起来找一找。

(3)家禽区在不同的地方放置了动物拼图（拼图是动物的一半身体）。当幼儿发现时，教师引导幼儿表述清楚。如“我在木桶后边发现了兔子，我在草地上发现了山羊”。

(4)师：它们的身体是完整的吗？（幼：不是）让我们帮它们拼完整吧！

教师取出另一半拼图，看看这些是不是它们的身体，让幼儿挑选。当幼儿找到后，教师引导幼儿把话说完整，如“这是小狗的头”，“这是鸭子的脚”。

3. 参观农场——果园（室外游戏活动）。

(1)教师带领幼儿参观果园，一起观察瓜藤上的西瓜。

师：西瓜是什么形状的？什么颜色的？

(2)教师带领幼儿进行切西瓜游戏：幼儿手拉手站在大圆圈上变成一个“大西瓜”。教师站在圈外唱儿歌“大西瓜圆又圆，我把西瓜切两半”。

(3)幼儿组成的大圆圈被“切”成两半后，教师引导幼儿把手拉起来，“两半西瓜合起来，又成一个大西瓜”。重复游戏，教师再把西瓜切成四瓣并重新合起来。

(4)教师带领幼儿观察橘子树上的橘子。

师：橘子是什么形状的？什么颜色的？

(5)教师带领幼儿进行“剥橘子”游戏：幼儿手拉手站在大圆圈上变成一个大橘子，教师站在圈外唱儿歌“大橘子圆又甜，剥开橘子成五瓣”。幼儿组成的大圆圈被分成五份。教师再引导幼儿把手拉起来，“五瓣橘子合起来，又成一个大橘子”。

4. 参观结束。

教师引导幼儿回忆。

师：小朋友们，今天的参观收获很大，回家要把看见的东西讲给爸爸妈妈听，我们一起返回吧！

指导要点

1. 游戏场地分为室内和室外，参观家禽区的部分在室内进行，参观果园的部分在室外进行，教师要根据游戏情境变换场地。

2. 教师在组织活动中要将“整体”与“部分”的概念贯穿始终。教师的指导语中要强化整体与部分，并在提问中不断地渗透给幼儿，使幼儿不断加深理解。

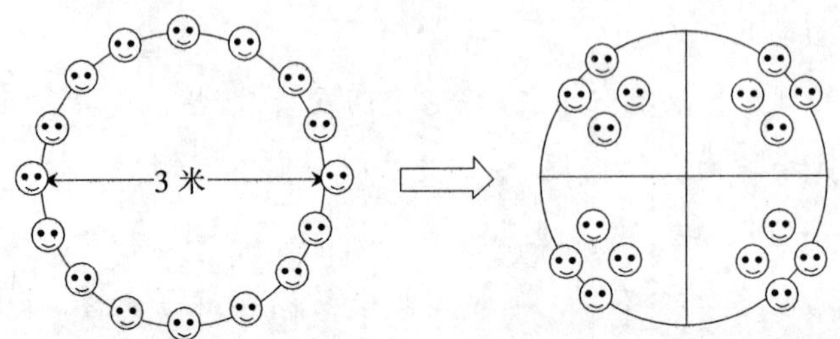

场地图:切水果之前　　　　场地图:切成四瓣的样子

（案例提供：天津市河西区第 26 幼儿园　墨培）

2. 提供不同难度的图形分割与组合任务，满足幼儿的不同需求。

幼儿的几何图形分割与组合能力是存在个别差异的，为了使图形分割与组合的任务与幼儿的“最近发展区”相适宜。首先，教师要考虑设计出多种多样的拼拆活动。比如：用若干块不同的图形去覆盖、填充预先绘制的图案；在白纸上画出自己拼摆的图形；在不同的图形之间进行转换，正方形变出三角形，一个梯形变出来两个三角形和一个长方形；猜一猜某个图形分成两部分、三部分后会变成什么图形；猜一猜特定的两个、三个图形拼在一起会是什么样子；提供对称的图案，其中一边用几何形状积木拼好或者用几何形状的彩纸粘贴好，让幼儿推测另一边怎么拼，需要哪些图形，需要多少等；在白纸上画出不同图形在旋转不同角度后的样子等等。

其次，每一种活动还要区分出由易到难的不同任务水平。比如：感知不同图形的旋转，感知正方形旋转要比感知梯形旋转困难，就梯形的旋转来看，旋转的角度也会对感知的难易产生影响；在一套拼图中，每一块拼图越大、拼图整体的数量越少，拼图任务就越容易；组合不同的平面图形覆盖、填充预先绘制的图案，将大图案切分好，画出所需图形的轮廓，这种任务较容易完成；只画出部分所需图形的轮廓，甚至完全不画中间的任何轮廓线，难度就会越来越大，当然这与所需图形的数量有密切的关系。

再次，教师还要通过观察，掌握幼儿分割与组合几何图形的现有水平，为其提出适宜的、有一定挑战性的任务要求，使任务难度与幼儿发展水平相匹配。

3. 灵活运用讲解演示、启发引导和操作实践的方法进行等分的教学。

通过讲解和演示，教师可以让幼儿明白什么是等分。在演示中，教师一定要注意启发幼儿思考如何等分的问题。如果幼儿对于教师演示所用的长方形纸、正方形纸的二等分问题已经完全能够解决，教师就可以进一步引导幼儿思考“我们怎么知道分完后两份大小一样，你们有几种等分的好方法”等问题。

当幼儿理解了二等分、四等分的含义之后，教师就应该为幼儿提供充分的操作实践机会，支持幼儿的尝试和探索。

儿童学习等分，主要是通过等分几何形体的方式，但是也不必仅局限于几何形体。如等分平面图形，可以是正方形、长方形、圆形、三角形、梯形，也可以是心形、五角星形，还也可以用其他一些对称的图形或画面等等。等分几何体可以适当选用儿童熟悉的有规则的实物，如苹果、绳子、豆腐干、松糕等等。从数量上进行等分应选用大小一样的、同类的、数量是成双的东西。

让儿童学习等分，主要应通过儿童的动手操作来进行，而操作方式可以是多种多样的。可以让儿童用剪刀剪、用小刀切等方式进行等分；可以让儿童用把纸对折撕开的方式进行等分；也可以通过拼搭进行等分。当儿童有了等分的初步知识后，教师还可以出示一些二等分、四等分以及不等分的图形，让儿童判断哪些是二等分的图形，哪些是四等分的图形，哪些既不是二等分也不是四等分的图形。在让儿童等分几何图形（或实物）时应注意：

一是采用的材料应适于等分，选择具有轴对称性质的图形。如等腰（等边）三角形、正方形、长方形、等腰梯形、椭圆形、球体、正方体、圆柱体、长方体等都可进行二等分，其中除等腰三角形、等腰梯形外，其他的还可以进行四等分。对于几何图形等分是否符合轴对称的性质，可以在具体的图例中让幼儿感知、判断哪些图形是二等分或四等分，哪些不是。

二是要注意启发幼儿思考。能对同一图形想出不同的等分形式，并比较不同图形的等分方法，参见案例“分四份”。

三是注意不要将问题复杂化。比如在等分教学中不向儿童介绍二分之一、四分之一等概念。

案例　分四份（大班）

设计意图

不同的图形，四等分的方法是不一样的。这些方法有的简单，有的复杂，有的建立在另一种的基础上……如果幼儿能深入其中进行探索尝试，将会感受到等分活动带来的成功体验。本活动中，为幼儿提供丰富的材料以及足够的时间，让幼儿充分享受探索的快乐。

活动目标

1. 学习将图形分成相等的四份，进一步感知图形被等分后整体与部分的

关系。

2. 能积极地探索对不同图形进行四等分的多种方法。

3. 在探索等分方法的过程中,体验自主操作的乐趣。

活动准备

1. 教具:圆形纸以及画着与圆形等大的圆的底纸1张,记录单、剪刀,正方形、长方形四等分各种分法的示意图。

2. 学具:正方形、长方形、圆形图形片若干;记录单人手1张;碟子、剪刀、糨糊、抹布、桌布。

活动过程

1. 创设情境,激发幼儿活动兴趣。

师:小朋友们,你们听过两只笨狗熊的故事吗? 上次呀,它们俩就因为分饼,分得一块大一块小,结果谁也没吃到,要是你,你会怎么分呢? 今天,四只小熊去森林里散步,突然看到一块又大又甜的圆饼,它们都想吃,这次要分成几份? 四份什么样的? 怎么分才能一样大呢? 你们去试一试,帮小熊分一分。

2. 师幼共同讨论圆形四等分的方法。

(1)幼儿自取一张圆形纸,尝试进行四等分,教师提醒幼儿剪开后不能修改。

(2)师:你是怎么帮小熊分饼的?(幼:先对折再对折)为什么要折啊?(幼:这样才一样大)谁来分给大家看看。

请个别幼儿示范折的方法,教师提醒幼儿折的时候要将边对齐、压平。

(3)师:折好后要干什么呢?(幼:剪)怎么剪?(幼:沿着折痕剪)

教师示范,提醒幼儿要打开来沿着折痕剪。

(4)师:我们一起来看看是不是四份? 这四份一样大吗? 你是怎么知道的?(将四块重叠在一起)这四块合起来和原来的圆形一样大吗?

将分好的四块放在画有圆形的底纸上比较,引导幼儿发现分开的四块合起来和原来的是一样大的。

(5)师:除了这样分,还有其他分法吗?

3. 探索不同图形的多种分法。

幼儿自主探索长方形和正方形的多种分法。

师:我们会分圆形的饼了,你们看,我这还有什么形状的饼啊?(幼:长方形和正方形)你们会把它们分成大小一样的四份吗? 它们有哪些不同的分法呢? 一会儿你们也去试一试。一样的方法我们只分一次,分好一种就把它贴在记录单上,有几种分法就贴几种。由正方形分成的四份贴在哪里? 由长方形分成的四份贴在哪里?

4. 交流不同分法。

(1)师：谁来说说你是怎样分长方形和正方形的？

教师将幼儿讲述的方法一一呈现，并帮助幼儿总结分的方法。

(2)师：原来正方形和长方形有这么多不同的分法，我们回去再试试没用过的分法。

（案例提供：江苏省南京市中华路幼儿园　钱震）

4. 在其他领域中自然渗透平面图形分割与组合的学习经验。

其他领域教学活动中，也可以渗透平面图形分割与组合的内容。案例“两只笨小熊”就在故事教学中自然涉及了对二等分问题的探讨。这个案例也启示我们，在幼儿园数学教育中，决不能死板地理解适宜年龄的问题，只要所选择的故事内容对幼儿是适宜的，那么对于这个故事里所包含的数学教育因素，教师要自然而然地引导幼儿去关注和探讨。千万不能受到太多条条框框的限制，比如到大班再学习二等分等，而错过了利用整合教育产生最佳的教育效果的契机。

案例　两只笨小熊(中班)

设计意图

《两只笨小熊》是一个很幽默、有趣的故事，引发故事的主要矛盾就是一块大饼怎样分成大小相等的两份。小熊因为不会分才让狐狸有机可乘。那么怎样等分呢？又怎样判断分的结果是否相等呢？这些都是显而易见的数学教育因素。虽然幼儿到大班才接触二等分的内容，但在学习这个故事的时候，完全可以迁移数学经验比较判断两份大饼是否相等。在此，数学在生活中的运用又得到了很好的体现。

活动目标

1. 倾听故事《两只笨小熊》，理解故事的主要内容。
2. 感受故事中小熊的笨拙和狐狸的狡猾等角色特点。
3. 能较主动地参与故事讨论，说出自己的想法。

活动准备

两只小熊手偶，被分成相等和不同的两份圆形“饼”3—4个。

活动过程

1. 对话导入，引发幼儿听故事的兴趣。

(1)出示两只小熊手偶，引导幼儿与小熊问好。

师：小朋友们，你们好！你们知道我是谁吗？

(2)激发幼儿对活动的兴趣。

师:妈妈跟我们说,吃饭前要去树林里散散步。你们愿意跟我们一起去吗?

2. 学习理解故事。

(1)教师边示范两只小熊散步的动作,边讲述故事的前半部分。

(2)师:两只小熊在散步的时候看到了什么?它们看到大饼之后,有什么感觉?心里是怎么想的?

鼓励幼儿根据故事内容进行讲述,知道小熊看到大饼后感觉肚子很饿,都想吃大饼。但是又都害怕对方吃得多,自己吃得少。

(3)师:你有什么办法帮助两只小熊吗?

引发幼儿迁移生活经验,告诉小熊可以把两块饼分成大小相等的两份,每人吃一份,就不会多吃或少吃了。

(4)师:谢谢小朋友,可是我们不会分饼,怎么办呢?

教师模仿小熊的口吻继续往下讲述故事,直至结束。

(5)师:是谁来帮小熊分饼的?狐狸是真心帮忙的吗?你怎么知道的呢?

引导幼儿围绕故事内容进行讨论,知道狐狸不是真心帮小熊,因为她每次都把饼分得大小不一样,这样她就可以不停地吃饼,直到把饼吃得只剩下一点点才给小熊,狐狸真正的目的是来吃饼的。

3. 找出相等的两份。

(1)出示几次不同的分饼结果,引导幼儿观察并说一说自己的想法。

师:这里有几块饼,都被分成了两份,你知道哪一块饼是被分成相等的两份吗?你是怎么知道的?

(2)师:光用眼睛看就一定看得准吗?还有没有其他的方法证明它们是相等的两份呢?

继续引导幼儿思考验证的方法。引导幼儿将分成两份的饼重叠对应比一比,判断两份是不是一样大小。

4. 给故事起名字。

(1)师:这个故事好玩吗?这两只小熊是聪明的小熊还是笨小熊呢?你能给这个故事起个名字吗?

师幼共同为故事起名字,如小熊的饼、狐狸分饼、两只笨小熊等。教师再鼓励幼儿和自己一起讲述故事,在讲述的过程中,尝试用动作、声音表现狐狸的狡猾和小熊的笨拙。

(2)师:如果小熊请你来帮忙分饼,你会分吗?回去可以用纸剪成一块圆圆的形状,试着分一分,看看能不能分成大小相等的两份哦!

激发幼儿继续探索等分大饼的兴趣。

(案例提供:江苏省南京市中华路幼儿园　钱震)

第八章　时　间

时间是日常生活中幼儿最常接触到的数学关键经验之一，感知、测量和记录时间这一抽象的量，了解不同长度的时间（一天、一周、一月、一季、一年等），以及人们常用的测量、记录时间的工具或方式（手表、钟表、日历等），不仅有助于幼儿感知生活中时间的有用和有趣，而且能够增进幼儿的生活能力。在2012年教育部发布的《3—6岁儿童学习与发展指南》“数学认知”部分，有一些内容明显与“时间”有关。目标1的教育建议提出：“引导幼儿感知和体会生活中很多地方都用到数，关注周围与自己生活密切相关的数的信息，体会各种数所代表的含义。”并列举了一些具体的例子，和幼儿一起寻找发现生活中用数字做标志的事物，如时钟、日历等；引导幼儿了解和感受数用在不同的地方，表示的意思是不一样的，如钟表上的数表明时间的早晚等；鼓励幼儿尝试使用数的信息进行一些简单的推理，如知道今天是星期五，能推断明天是星期六，爸爸妈妈休息。目标1的教育建议还提出：“引导幼儿观察发现按照一定规律排列的事物，体会其中的秩序和美，并尝试自己创造出新的排列规律。”引导幼儿体会生活中很多事情都是有一定顺序和规律的，如一周七天的顺序是从周一到周日、一年四季按照春夏秋冬轮回等。不难看出，上述内容均明显与“时间”有关。本章就围绕时间这一关键经验而展开。

第一节　感知与测量时间

一、时间的含义

时间是指宏观上一切具有不停止的持续性和不可逆性的物质状态的各种变化过程，是有共同性质的连续事件的度量衡的总称。其中，“时”是对物质运动过程的描述，“间”是指人为的划分。时间也可以指两个时刻间的距离或指某一时刻。时间是独立于意识之外的客观存在。

在人类文明发展史上，时间是较早地被人们加以定量描述的概念。像太阳的

东升西落，月亮的望朔圆缺，提供了精确而又简便的度量时间的方法。时间作为具有统一标准的可测物理量，从早上、中午、下午、白天和晚上，到一天、一周、一月、一年，具有连续性，所以时间是一种可测的连续量。[①]

在生活中我们时时处处都离不开时间，它与幼儿的生活紧紧相连，密不可分。幼儿认识时间是时间知觉问题，是客观事物运动和变化的延续性和顺序性在意识中的反映。[②]

时间具有以下特点：(1)流动性。时间与物质的运动相联系，是一秒秒、一分分地过去的，川流不息，不以人的意志为转移。(2)不可逆性。时间不能倒转，流逝的时间是无法收回的。(3)连续性(周期性)。时间是永远不会间断的。它具有周期性，是一分一秒地流逝，且又是一秒复一秒、一分复一分地交替更迭。日复一日，年复一年，周而复始。(4)均匀性。时间是均匀地流动着的。(5)无直观性。时间没有直观的形象，既看不见也摸不着，所以人们总是要通过某种媒介来认识时间，这种媒介可以是自然界的周期性现象，如太阳的升落、季节的变化等，也可以是机体内部的一些有节奏的生理活动，如脉搏、心跳的节奏等等，还可以是测量时间的工具，如钟表、日历等。这些媒介使时间成为可被人们测量和认识的对象。(6)相对性。时间的程序不是绝对不变的，如某一天的晚上比该天早上晚，但今天的晚上则比明天的早上早。[③]

二、幼儿时间概念的发展特点

研究发现，幼儿时间概念发展的一般过程是：(1)对时间顺序的认识由近及远，由短周期到长周期的发展；(2)先认知时序的固定性，然后认知时序的相对性；(3)对时序的理解是以自身的生活经验为时间关系的参照物；(4)时间词语的发展与对时序的认知呈现出从不同步到统一结合的变化过程。[④]

幼儿时间概念的发展具有以下特点：越是与他们的生活有联系的时间单位，如早上、中午、晚上等，幼儿越容易掌握；与幼儿生活联系不紧密的时间单位，如分钟、小时等，则较难掌握。幼儿对时间的理解常常是从和生活紧密联系的“一天”开始，然后逐渐向更长或更短的时间延伸。

小班幼儿能掌握一些最初步的时间概念，如早上、中午、下午、白天和晚上，但对时间的理解往往和生活中的事件相联系，平时虽然会听到昨天、今天、明天这样的词语，但还不能掌握其含义，因为昨天、今天、明天具有相对的含义，所指的时间

---

① 林嘉绥，李丹玲. 学前儿童数学教育[M]. 北京：北京师范大学出版社，1994：264.

② 黄瑾. 学前儿童数学教育[M]. 上海：华东师范大学出版社. 2008：182.

③ 黄瑾. 学前儿童数学教育[M]. 上海：华东师范大学出版社. 2008：182.

④ 金浩. 学前儿童数学教育概论[M]. 上海：华东师范大学出版社，2000：243—245.

是不断变化的。中班幼儿能够知道经过早上、中午、下午、白天和晚上就是经过一天，逐步能够认识昨天、今天和明天。大班幼儿对时间的认识逐渐向更长、更短的时间段扩展，他们能够认识前天、后天，具有“星期”及“几点钟”的概念，这表明幼儿在初步建立起时间更替（周期性）观念的同时，还发展着对时间分化的精确性，能区分较小的时间单位（如认识时钟上的整点与半点等）。①

三、幼儿感知与测量时间教育活动的组织

（一）目标

3—4 岁	4—5 岁	5—6 岁
能够区分早上、中午、下午、白天和晚上。	能够区分昨天、今天和明天。	1. 感知和体会借助某种方法或工具可以记录时间的长短，如数数、沙漏、时钟等。 2. 初步认识时钟，会看整点、半点，能按钟点说出一天的主要活动。 3. 初步认识日历，了解年、月、四季、星期、日的名称及顺序。 4. 感受时间的不可逆性，有初步的珍惜时间的意识。

（二）教学建议

1. 在日常生活中自然渗透感知时间存在和时间长短的经验。

时间无时不在，但我们却常常会忘记它的存在。在幼儿园一日生活中，如果教师有意识地加以提醒，幼儿便可以在具体的生活和游戏中，自然而然地感知到时间的存在、花费时间长短的不同等等，积累感知时间的感性经验。在案例“哪个时间长？哪个时间短？”中，教师结合幼儿园一日生活的多个环节，提出问题引发幼儿思考和讨论，将对时间的学习自然地渗透在生活中。

案例　哪个时间长？哪个时间短？（小班）

活动目标

1. 在锻炼、进餐等具体的事件情景中判断时间的长和短。

2. 对时间的长短有初步的感受能力。

3. 听懂老师的提问并能回答。

活动过程

1. 晨间锻炼环节。

（1）师：刚才我们学小猫走路，又学小狗跑步，你觉得是小猫走路时间长，还是小狗跑步时间长？

① 金浩．学前儿童数学教育概论[M]．上海：华东师范大学出版社，2000：245—246.

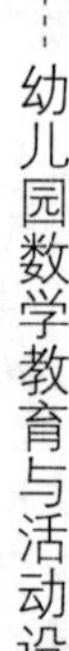

教师组织幼儿进行走跑活动。教师有意识地走较长时间，然后跑一会儿，引导幼儿感受学小猫走路花的时间长。

(2)师：你做了什么运动呀？哪一个运动做的时间长？哪一个运动做的时间短？你是怎么知道的？

组织幼儿进行小型器械运动，教师观察幼儿做两个运动内容的时间，对于有明显长短差异的幼儿，可以鼓励他们将自己对时间长短的感知说出来。

2. 喝牛奶环节。

对于同一个小组一起喝牛奶的幼儿，教师可以引导幼儿了解喝得快的幼儿用的时间短，喝得慢的幼儿用的时间长。

师：你们喝牛奶时，谁喝得快？谁喝得慢？

3. 散步环节。

引导幼儿边散步边观察其他班幼儿吃饭的情况，从吃完了还是没吃完的状态上判断所用时间的长短。

师：这个班的小朋友吃饭时间一样长吗？谁吃饭用的时间短？谁吃饭用的时间长？你是怎么知道的？

4. 离园前环节。

(1)鼓励幼儿说出回家的方式。

师：爸爸妈妈来接小朋友，他们怎么带大家回家呢？是坐汽车，坐自行车？还是走路？

(2)引导幼儿感受汽车开得快，坐汽车先到家；走路慢，走路后到家。

师：在距离相同的前提下，什么方法先到家？什么方法后到家？

(案例提供：江苏省南京市中华路幼儿园　钱震)

2. 引导幼儿在具体的操作活动中感知抽象的时间。

时间是抽象的，但在教师精心的设计下，时间可以变成具体的、形象的，幼儿可以感知、操作和参与其中的活动。比如将沙子放进漏斗中，探索时间长短和漏下去沙子的多少之间的关系。通过看秒针运动、点数等方法记录沙子漏下来所用时间的长短。再比如，点燃“香”，记录一炷香燃尽需要多长时间等等。在案例“按时间长短分类和排序”中，教师充分利用幼儿原有的生活经验，请幼儿判断每天做的事情中，哪件事用的时间长，哪件事用的时间短，再将这些事情绘成事件卡片，根据时间长短进行分类和排序。幼儿在想和做的过程中，对事件的时间顺序、所用时间的长短，以及如何节约时间，都会进行认真的思考和探索，从而获得关于“时间”的多种有益的学习经验。

案例　按时间长短分类和排序(中班)

活动目标

1. 能按自己做事时间长短给事件进行分类和排序。

2. 尝试画简单的图,表现自己所做的事情。

3. 愿意思考节约时间的方法。

活动准备

绘画纸、剪刀、笔。

活动过程

1. 判断时间的长短。

师:我们每天都要做许多事,你知道做哪些事用的时间长?做哪些事用的时间短吗?

引导幼儿思考自己每天做的事情。教师举例,幼儿判断时间长短。如:吃饭和喝汤,哪个时间长?哪个时间短?大便和小便,哪个时间长?哪个时间短?穿、脱衣服和睡觉,哪个时间长?哪个时间短?

2. 绘制事件卡片。

师:请你想一想,用什么方法既简单又能表示出每天做的事呢?

引导幼儿讨论,将绘画纸裁成大小相同的长方形纸片,在上面画出每天做的主要的事。如:上幼儿园、抹桌子、浇花、锻炼、唱歌、画画、玩游戏、吃饭等等。

3. 分类和排序。

(1)师:做这些事时,哪些用的时间长?哪些用的时间短?你能按时间长短把它们分一分吗?

引导幼儿将事件按时间长短进行分类。

(2)师:做每一件事所用的时间都会不一样。你能按时间从长到短的顺序给这些事排排队吗?

引导幼儿先观察事件,再思考自己做这件事时用的时间长短,最后按时间长短进行排序。鼓励幼儿说一说自己做什么事花的时间最长,做什么事花的时间最短。

4. 怎样节约时间?

师:你做什么事时用的时间最长?为什么会花这么长时间?你有没有办法让它变短一点呢?

引导幼儿思考节约时间的方法。

(案例提供:江苏省南京市中华路幼儿园　钱震)

3. 利用包含数学概念的绘本、自制图书等活动引导幼儿感知时间。

绘本意指“绘（画）出来的书”，特指一类以绘画为主，没有文字或有少量文字的书籍。它往往有独立的绘（画）者，图画具有一定的个人风格，画面即情即景，表达着文字难以表达的信息。绘本至今已有400多年的发展历史。

长期以来，许多幼儿园教师仅仅将“绘本教学”理解为幼儿园语言领域的一类早期阅读活动。相应地，在绘本教学中，除了主要追求语言领域目标的实现、幼儿语言学习与发展经验的获得之外，教师往往结合绘本故事“讲了一个什么道理”对幼儿进行品德教育，很少会想到将绘本作为幼儿获得数学、音乐、美术等领域学习经验的一个资源。相对于蓬勃发展的幼儿绘本界来说，这种使用绘本的狭隘方式是一个极大的缺憾。利用绘本促进其他领域学习经验获得与建构的效果远远未能发挥出来。

实际上早在1995年，周淑惠在《幼儿数学新论——教材教法》一书中就明确提出了在幼儿园数学教育中运用图画故事书的思路。该书用3页篇幅阐述了将幼儿图画故事书作为教材资源加以运用的问题，指出一些图画故事书有许多内容与数学有关，或者在其所铺张的情境中蕴涵着某一数学概念。如果能善用这些图画故事书，就能让幼儿在文学欣赏中不自觉地汲取某一数学概念。对于一些并非直接与数学有关的图画故事书，教师也可运用其作为数学概念探讨的背景，进行相关数学活动，使数学不再只是枯燥的纸笔作业。她特别提出，教师们应“慎为选书、善为运用”等。①

关注绘本中的数学概念，重视绘本对幼儿园数学教育的价值，近年来开始得到人们的重视。一些出版社纷纷出版简体中文版的“数学绘本”系列，例如数学绘本《时间的故事》和数学绘本《测量：我的一天》（学看钟表）等都是专门探讨时间概念的绘本。如果教师能够用心地加以利用，无论是让幼儿自主阅读还是师幼共读后进行讨论，幼儿都可以结合绘本的情节和画面更加直观地感知时间。需要特别指出的是，可用于幼儿园数学教育的绘本范围实际上是非常广泛的。这样的绘本可以是先有数学内容再发展出绘本，也可以是先有绘本教师再发展出数学内容。在一个绘本中，可能较少地涉及数学概念，也可能较多地涉及数学概念。教师要有一双慧眼去不断发现适宜的绘本，以有效地支持幼儿的学习。在实践中，教师还可以带领幼儿自制包含时间概念的绘本，比如以“幼儿园的一天”为主题自制图书，画出不同时间做的事情，再装订成书等等。参与这种自制图书活动，十分有助于幼儿感知和理解时间概念。

4. 注重培养幼儿珍惜时间的意识和习惯。

时间具有不可逆性，时间概念作为幼儿园数学教育的重要内容，不仅仅是认识不同的时间单位，获得认识一天、钟表和日历等这些认知经验，培养幼儿珍惜时

① 周淑惠. 幼儿数学新论——教材教法[M]. 台北：心理出版社，1995：251－254.

间的意识和习惯等情感态度、行为经验也是非常重要的目标。案例“宝贵的一分钟”结合大班幼儿即将入小学的实际情况，引导幼儿体验1分钟的长短，尝试发现1分钟内可以做许多事情，激励幼儿要抓紧时间、珍惜时间，有助于幼儿获得认知、情感、行为等较为全面的学习经验。

案例 宝贵的一分钟(大班)

设计意图

在幼儿园日常生活的各环节中，幼儿如厕、喝水、站队、去户外活动、午睡前后脱穿衣服、餐后漱口擦嘴等环节所花的时间较长。据我们统计，幼儿所花费的时间最长为15分钟，最短的为10分钟。由此看出幼儿的时间观念比较淡薄，做事拖拉的情况比较普遍。如何增强幼儿的时间观念，改变他们做事拖拉的习惯，提高做事的效率，为他们进入小学奠定基础呢？设计此活动的目的是想通过活动体验、游戏竞赛等方式，让幼儿感知时间，发现时间的价值和自身努力的关系，知道一分钟虽然短，但只要珍惜、充分利用也能做很多事情，从而达到促使幼儿学会利用时间、珍惜时间的目的。

活动目标

1. 幼儿在游戏中通过体验感知时间的长短。
2. 尝试发现时间的价值与自身努力的关系。
3. 培养幼儿珍惜时间、利用时间的良好习惯，为进入小学做准备。

活动准备

多媒体课件，秒表、电子表若干，五彩片、写字本、积木、图书、画纸、铅笔、水彩笔等活动区材料。

活动过程

1. 利用歌曲《毕业歌》调动幼儿关于时间的经验。

请幼儿听歌曲《毕业歌》。

师：时间飞快地向前跑着，那一分钟会有多长呢？

2. 感知时间，体验一分钟时间的长短，发现时间的价值与自身的努力有关系。

(1)有谁知道一分钟有多长？

(2)通过观察各式各样的秒表和电子表，请幼儿体会一分钟到底有多长。

(3)教师介绍“一分钟做事情”游戏的玩法，将幼儿分成四人一组，一名幼儿看时间，其他三名幼儿做事情，然后交换。

(4)听到教师口令，幼儿开始计时，大家要一起动手，一分钟时立刻停下来，看看大家一分钟里能干些什么。

(5)幼儿第一次交流自己在一分钟的时间里做的事情。

师:小朋友都说一分钟太短,老师在这一分钟里可做了许多事情——回答了小朋友的问题,给××小朋友拿了一张纸,观察了所有小朋友的活动,看到有人在互相帮助,找了把椅子坐了下来。我们以小组形式再玩一次,看看这一次我们每个组在一分钟里能做多少事情。(目的是希望幼儿能感觉到他们做的很多事情都被忽略了,只要抓紧时间就可以做许多事。)

(6)第二次游戏,幼儿交流本组成员在一分钟时间里做的事情,教师记录结果。

结论一:虽然时间相同,但每组做的事情不同,有的比较难,有的比较容易,所以结果也不同。结论二:在相同的时间里做同样的事情,因为每个人的动作有快有慢,所以结果也会不同。

3. 利用模拟演习,激励幼儿学会抓紧时间、珍惜时间,拓展和迁移经验。

(1)再过几天,小朋友就要毕业了,就要成为小学一年级的学生了。小学生每天要自己安排时间,比如安排课间十分钟。谁知道课间十分钟要完成哪些事情?如果你拖拖拉拉结果会怎样?如果你抓紧时间结果又会怎样?

(2)幼儿手拿一块秒表或电子表,记录自己活动的起始时间和结束时间,并用纸和笔画或写下来。幼儿实践演练——喝水、如厕、摆放学习用具、削铅笔……幼儿将上述事情做完后记录时间,并张贴在黑板上,教师引导幼儿比较所用时间的多少,进一步体验时间的宝贵。

4. 提升经验:一分钟能干什么?

通过播放多媒体课件,使幼儿了解生活中一分钟的神奇。比如,打字员一分钟可以打多少字,解说员一分钟可以说多少字等等。

(案例提供:天津市河西区第26幼儿园　李辉)

第二节　认识一天

一、一天的含义

一天,又称"一日",暗含"一天"的概念总与"日"(太阳)有关。虽然不同历史时期和不同地区对于一天的界定并不相同,但从科学意义上看,"民用日"的"一日"通常是指一天,共同约定开始于子夜也止于子夜,也就是从0:00(包含)直到24:00(不包含)完整的24小时。

当然,在日常生活中也不乏许多约定俗成的解释。例如:我们常说的"一天"(忙了一天)往往是指一个白天(大约只包含了12个小时);"总有一天会……"是指某一天；“一天到晚都在玩儿”是指整天、成天。本节中我们所讲的“一天”是指一昼夜，从 0:00（包含）直到 24:00（不包含），由完整的 24 小时组成。

二、幼儿认识一天的发展特点

幼儿对一天的认识有一个循序渐进的过程，由最初笼统的、模糊的印象逐渐向具体的、清晰的认识发展。“一天”作为自然现象来说具有规律性变化，每天周而复始地进行着，且早、中、晚都有明显的活动参照物，幼儿就是依靠这些生活中的参照物来感知“一天”的。

研究发现，借助于个人的生活经验，小班幼儿能够区分早上、中午、下午、白天和晚上，基本了解经过早上、中午、下午、白天和晚上就是经过一天。中班幼儿能够比较熟练地依靠明显的活动参照物来认识一天，开始理解早上、中午、下午、白天和晚上是一天的组成部分，同时也能够初步区分昨天、今天和明天这三个时间概念。但对于更详细的起止时间，如“一天包括 24 小时，起始于 0:00，结束于24:00”，即便对于大班幼儿来讲理解起来也十分困难。大班幼儿对于一天的认识逐渐向更小、更具体的时间点发展，如初步了解一天中的一些时间点，几点做什么事情等，能够初步区分中午 12 点和晚上 12 点。但幼儿对 24 小时计时法，比如下午 1 点又称为 13 点难以理解。同时，对自己在幼儿园一天的活动内容和顺序具有清晰的认识，能够对一天中所要做的活动做出安排，尝试更多地由自己来支配时间。

三、幼儿认识一天教育活动的组织

（一）利用太阳、月亮的拟人化形象帮助幼儿区分白天和晚上

幼儿受其“泛灵论”心理的影响，对于文学作品中拟人化的形象倍感亲切，像“太阳公公”“月亮姐姐”等。教师可以考虑幼儿的这一心理特点，基于恰当的联系——太阳公公与白天、月亮姐姐与晚上、白天做的事与白天、晚上做的事与晚上等，帮助幼儿区分白天和晚上。在案例“白天晚上找朋友”中，教师将“太阳”“月亮”“白天做的事”和“晚上做的事”以图片的形式唤起幼儿的生活经验，通过“找朋友”让幼儿在时间和做的事情之间进行匹配，让幼儿在操作中加深理解。

案例 白天晚上找朋友（小班）

活动目标

1. 认识白天和晚上，能结合自己的生活经验讲述白天和晚上做哪些事。
2. 能按白天和晚上对事件图片进行分类。
3. 喜欢和老师一起玩游戏，愿意大声回答问题。

活动准备

白天和晚上做不同事情的图片若干、太阳和月亮的图片。

活动过程

1. 白天做什么？

(1)教师边出示太阳图片边讲述，引导幼儿知道这是白天。

师：一大早，太阳公公刚出门，大公鸡就喔喔喔地叫了，告诉人们天亮了。天亮了是什么时候？

(2)师：白天，你会做些什么呢？

鼓励幼儿结合生活经验说一说自己白天所做的事。如：起床、吃饭、上幼儿园、画画、听故事、去游乐场、到小朋友家去玩等。

2. 晚上做什么？

(1)师：太阳公公在天上待了一天，看着人们白天做了许多事，大家都很累了，它也感到很累，就悄悄地回家了，天慢慢地黑了下来，这是什么时候啦？

教师出示月亮图片，引导幼儿知道晚上到了。

(2)师：晚上到了，你又会做些什么事呢？

鼓励幼儿说一说自己晚上会做哪些事。如：看电视、洗澡、睡觉等。

3. 白天晚上找朋友。

出示图片，请幼儿观察画面，说一说每一张照片上的人在干什么，引导幼儿根据自己的生活经验，说一说这件事一般是在白天做还是在晚上做。然后将图片按白天和晚上分类，放在太阳和月亮的旁边。

师：这里有许多照片，有些照片是小朋友在白天活动时拍的，有些照片是小朋友在晚上活动时拍的。你能帮太阳、月亮找找朋友吗？照片拍的是白天的活动，就是太阳的朋友；照片拍的是晚上的活动，就是月亮的朋友。要把照片放在太阳和月亮的旁边哦！

4. 交流和讨论。

请幼儿介绍自己的操作结果，说一说白天做了哪些事，晚上又做了哪些事。

教师引导幼儿讨论：为什么去公园、和奶奶上街、买玩具都是在白天呢？让幼儿了解白天天很亮，方便人们外出做事；晚上天黑了，外出就看不见了，不方便了，所以人们更愿意在家做一些事。

（案例提供：江苏省南京市中华路幼儿园　钱震）

(二)利用一天中不同时间的相互问好，让幼儿感知一天中时间的变化

在日常生活中，人们在不同时间见面相互问好的话中常常包含着对时间的判断，如“早上好”“下午好”等。结合如何问好的讲礼貌活动，教师也可以适当提醒幼儿区分一天中不同的时间段，准确地选择礼貌用语，主动问好，做个懂礼貌的小朋友。案例“早上、中午和下午”利用真实的生活情境，通过早上、中午和下午的短暂谈话，帮助幼儿注意分辨一天中的不同时间段，进而学会相互问好。

案例　早上、中午和下午(小班)

活动目标

1. 学习用“早上好”“下午好”的词语在早上、下午时向人问好。

2. 能分辨一天中早上、中午、下午的时间。

3. 在教师的鼓励下，愿意大方地与人打招呼。

活动过程

1. 早上的谈话。

(1)幼儿早上入园时，教师主动和幼儿打招呼：“××，早上好！”鼓励幼儿也要和教师打招呼，引导幼儿学会打招呼。

(2)幼儿全部入园后，教师可在晨间谈话前再次向幼儿集体问好，引导幼儿先向老师问早，了解幼儿是否会说“早上好”。

师：小朋友们，现在是早上，我们刚刚来到幼儿园，见了老师和朋友要问早，怎么说呢？

2. 中午的谈话。

(1)餐前谈话，引导幼儿说一说要吃什么饭。

师：刚才我们玩游戏的时候，太阳公公也想来看看。它呀，看不到，就只好往上爬。看，现在太阳公公爬到了我们头顶上，告诉我们中午到啦，游戏结束了，小朋友要吃中午饭啦！

(2)师：中午要吃饭，吃完午饭还要干什么？

启发幼儿说出要午睡。

3. 下午的谈话。

(1)午睡起床后，引导幼儿学说“下午好”。

师：睡了一觉到了下午，大家又见面了，还要问好呢！早上是说早上好，那下午应该怎么说呢？

(2)离园时，引导幼儿和家长见面时说“下午好”。

师：下午吃过点心玩一会儿，我们就要看到谁啦？爸爸妈妈来接我们的时候是上午还是下午？我们见了爸爸妈妈怎么打招呼呢？

（案例提供：江苏省南京市中华路幼儿园　钱震）

(三)结合不同时间做的事情区分早上、中午、晚上、白天和黑夜

一天中的不同时间段,如早上、中午、晚上、白天和黑夜,虽然是较明显的、粗线条的时间段,但在日常生活中的应用却非常广泛。幼儿要准确地理解并表述出来还是具有一定挑战性的。实践表明,运用真实情境法,即结合不同时间段做的事情,充分调动幼儿的日常生活经验,将抽象的时间段与具体生活经验中做的事情结合起来,有助于幼儿准确地感知、区分和表述时间。案例"什么时间做什么事"通过让幼儿用语言清楚完整地讲述在什么时间做什么事,并画下来,自制游戏材料,在"摸箱"中摸出来,感受合理组合时间与事件的必要性与不合理组合时间和事件所带来的滑稽感,吸引幼儿积极参与活动,并从中获得乐趣。

案例　什么时间做什么事(中班)

设计意图

中班幼儿对常态下一日生活的内容已经非常熟悉了,但能不能用语言清楚完整地讲述呢?这可能对一部分幼儿来说还是需要练习的。本活动属于语言领域的听说游戏,最主要的目的是引导幼儿学会清楚完整地表述,活动以幼儿对一日生活中在各时间段所做事情的了解为前提。当然,如果在某时间段里,换做另一个时间段里的事件,会产生什么效果呢?活动中对时间和事件进行了重新组合,有些违背常理的组合会带来滑稽有趣的效果,而幼儿判断对错的过程,也是理解和运用数学的过程。

活动目标

1. 学习听说游戏,能用语言清楚完整地表述什么时间做什么事。

2. 能较安静地倾听同伴的讲述,并及时进行回答。

3. 能正确判断时间和事件组合的合理性,感受不合理的组合带来的滑稽感。

活动准备

长条纸、笔人手一份,摸箱一个。

活动过程

1. 表述现在的时间。

师:现在是什么时候?白天还是黑夜?你能用一句话说完整吗?

引导幼儿完整表述"现在是白天"。

师:白天很长,怎样说才能让别人更清楚现在是什么时候?

继续引导幼儿清楚完整地表述"现在是上午"。

2. 讲述什么时间做什么事。

(1)师:白天可以做什么事?黑夜呢?上午可以做什么事?下午呢?早晨呢?

鼓励每位幼儿选择一个时间段说一件可以做的事，引导幼儿表述具体完整。

(2)师：找好朋友一起把刚才说的在什么时候做什么事画下来，好吗？怎么画呢？要画哪些内容呢？

引导幼儿讨论，知道画出时间和要做的事。

3. 绘画讲述的内容。

(1)出示长条纸，引导幼儿将纸条折成两份，在前面一份画时间，在后面一份画要做的事。

师：在这张纸条上画出时间和要做的事两个内容，应该怎么分配？

(2)幼儿将自己讲述的内容画下来，教师提醒幼儿用简单的图案表达自己的意思。

4. 游戏“摸一摸，说一说”。

(1)教师请幼儿将画的内容摆放到一个摸箱中，鼓励个别幼儿示范，摸出一张纸条，然后清楚完整地说出纸条上的内容。

师：大家画的内容都在摸箱里，如果你摸到一张，能不能清楚地说出纸条上的内容？

(2)教师帮助幼儿理解纸条上的内容，关注幼儿是否能清楚完整地进行表述。

(3)师：刚才纸条上画的内容对不对？在那个时间里可以做那件事吗？如果把时间和要做的事换一换，行不行？

教师将幼儿画的纸条从中间裁开，将要做的事重新放回摸箱中，保留表示白天、黑夜、早上、中午、晚上的纸条各一张。

(4)请一名幼儿先摸一张表示时间的纸条，然后展示在黑板上。再请另一名幼儿摸一张表示事件的纸条，接在黑板上表示时间的纸条后面。引导幼儿观看重新组合的时间和事件，并完整清楚地讲述。

师：谁能看着这两张纸条清楚地说一说？

(5)师：这件事合理吗？

引导幼儿根据生活经验判断新组合的时间与事件是否合理，感受不合理的组合带来的滑稽效果。

(6)幼儿继续摸画有事件的纸条，与不同的时间组合成新的内容，并鼓励幼儿完整清楚地表述。其他幼儿判断事件的合理性，并用“对对对，可以这样做”或“错错错，不能这样做”进行回答。

师：在白天做的事，换到黑夜有些就不合理；在早上做的事，等到晚上再做别人就会觉得好笑。我们也要记住哦，在什么时候做什么事！

（案例提供：江苏省南京市中华路幼儿园　钱震）

第三节 认识钟表

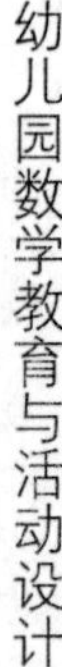

一、钟表的含义

钟表在现代汉语中一般有两层含义:一是各类钟和表的总称;二是专指体积较大的表,尤指机械结构的有钟摆的钟。钟和表都是计量和指示时间的精密仪器。

钟表可以提醒人们用了多少时间,或者告诉人们是什么时刻,帮助人们记录时间,进行时间管理。例如,可定时的闹钟常用来提醒人们按时起床。

钟表具有"等时性"和"共时性"的特点。"等时性"指钟表指针的运动快慢是均匀的,其速度不取决于外部的运动,"我做完了一件事情与钟表指针所运转的过程是等时的。""共时性"指所有钟表相同指针的运动速度是一样的,它们告诉我们相同的时间。

二、幼儿认识钟表的发展特点

小班幼儿对钟表已经开始感兴趣,对其用途也有一定的了解,但对钟表种类的认识比较模糊,往往只是从成人那里获得了或多或少的接触钟表的一些经验而已。

中班幼儿对钟表的认识处在由生活经验向数学经验过渡的阶段,会产生一些疑问或需要解答的问题。比如,会问"几点了",知道钟表上的数字表示的是时间,对钟表上的数字有进一步探究的兴趣。

大班幼儿对钟表的认识不断向全面化、深入化方向发展,在教师指导下可以认读钟表上的整点和半点,并能初步读取钟表上更加具体的时间信息,比如 8 点 10 分。但有时幼儿很容易出错,比如时针指在 8 和 9 之间,分针指向 6,幼儿可能说成 8 点半,也可能说成 9 点半。

三、幼儿认识钟表教育活动的组织

(一)通过参观,丰富幼儿关于钟表的经验

在教育实践中,教师可以利用的资源不能仅仅局限在园内、本班教师及幼儿家长这个范围。园外资源如博物馆、动物园、海洋馆、图书馆、超市、工厂、商店等,都可以成为重要的教育资源。因此,"社区资源""校外教学""参观工厂"[①]等在一

---

① 这里所讲的"参观工厂"是指开放给厂外人士前来参观,了解生产原料、生产设备、生产流程,尝试动手生产具有个人创意产品的工厂,如由过去的肥皂厂、巧克力厂变身而成的"参观工厂"。幼儿可以在里面了解肥皂、巧克力是怎样生产出来的,用的原料是什么,并且自己动手制作肥皂、巧克力。

些地区开始受到幼儿教育工作者的重视。我们知道生活中的钟表是多种多样的，带领幼儿去“钟表店”“手表厂”等地实地参观，充分利用周围生活中可以利用的教育资源，有助于丰富幼儿关于钟表的认识，如内部构造、钟表的不同种类、外形设计等，拓宽幼儿的视野。相关的活动设计请参见案例“参观钟表行”。

案例　参观钟表行(大班)

设计意图

钟表是人们生活中不可缺少的工具，认识钟表当然不仅仅是认识班上或家庭中常见的钟表。现在生活中的钟表是各种各样的，参观钟表行，既可以看到形式多样的钟表，积累有关钟表的知识，体验钟表与人类社会共同发展的历史，也可以感受到钟表行中工作人员的辛苦，特别是他们在制作、维修钟表时的细致与耐心。在参观过程中，引导幼儿学会礼貌地与人交流，这也是幼儿在社会性发展上的一大收获。

活动目标

1. 参观钟表行，认识钟表行里各种各样的钟表。

2. 懂得安静地倾听别人介绍，有礼貌地向别人提问。

3. 知道参观过程中要注意安全。

活动准备

事先联系好参观地点，安排好参观路线。

活动过程

1. 引出参观主题。

(1)师：想一想，这个谜语说的是什么？有家兄弟真奇怪，一天到晚转圈圈；不吃饭来不休息，也没转出玻璃铺。

引导幼儿猜出谜底是“时钟”。

(2)师：你见过时钟吗？它有什么用？除了时钟还有什么东西也可以告诉人们时间？

引导幼儿了解挂钟、手表都可以告诉人们时间。

(3)师：我们一起去钟表行参观一下吧！

引出参观内容。

2. 讨论参观事项。

师：参观时要注意什么？

师幼共同讨论：参观的路上要注意安全，一个跟着一个走；到了钟表店要有礼貌，用眼睛看，没有经过工作人员的同意不能用手去摸；工作人员在介绍的时候要安静地听;如果有问题,可以先举手,再向工作人员请教。

3. 参观钟表行。

引导幼儿仔细观察钟表行里的钟表,说说它们的形状,钟表里面都有些什么。邀请工作人员进行简单的介绍,让幼儿初步了解不同的钟表,如:闹钟、挂钟、电子钟等。

请幼儿向工作人员提出自己想要了解的问题,在得到解答后要向工作人员表示感谢。

4. 交流参观感受。

师幼共同向钟表行的工作人员告别,回到幼儿园。(关注幼儿回来时的安全)

(1)师:今天你们在钟表行看到了什么?听到了什么?印象中最深的是什么?

引导幼儿与小组内的同伴相互交流,特别地说一说自己印象最深的钟表。

(2)师:每个钟表都不一样,那么这些钟表有没有相同的地方呢?

继续引导幼儿讨论,明确钟表都有表示时间的数字或刻度。

5. 钟表的由来。

师:从什么时候开始人们发明了钟表来表示时间呢?没有钟表的时候,人们怎么知道时间呢?

引发幼儿继续探索了解钟表的兴趣,鼓励幼儿回去通过多种途径查找资料,丰富相关的知识经验,然后再来和同伴、老师进行交流。

活动小贴士

如果幼儿园附近没有钟表行,可以参观商场、超市里的钟表柜台。

(案例提供:江苏省南京市中华路幼儿园　钱震)

(二)结合生活中的真实情境,让幼儿感受钟表的用途

在幼儿园的每个班里一般都会挂上一块钟表,在很多情况下,似乎成了专为教师按一日作息时间表开展活动而准备,但实际上,班里的钟表是幼儿感受钟表用途、认识时间的“活教材”。如果教师善于利用这个“活教材”,比如主动问幼儿:“现在几点了?该做什么了?”引起幼儿对钟表的关注,将钟表能够告诉我们时刻、记录活动用了多长时间等实际用途融入一日生活中,将会取得良好的教育效果。相关的活动设计请参见案例“我的一天”。

在实践中,教师的创造性做法还有许多,比如将“认识钟表”融入一日生活的入园环节,成为幼儿的一项例行性活动。在大班每个班里挂一块钟表,悬挂高度适合幼儿观看,旁边有桌椅可供幼儿坐下来,桌子上提供幼儿名单、记录表格和笔,幼儿可以画出或写下自己到园的时间。再比如,在班中墙上悬挂两块钟表,上面一块是真正的钟表,下面一块是废旧的钟表,可供幼儿操作;按上面钟表上时

针、分针的位置，拨动下面的钟表。幼儿在多次观察钟表、思考如何认读时间、操作时针分针的过程中，逐渐建构对钟表的认识。

案例　我的一天(大班)

活动目标

1. 知道自己在园生活的一天中，什么时间做什么事。
2. 愿意思考节约时间的方法。
3. 能关注自己的生活与所用时间的关系。

活动准备

事件图片、时间卡、绘画纸、笔。

活动过程

1. 什么时间做什么事。

在一日生活的每个环节中，教师都有意识地引导幼儿关注时间。如：

(1)幼儿入园时。

师：仔细看看钟，你知道现在是几点吗？你是几点钟来上幼儿园的？

(2)晨间锻炼前。

师：现在钟面上长针走到哪儿？短针呢？你知道是几点钟吗？我们什么时间去锻炼？

(3)锻炼回来后，再次引导幼儿观察钟面，说说是几点，锻炼一共花了多长时间。

(4)学本领前后也引导幼儿观察时间，说说几点开始学本领，几点结束，一共花了多长时间。

(5)游戏、进餐、午睡等环节前后都有意识地引导幼儿观察时间，不仅了解什么时候开始，什么时候结束，还要算一算一共用了多长时间。

2. 回顾一天的生活。

(1)师：今天我们一共做了哪些事？

引导幼儿回顾一天的生活，教师用简单的图案表示所做的事情。

(2)师：还记得每件事是什么时间做的？用了多长时间吗？

继续引导幼儿回顾并说一说做每件事时，从几点开始，到几点结束，花了多长时间。鼓励个别幼儿记录开始做每件事的时间。

(3)师：这些图片上是我们每天要做的事，这些时间是做每件事的时间，我们把它们按顺序展示出来吧！

引导幼儿按时间顺序将时间卡贴起来，然后再将事件图片与时间卡进行匹

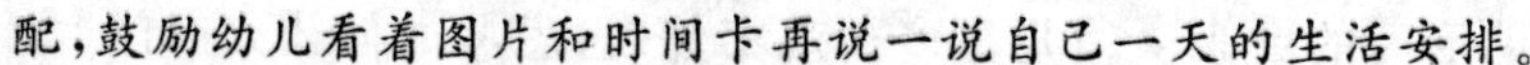

配，鼓励幼儿看着图片和时间卡再说一说自己一天的生活安排。

3. 讨论做每件事花的时间长短。

(1)师：是不是大家做每件事花的时间都一样长呢？

引导幼儿交流讨论，知道做同样的事情，有些人做得快，花的时间短；有些人做得慢，花的时间长。如：吃饭、起床整理等。

(2)师：做同样的事情，有的人花的时间少，就可以早点去做另一件喜欢的事。你有没有办法也让自己花少一点的时间完成这件事呢？

引导幼儿继续交流，知道做事专心细致可以节约时间。

（案例提供：江苏省南京市中华路幼儿园　钱震）

(三)利用制作钟表活动加深幼儿对钟表的认识

大班幼儿对于钟表上1—12的数字已经能够准确地认读，也能区分指针的长短，但对1—12数字的顺序、位置，以及长针和短针哪个是时针哪个是分针，往往缺乏清楚的了解。为了增进幼儿对钟面的认识，教师可以让幼儿在观察钟表实物的基础上，亲自动手制作钟表。如案例中设计的“制作钟面”活动，幼儿在认真观察、动手制作、摆弄自己制作的钟面过程中，能不断加深认识。

案例　制作钟面(大班)

活动目标

1. 通过制作钟面，进一步巩固对钟表的认识。
2. 愿意自己动手制作，有一定的画、剪、粘贴等制作能力。
3. 知道钟与人们生活的关系。

活动准备

小闹钟1—2个、卡纸、剪刀、彩笔、糨糊、回形针、事件图片和时间卡等。

活动过程

1. 小闹钟什么样。

师：你有小闹钟吗？你知道小闹钟有什么用吗？

引导幼儿迁移生活经验，说一说闹钟的作用，知道闹钟可以告诉人们时间，在人们需要的时候为人们报时，提醒人们去做事情。

师：你的小闹钟是什么样的呢？

鼓励幼儿仔细观察自己的闹钟，说一说钟面是什么形状的，上面有什么，复习对钟面的认识。

2. 制作钟面。

师：我们来为自己制作一个小闹钟。想一想，你要做一个什么形状的小闹钟？小闹钟上需要什么？用什么来做呢？

引导幼儿与同伴或老师进行讨论，确定自己想制作的闹钟的外形。

师幼共同讨论闹钟的制作方法：先在硬纸上画出钟面和指针的形状，然后用剪刀剪下来，接着在钟面上写出表示时间的数字，最后将指针粘贴在钟面中心点的位置。做好后还可以用彩笔对钟面进行装饰。

幼儿制作钟面，教师观察，在幼儿需要时给予适当的帮助与指导。

3. 拨拨我的小闹钟。

师：小闹钟嘀嗒嘀嗒地走呀走，现在小闹钟走到了12点整。看看你的小闹钟，怎样才能表示12点整呢？

师幼玩“报时间拨指针”的游戏，巩固幼儿对时间的认识。鼓励幼儿与同伴玩游戏，比赛看谁拨得又对又快。

（案例提供：江苏省南京市中华路幼儿园　钱震）

（四）运用讲解、演示、操作的方法，指导幼儿认识整点和半点

要让幼儿准确地认读钟表上的时间，离不开教师的讲解和演示，以及幼儿的操作练习。在讲解时，教师可以把时针、分针都拨到12的位置上，然后再从1、2、3……开始顺时针旋转分针，注意不能反方向（逆时针）拨，避免幼儿在指针转动方向上产生混乱。教师要着重讲解，分针转一圈，时针走了一大格，依此类推，继续一圈圈转动分针，让幼儿感受时针的变化。在案例“分秒必争”中，教师利用谜语导入活动，先让幼儿通过操作探索分针和时针运转的规律，然后播放课件讲解如何认识整点和半点，最后让幼儿根据作息时间拨钟表，玩游戏，进一步巩固根据分针和时针的位置判断时间的技能。整个活动安排十分紧凑，教学效率也非常高。

案例　分秒必争（大班）

设计意图

俗话说：“一寸光阴一寸金，寸金难买寸光阴。”可见时间是多么的宝贵。大班幼儿下学期将要上小学了，认识和记录时间对他们来说非常重要，但时间对孩子来说却非常抽象，他们一般体会不到时间的重要性。在与家长交流时，听到家长抱怨最多的就是孩子做事拖拉，没有养成良好的作息习惯。在与小学老师的交谈中也了解到，很多幼儿进入小学后，由于不认识钟表而耽误了上课时间。为了更好地做好幼小衔接工作，我们特意设计了这个活动。

活动目标

1. 知道钟表上时针、分针的名称以及运转规律，从而使幼儿学会认读整点、半点。

2. 引导幼儿拨出幼儿园一天的生活作息时间。

3. 养成珍惜时间、遵守时间、合理安排时间的好习惯。

活动准备

课件、数字头饰、大钟表一个，幼儿每人一个可拨动的小动物造型的钟表模型。

活动过程

1. 认识钟表。

(1)用猜谜语的形式导入活动，使幼儿了解钟表的名称，引起幼儿活动的兴趣。

师：会说没有嘴，会走没有腿，它会告诉你：什么时候起，什么时候睡。(谜底：钟表)

(2)请幼儿观察大钟表，通过观察认识时针、分针以及他们之间的不同，认识钟面上 12 个数字以及数字的排列位置。

2. 操作演示法，发现时针、分针运转的规律。

老师：你们知道时针和分针是怎么运转的吗？

(1)让幼儿动手操作，发现时针、分针运转的规律。

(2)教师操作，让幼儿了解表针的运转规律。

(3)师生共同小结。幼儿了解时针、分针运转的规律，学会看整点。

3. 认识整点和半点。

(1)播放课件，让幼儿感受时针和分针的运转规律。

教师演示：时针、分针都指到"12"上，然后将分针转一圈，又回到了"12"上，再将分针转半圈，指到数字"6"上。让幼儿注意这时时针有什么变化，提问幼儿是几点。

总结：当分针指到数字"12"上，时针指到数字几上就是几点整；当分针指到数字"6"上，时针指到两个数的中间，时针超过了数字几，就是几点半。

(2)出示小动物钟表模型，让幼儿自己拨出下列作息时间，并比一比谁拨得又对又快。

早上 7:00 起床 ；上午 8:30 进活动区；中午 12:00 吃饭；下午 3:30 做游戏；下午 5:30 放学；晚上 8:30 睡觉。

4. 游戏"分针带着时针转"。

12 名幼儿自由选择 1—12 的数字头饰，按顺序拉手站成圆圈，表示一个大表盘，再请两名幼儿分别扮演时针和分针，两个指针要指向教师事先要求的时间，其他幼儿当裁判看看是否正确。

师：小钟表呀表盘圆，12 个数字围一圈，分针长来时针短，分针带着时针转，看看现在是几点？

5. 布置回家任务。

回家与父母一起设计一份合理的作息时间表，明天上午讲给大家听。

活动延伸

从这几个方面讨论“如何珍惜时间”：周六周日自己起床、刷牙、洗脸、吃早餐花了多长时间？大家比一比，做这四件事谁花的时间最长？谁花的时间最短？为什么做同样的事，花费的时间却不一样呢？做同样的事情花的时间多，结果会怎样？

（案例提供：天津市河西区第 18 幼儿园　周卫红　冯俊平）

第四节　认识日历

一、日历的含义

历史研究发现，4000 多年以前我国的甲骨历是全人类最古老的历书实物，甲骨历的存在证明，殷代的历法已具有相当高的水平。但普遍认为，真正的日历的产生，大约可追溯到 1100 多年前的唐顺宗永贞元年（公元 805 年）皇宫中使用的皇历。当时的皇历一天一页，记载国家、宫廷大事和皇帝的言行，分为十二册，每册的页数和每月的天数一样。每一页上先注明日期，然后交给服侍皇帝的太监暂时保管，待太监在每日的空页上记下皇帝的言行并在每月月终交给皇帝过目，待皇帝批准后，送给史官存档。史官再将日历的内容与朝廷、国内各地区的大事结合起来，经过提炼、润色后记录下来，便成为国史。随后，由于日历给生活带来了许多方便，逐渐进入到一些在朝大官的家庭中，经过一番变动，编制成自家的日历。再后来，日历便向大众化、家庭化的方向发展，人们会把历书上的干支、节气及黄道吉日都写在上面，并留下大片空白供记事使用，和现在的“台历”相似。

现在，用于记载日期的日历的种类也越来越丰富。其中，每页显示一日的叫日历，每页显示一个月的叫月历，每页显示一年的叫年历；挂在墙上的大幅翻页日历称为挂历，摆在桌上的小幅翻页日历称为台历；此外还有年历卡、DIY（do it yourself）年历、电子日历、电子万年历、日历软件等，但大都保持着古老日历的格局。

我国的日历有阴历和阳历之分。阴历是根据月亮圆缺变化的周期即朔望月制定的，因古人称月亮为“太阴”，所以称为“太阴历”，简称“阴历”。阴历产生的确切日期已难确定，但根据甲骨文中的一页甲骨历来判断，阴历大约在殷代已相当普及。阴历的主要特点是：历月的长短依据天象即月相来确定，大月 30 日，小月 29 日。阴历的日期表示着一定的月相，即初一是朔，即新月，十五、十六或十七是满月，即望，初七、初八是

上弦月，二十二、二十三是下弦月等。阳历即太阳历，也就是国际通用的公历，以地球绕太阳转一圈的时间定为一年，共365天5小时48分46秒。平年只计365天这个整数，不计尾数。每年分12个月，大月31天，小月30天，2月只有28天。同时还规定7月以前，单月为大月，双月为小月；8月以后，双月为大月，而单月为小月。

二、幼儿认识日历的发展特点

目前关于幼儿认识日历发展特点的研究还十分少见。根据我们的日常观察，幼儿认识日历具有如下一些特点：小班幼儿对日历关注较少，但并不陌生。在幼儿的生活中，他们总会看到或听到日历，但很少会有意识地仔细观察日历。他们对日历的格局形式以及上面的数字信息较难理解。中班幼儿开始关注日历上的年、月、日、星期等数字，但很难理解阳历和阴历的不同。有了生活经验作为基础，进入大班后，幼儿已经在生活中基本理解了年、月、日、星期的概念，具备了认识日历的基础。同时他们也能初步感受元旦和春节的不同，进而初步了解到阴历和阳历是不同的。

三、幼儿认识日历教育活动的组织

(一)利用互动墙饰让幼儿在参与中感受日期的变化

"互动墙饰"是指幼儿能够参与到墙饰的制作过程中，与墙饰所记录的内容产生相互影响。它明显区别于幼儿无法参与或者参与程度较低的"观赏性墙饰"。为了有效支持幼儿感受每一周、每一月日期的变化，教师可以在班级的墙面上开辟出一块空间，将全班幼儿的照片或姓名列成表格，请幼儿看日历写出每天是"×月×日"或者"星期×"，同时记录自己每天的出勤情况、每天的心情、每天生活中的一项内容等。记录一段时间后，教师可以请幼儿加以回顾、讨论和总结。

在案例"每天玩什么"中，教师请幼儿记录一周中每天锻炼的项目，按日期进行排序，幼儿从中可以真切地感受到一周时间的变化。

案例　每天玩什么(中班)

活动目标

1. 记录自己每天锻炼的内容，并能按日期进行排序。
2. 感受"一周"的时间概念。
3. 初步体验自己安排锻炼内容的方法和好处。

活动准备

绘画纸、笔。

活动过程

1. 晨间锻炼前谈话。

(1)周一晨间锻炼前，引导幼儿说一说锻炼的内容，了解该运动的作用。如：拍球——锻炼上肢；跨跳——锻炼下肢等等。

师：马上要去锻炼身体了，今天你想做什么运动呢？还记得我们可以做哪些运动项目吗？这些项目主要是帮我们锻炼哪儿的呢？

(2)师：每天每人最少要做几项运动？交换运动时要注意什么？

巩固锻炼的要求，知道每天锻炼时至少要交换一次，做两项不同的运动，这两项运动要有一个是锻炼上肢的，有一个是锻炼下肢的。

2. 记录锻炼内容。

(1)师幼共同到操场上参加锻炼活动，教师观察指导幼儿锻炼时，再问一问幼儿今天选择了哪两项运动？

(2)晨间锻炼结束后，请幼儿再说一说自己参加了哪两项运动，鼓励幼儿利用区域活动时间将自己今天做的内容简单地画下来。

(3)第二天早上，教师再次引导幼儿思考今天要做的运动项目，引导幼儿选择不同的上下肢活动进行锻炼。

师：我们有许多可以做的运动，昨天做过的内容，今天可以不做了，尝试昨天没有做过的内容哦！

(4)锻炼结束后，请幼儿将今天做的内容再次记录下来。第三天亦是如此。

3. 给锻炼记录排序。

(1)锻炼结束后，教师请幼儿将记录单拿出来，引导幼儿排好顺序后向同伴介绍：星期一我做的是……星期二我做的是……星期三我做的是……

师：你能按周一、周二、周三的顺序把三天的运动内容排排队吗？

(2)师：明天你想做什么呢？

鼓励幼儿思考后画出来。

(3)师：明天是星期几呢？明天想做的内容应该排在哪儿呢？为什么？

引导幼儿知道，周三之后是周四，周四的图片应该排在周三图片的后面。

(4)周五可以继续引导幼儿将锻炼内容记录下来并接着排序。引导幼儿看着记录说一说一周的锻炼内容，感受记录锻炼内容并按日期排序，能让自己较合理地安排并很清楚地记住一周锻炼的项目。

（案例提供：江苏省南京市中华路幼儿园　钱震）

(二)利用数学故事《年妈妈的一家》帮助幼儿理解年、月、日的概念

《年妈妈的一家》是一个经典的数学故事，这个故事生动形象地解释了年、月、

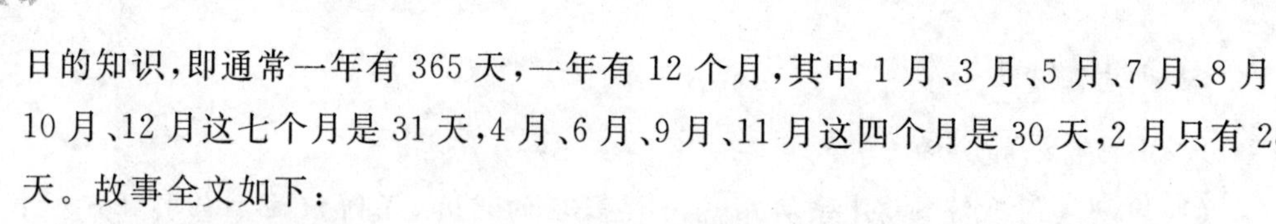

日的知识，即通常一年有 365 天，一年有 12 个月，其中 1 月、3 月、5 月、7 月、8 月、10 月、12 月这七个月是 31 天，4 月、6 月、9 月、11 月这四个月是 30 天，2 月只有 28 天。故事全文如下：

年妈妈的孩子真多呀！她给孩子起了一个奇怪的名字叫做“日”。年妈妈到底有多少个日娃娃呢？数呀数呀，一共有 365 个日娃娃。

这 365 个日娃娃住在一起吗？不不，那么多的日娃娃挤在一起怎么能行呢？于是，年妈妈就为它们盖了 12 座小房子，让所有的日娃娃分别住到这 12 座房子里，并且给这些房子起名：一月、二月、三月……十二月。

咦？这些房子怎么看起来有的大，有的小？而且还有一座顶小的房子，这究竟是怎么回事啊？原来，一月、三月、五月、七月、八月、十月、十二月房子里住的娃娃多一些，每座房子里有 31 个日娃娃。四月、六月、九月、十一月房子里住的日娃娃少一些，每座房子里有 30 个日娃娃。那座顶小的二月房子里只住了 28 个日娃娃。

年妈妈是那么的疼爱自己的孩子，常常担心她的孩子因为贪玩而找不到家。于是，房子盖好了以后，年妈妈就从一月房子开始数着自己孩子的名字：1 月 1 日、1 月 2 日……2 月……3 月……从早数到晚。当它数到第十二个月的最后一个日娃娃时，就要带着她所有的孩子到很远很远的地方去，再也不回来了。到那个时候就会有一位新的年妈妈，带着她自己的孩子又住进这十二座漂亮的月房子里，重复过着同样的生活……

根据这个数学故事，我们可以从多个角度设计教育活动，不同的设计思路往往反映出我们所在班级中幼儿的已有经验和总体的理解水平。在案例“年妈妈的一家”中，教师分三段讲述故事，同时为幼儿分组提供可操作的大纸、小圆片“日娃娃”，请幼儿写月的名称、日的名称、粘贴一定数量的“日娃娃”等，帮助幼儿听懂故事的主要内容，理解年、月、日的概念。在案例“年妈妈的一家”中，教师的做法明显有所不同，首先请幼儿观察 12 座大小不同的房子（1－12 月），猜想为什么有的房子大、有的房子小？接着给出数字卡，请幼儿猜一猜这些数字与大小不同的房子有什么关系；在幼儿充分猜想的基础上，教师再完整地讲述故事；通过层层提问，加深幼儿对故事主要内容的理解。最后再请幼儿操作数字卡，根据房子大小、故事内容摆放代表月和每月天数的数字卡，通过观察年历、重复听故事，帮助幼儿检查、巩固认识。两个案例各有特点。

案例　年妈妈的一家（大班）

活动目标

1. 听懂故事的主要内容，知道年妈妈的宝宝叫“日”，宝宝们住在名叫“月”的房子里，能够区分住在不同的房子（月）里宝宝（日）的多少。

2. 初步了解一年中×月×日的变化顺序。

3. 愿意参加本小组的活动。

活动准备

幼儿每组一张画有7个大房子、4个小房子、1个小小房子的大纸；幼儿每组365个小圆片“日娃娃”；年妈妈的图片、胶棒、彩笔。

活动过程

1. 讲故事“年妈妈的一家”（一）。

教师讲故事前两段，然后发给每组幼儿画有12座房子的大纸，请幼儿观察这12座房子，猜一猜每座房子的名字，最后总结出“一月、二月……十二月”这12个名字，再请幼儿将名字分别写在纸上12座房子的屋顶处。

2. 观察12座房子的大小。

请幼儿观察大纸上的12座房子，看看有什么不同？哪座房子大？哪座房子小？幼儿与小组中同伴讨论，教师请每个小组推选代表发言，最后提问：“为什么有的房子大，有的房子小呢？”请幼儿猜一猜。

3. 讲故事“年妈妈的一家”（二）。

（1）教师讲故事第三段，请每组幼儿检查一下刚才说的、猜的跟故事里讲的一样不一样。

（2）师：“一月、三月、五月、七月、八月、十月、十二月”这些大房子里住了多少个日娃娃？“四月、六月、九月、十一月”这些小房子里住了多少个日娃娃？那座顶小的二月房子里住了多少个日娃娃？

教师根据幼儿的回答，将数字31、30、28写在黑板上。

4. 送“日娃娃”回家。

教师发给每组幼儿365个小圆片“日娃娃”，请幼儿根据房子的大小，在12座房子里一行行整齐地粘贴好一定数量的“日娃娃”。幼儿在数数遇到进位困难时，教师可以适当帮助幼儿。

5. 讲故事“年妈妈的一家”（三）。

师：年妈妈是怎么数自己孩子的名字的？

教师讲故事的最后一段，请幼儿按顺序将每座房子里的日娃娃写上数字：1—31、1—30或者1—28。然后跟着老师学年妈妈那样按顺序数自己的孩子。

活动延伸

教室里挂一个日历本，每天由值日生负责撕一页，记录并报告日期。如：今天是×年×月×日星期×。

（案例提供：天津市河西区第18幼儿园　王俊）

案例　年妈妈的一家(大班)

活动目标

1. 初步理解年、月、日的概念,知道一年有12个月,一个月有31天、30天或28天。

2. 初步了解大月和小月分别是哪几个月。

3. 在小组讨论中能认真倾听别人说话,也愿意大胆表达自己的想法。

活动准备

1. 自制外形像房子的2014年1—12月的年历(大月、小月、2月的房子大小不同)。

2. 幼儿每组一份数字卡(1—12各一张,其中七张31、四张30、一张28)。

3. 幼儿每人一张2014年的年历。

活动过程

1. 观察"房子"。

请幼儿观察2014年1—12月年历上的十二座"房子"。

师:一共有几座房子?这些房子大小相同吗?大的有几座?小的有几座?为什么有的房子大,有的房子小呢?

2. 出示数字卡。

教师发给每个小组数字卡(1—12各一张,其中七张31、四张30、一张28),请幼儿看看数字卡上都有哪些数字,猜一猜它们与"房子"有什么关系,明确探索任务。

3. 讲述故事。

教师讲述故事《年妈妈的一家》,提问幼儿回答:

(1)故事里的这个妈妈叫什么名字?

(2)年妈妈的孩子叫什么?

(3)年妈妈有多少个孩子?

(4)年妈妈为孩子们盖了多少座房子?

(5)这些房子叫什么名字?

(6)大房子是哪几个月?大房子里住了多少个孩子?

(7)小房子是哪几个月?小房子里住了多少个孩子?

(8)最小的房子是几月?最小的房子里住了多少个孩子?

根据幼儿回答的情况,教师进一步解释说明。

4. 操作数字卡。

请幼儿在小组中和同伴商量如何摆数字卡,分清楚数字卡中哪些数字代表的是"月",哪些数字代表的是"日"。教师提示幼儿可以观察刚才看过的十二座"房子”。幼儿充分探索操作之后，教师总结：可以先摆出1—12月，然后在不同的月下面摆出天数(31、30或28)。

5. 观察2014年的年历。

师：现在我们每个人手里都有一张2014年的年历了，我们来数一数，1月有多少天？每个小组看看数字卡摆对了吗？2月有多少天？一直到12月。每组各自检查刚才摆的天数对不对。

6. 重讲故事。

每个小组检查后，教师可以再讲一遍故事，加深幼儿对年、月、日的理解。

（案例提供：天津市卫生局幼儿园　吕津）

(三)将年历作为幼儿的学具，循序渐进地引入年、日、月、星期等概念

现在印在一张纸上的年历颇为常见，教师可以收集起来，作为幼儿认识年历的重要学具。但真实年历中呈现的信息非常丰富，大大小小的数字、汉字甚至图案等较为复杂，不易为幼儿理解。对此，教师可以采用循序渐进引入的方法，请幼儿先观察再发问，进而展开讨论，幼儿自己提出的问题往往体现了他们对什么好奇、感兴趣。在幼儿充分思考、调动已有经验尝试解答问题的基础上，教师再适当地进行说明和解释，满足幼儿的好奇心和求知欲。这样，幼儿对相关信息的印象也会比较深刻。案例“认识年历”就是根据上述思路设计的活动，该活动最后还引入了过完一年又迎来新的一年的内容，幼儿在这一活动中获得了丰富的认识年历的学习经验。

案例　认识年历(大班)

设计意图

年历是每家每户必不可少的物品，对人们的生活有着重要的作用。仔细看看，年历又是一个复杂的东西，上面有图案有数字，数字还有大有小，有汉字有阿拉伯数字，有明显的也有隐含的信息……本活动强调让幼儿观察，在观察的基础上，发现年历上的数字和汉字，并讨论其含义，直至将那些数字和汉字的意思弄明白为止。这种逐一击破的方法，可以有效地引导幼儿认识并理解年历，为幼儿日后查找日期奠定基础。

活动目标

1. 初步认识年历的构成，了解年历中不同数字以及汉字表示的意思。

2. 能主动迁移生活经验，大胆地参与集体讨论和交流。

3. 知道年历与人们生活的关系，感受数学的有用。

活动准备

1. 教具:2014 年的年历 1 张。

2. 学具:2014 年的年历每人 1 张。

活动过程

1. 认识年历。

师:你们知道这个是什么吗?出示年历,引导幼儿观察年历,相互说说年历上有些什么,如:数字、汉字、图案等。迁移生活经验说说这个是年历。

2. 年历上有什么?

(1)认识年。

幼儿介绍自己发现的大数字"2014"。

师:你看到这四个数字了吗?指指它在哪儿?

引导幼儿寻找并熟悉数字"2014"的位置,了解这四个数字读作"二零一四",表示 2014 年。

(2)认识日。

幼儿介绍自己发现的表示日的小数字。

师:年历上所有的小数字都排在一起吗?它们是怎么排的呢?

引导幼儿观察小数字的排列,发现小数字排成了一个一个的方阵。进一步引导幼儿观察,知道有十二个小数字方阵,每个方阵里的小数字都没有重复的。引导幼儿关注每个月有几天,知道有 7 个方阵里的小数字多一些(1—31),有 4 个方阵里的小数字少一些(1—30),还有 1 个方阵里的数字最少(1—28)。

师:这些方阵里的小数字表示什么呢?为什么它们的颜色有的黑有的红呢?

了解这些小数字表示每一天,黑色的数字表示工作日,红色的数字表示节假日。

(3)认识月。

幼儿介绍发现的表示月的数字。

师:像这样不大不小的数字有几个?它们在哪儿呢?

引导幼儿寻找并数一数表示月的数字,知道一共有 12 个,每一个数字都有一个小数字方阵靠在一起,了解这些数字表示月。表示月的数字和表示日的数字靠在一起,就是告诉别人这里是×月里的第×天。

(4)认识星期。

师:这些和我们刚才看到的那些数字一样吗?那它们也是数字吗?

幼儿介绍发现的表示星期的汉字。引导幼儿集体认读汉字"一"到"六"以及"日"。进一步让幼儿感受每个月里都有这七个汉字,而且它们都排在表示每一天的数字上面,排列方法都是从"一"到"日"。一般来说,周一到周五是工作日,这些汉字是黑色的,周六和周日是休息日,它们是红色的。

师：年历上已经有表示年、表示月、表示天的数字了，为什么还需要这些写成汉字的数字呢？

了解这些汉字表示星期，从一到日表示一个星期。引导幼儿数一数某个月中有几个星期。

3. 年历的作用。

(1)师：为什么人们要在十二月份的杂志里放上明年的年历呢？

师幼讨论，了解十二月结束后，就要进入新的一年，需要使用新一年的年历了。

(2)师：人们为什么需要年历呢？

进一步引发幼儿的交流介绍，了解年历可以帮助人们知道年、月、日、星期等，对人们的生活、工作很有用。

（案例提供：江苏省南京市中华路幼儿园　钱震）

(四)在其他主题教育活动中自然渗透年、月、日的概念

案例以“奥运会”为主题设计活动，重点在于借助挂图、录像帮助幼儿初步了解有关奥运会的知识，其中对北京奥运会的介绍，自然而然地涉及了年、月、日的概念，如开幕式、闭幕式的日期，根据四年举办一届的规律，幼儿尝试推算 2012 年伦敦奥运会举办后下一届是哪一年举办，再下一届是哪一年举办等等。实际上，在其他主题教育活动中，年、月、日的概念自然渗透其中的情况十分常见，比如一年中的重要节日：1 月 1 日、3 月 8 日、5 月 1 日、6 月 1 日、9 月 10 日等。比起机械枯燥的练习，这种自然渗透、活学活用的学习更加自然而有意义。

案例　奥运会(大班)

设计意图

奥运会是全世界人民的盛会！认识奥运会，是大班幼儿了解世界的一个途径。当然，本活动中除了了解奥运常识以外，还准备引导幼儿推测奥运会的举办年份，在算一算和说一说之间，体现出数学是生活中重要的工具之一。

活动目标

1. 了解有关奥运会的常识，知道奥运会是世界各国参加的体育盛会。

2. 有一定的推理能力，尝试推算奥运会举办的时间。

3. 感受奥运会的盛大，有观看和参加奥运会的愿望。

活动准备

图片《奥运会》《奥运五环》《谁参加了奥运会》《北京奥运》；专辑录像带（开幕

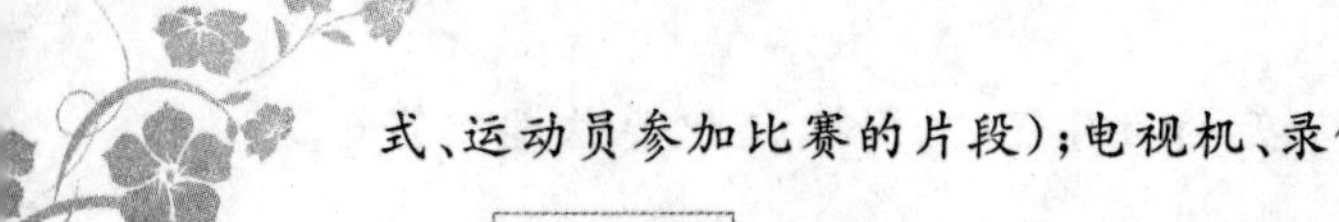

式、运动员参加比赛的片段);电视机、录像机。

活动过程

1. 什么是奥运会?

(1)师:世界上有一个最大的运动会,是全世界有最多国家、最多运动员参加的运动会。猜猜看,它叫什么?

鼓励幼儿迁移已有经验进行猜测。

(2)师:奥运会的全称是“奥林匹克运动会”,亦称“夏季奥林匹克运动会”。从这个名字上,你知道这个运动会在什么季节召开吗?

引导幼儿根据名称进行推测。

(3)播放奥运会开幕式录像,师幼共同欣赏。引导幼儿进一步感受奥运会是一个盛大的运动会,有许多国家的运动员来参加。

师:刚才我们看的是××届奥运会的开幕式。你觉得奥运会是一个什么样的运动会? 为什么?

2. 认识奥运五环标志。

(1)师:一起来看看这个标志是什么样的。

出示五环标志图片,师幼共同观察,鼓励幼儿说一说五环的形状、颜色和组合方式。了解奥运五环标志是奥运会的一个象征性标志,是由五个圆环组成,分别是红、黄、蓝、绿、黑五种颜色,表示全世界的人民团结在一起。

(2)师:其实,世界上有许多不同范围的运动会,看看这些运动员,你知道哪些人是在参加奥运会吗? 你从哪儿看出来的?

出示图片《谁参加了奥运会》,引导幼儿根据图片上的五环标志确定运动员是否参加奥运会,巩固对五环标志的认识。

3. 了解北京奥运会的相关知识。

(1)师:奥运会是轮流在世界各个城市举办的。我们国家也有一座城市举办过奥运会,你知道是哪儿吗?

引导幼儿了解我们国家的首都北京也举办过奥运会。

(2)师:让我们再来更多地了解北京奥运会吧。

出示图片《北京奥运》,引导幼儿观察图片,了解北京奥运会著名的体育场馆鸟巢、水立方,吉祥物的名称,知道北京奥运会是在2008年8月8日开幕,8月24日闭幕。通过观看运动会期间的一些图片,感受许多国家的运动员来参加北京奥运会,许多国家的人民都来北京看奥运会。

(3)师:为什么这么多国家的运动员都愿意来参加北京奥运会呢? 你觉得他们在奥运会期间,除了运动与比赛,还会有什么收获?

引导幼儿观察图片中许多运动员和各个国家人民相拥在一起的图片，感受奥运会能让大家相聚在一起，认识北京，认识更多新朋友，所以人们都很喜欢奥运会。

4. 推算奥运会的举办时间。

师：奥运会每隔四年举办一次。北京奥运会是在 2008 年举办的，算算看下一届奥运会是在什么时候举办？你知道下一届将在哪儿举办吗？再下一届又将在什么时候举办？

鼓励幼儿推算，巩固奥运会四年一届的小常识。知道北京举办后下一届是 2012 年伦敦奥运会，再下一届将在 2016 年举办。

（案例提供：江苏省南京市中华路幼儿园　钱震）

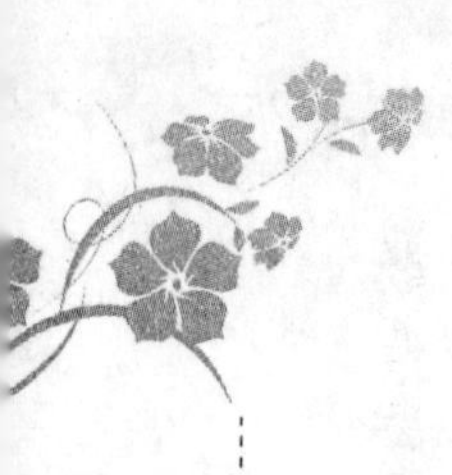

第九章 简单统计与图表记录

第一节 简单统计

一、统计的含义

“统计”一词有两层含义：一是总括地计算，比如“我统计一下去××幼儿园参观的人数”；二是指对某一现象有关的数据的收集、整理、计算和分析等。[①] 在本章，我们所讲的“统计”指的是第二层含义。统计的对象是数据，数据与我们所说的数字不同，数据是指从特定问题出发，运用计数、测量等方法获得的对于回答该问题有价值的信息，它通常用数字来表示，但不限于数字这一种形式。比如，我们想知道某园大班全体幼儿在园外上英语学习班的情况，待答问题是“该大班有多少名幼儿在园外上英语学习班？多少名幼儿没上？”接下来，我们一一访谈幼儿或幼儿家长，在对事实进行了解的基础上，分别计算“上”和“没上”的人数，最后统计出结果。比如，“该大班有5名幼儿在园外上英语学习班，28名幼儿没在园外上英语学习班”，对问题作出了回答。在这个统计活动中，我们针对一个问题收集到的数据不仅仅是5和28，而且还有它们各自代表的类目，即“上”和“没上”，这一事实也属于统计学中所讲的数据，只不过它的类型与人数5和28不同，属于定性数据中的称名数据。

在统计学中，我们通常将数据分为两大类：定性数据和定量数据，定性数据包括称名数据和顺序数据，定量数据包括等距数据和比率数据。称名数据是指说明某一事物与其他事物在属性上的不同或类别上的差异，是反映事物之间性质不同的数据，如性别、对某一事物的态度等；顺序数据是指按事物某种属性的多少或大小，按次序加以排列后产生的数据，如幼儿所在的年龄班（小班、中班、大班）；等距

---

① 中国社会科学院语言研究所词典编辑室．现代汉语词典[M]．北京：商务印书馆，2005：1370.

数据是有相等单位，但无绝对零点的数据，如幼儿在某项能力测验中的得分，得分的高低反映该方面能力的强弱；比率数据既表明量的大小，具有相等的单位，同时还有绝对的零点，如幼儿的身高、体重等。从称名数据、顺序数据到等距数据、比率数据，数据的测量水平越来越高，能够适用的处理方法也越来越多。由此可见，统计学中的数据比我们通常提到的数字范围要宽泛得多。

在《义务教育数学课程标准》(2011 年版)中，提到了在数学课程中应当注重发展学生的数据分析观念，具体包括：了解在现实生活中有许多问题应当先做调查研究，收集数据，通过分析作出判断，体会数据中蕴涵的信息等，数据分析是统计的核心。[①] 这一目标要求揭示了统计的含义与作用。统计就是要收集、整理和分析与某一问题有关的数据，从中获得发现以便清楚地回答问题，作出合理的判断与决策，它包括收集数据、整理数据和分析数据等环节。其中，整理数据是指幼儿在问题情境下，将所收集到的原本看起来无序的信息通过建立各信息之间的联系，变得有序的过程；分析数据是指从所收集和整理后的有序数据中获得有价值的发现或得出结论的过程。

二、幼儿统计思维能力的发展特点

在参考国内外相关研究资料的基础上，我们先对“统计思维”进行一下解释和说明。统计思维是人们对某一现象有关的数据的搜集、整理、计算和分析，然后综合判断、推理的认知活动过程，它一般包括描述数据、组织数据、表征数据、解释和分析数据四个组成部分。其中，描述数据又称阅读数据，即从陈列的图表中明确地提炼出信息，认识图表，在原始数据与陈列的信息之间建立直接的联系；组织数据即在问题情景下，整理收集到的信息，建立各信息之间的联系，把原本看起来无序的信息组成一个有序的系统；表征数据是对目标数据集合进行不同的组织排列后建构一个表征形式和视觉上的陈列；解释和分析数据即认识数据中的模式、趋势，以及针对现有的数据进行预测，包括理解数据之间的关系和根据已有数据预测未知数据。[②]

有研究采用国外测查工具改编的儿童统计思维发展测查题目，对从上海市两所普通幼儿园和一所小学随机抽取的 180 名中班、大班和小学一年级儿童进行了一对一的个别测查，以考查 5—7 岁儿童统计思维能力的年龄特点和发展水平，以及在自发与提供表征模式两种情况下表征统计数据的类型和特点，结果显示：

---

① 中华人民共和国教育部．义务教育数学课程标准(2011 年版)[Z]．北京：北京师范大学出版社，2012：5—6．

② 夏娟．5—7 岁儿童统计思维的发展研究[D]．上海：华东师范大学，2011：8—9．

(1)5—7岁儿童统计思维能力随着年龄的增加而不断增加。其中,大班和中班的差距大于一年级和大班的差距,说明儿童统计思维能力从中班到大班有了较大的发展。

(2)5—7岁儿童统计思维能力的四个组成部分(描述数据、组织数据、表征数据、解释和分析数据)的发展轨迹是从随意期、过渡期、量化期发展到分析期。随意期即儿童尝试挑战性的任务,但在应对任务的过程中会受到无关因素的干扰或导向;过渡期即儿童尝试挑战任务,但在挑战过程中常常只关注到任务的一个方面的特点;量化期即儿童大体能准确地使用表征模式,同时关注到任务的各个方面的特点;分析期即儿童有稳定的表征模式能力,不仅能集中于任务的几个方面的特点,同时能建立这几个方面的联系。5—7岁儿童统计思维能力的发展水平随着年龄的增长而逐渐提高,中班儿童处于过渡期的人数最多,大班儿童从过渡期逐渐向分析期发展,一年级儿童处于分析期的人数最多。

(3)5—7岁儿童的统计思维能力存在显著的年龄差异,但性别差异不显著。

(4)4.5—7岁儿童自发表征统计数据的类型有数字型、图画型、数字图画型和初步表格型。儿童的发展轨迹为:中班儿童以数字型和图画型两种表征方式居多;大班儿童则从数字型、图画型向数字图画型和初步表格型两种方式过渡;一年级儿童基本上不使用数字型表征方式,且初步表格型表征方式最多。

(5)5—7岁儿童在提供表征方式的情况下,表征统计数据类型的能力存在一定的年龄差异。三个年龄段儿童表征数据的能力随着年龄的增长而提高,并且从中班到大班的增长幅度大于大班到一年级的增长幅度。中班和大班儿童四种表征方式得分从高到低为表格、饼图、点图和柱状图,而一年级儿童的柱状图表征方式得分高于表格、饼图和点图。①

三、幼儿统计教育活动的组织

(一)目标

3—4岁	4—5岁	5—6岁
		能围绕某一问题运用计数、测量等方法初步收集数据,并能进行汇总、比较和报告自己的发现。

(二)教学建议

1. 在一日生活中设计与统计有关的小任务。

要完成某种统计任务,幼儿需要先想清楚“要回答的问题是什么”,“怎样才能

---

① 夏娟.5—7岁儿童统计思维的发展研究[D].上海:华东师范大学,2011:92.

准确回答这个问题”。在一日生活的真实情境中，教师设计一定的统计任务：一方面，由于情境是真实的，统计所针对的问题、需要完成的具体任务易于为幼儿理解；另一方面，由于密切结合幼儿的生活经验，对于如何通过计数、测量初步收集数据、回答问题，幼儿具有经验和技能的基础。例如，可以统计“每个月过生日的小朋友的人数、每个小朋友全家的人数、每个班图书区图书的数量”，“谁是幼儿园里个子最高的老师”，“我们班谁的个子最高”等。案例“今天来了几个小朋友”请幼儿统计自己小组中来上幼儿园的人数，参与班中的点名活动，这不仅有助于培养幼儿关心他人的良好品质，而且还能鼓励幼儿坚持每天出勤。同时，幼儿还在有意义的情境中运用和巩固了点数的技能，初步积累了制作图表，根据图表报告每组出勤人数的学习经验。

案例　今天来了几个小朋友(小班)

活动目标

1. 在教师的引导下，统计自己小组中来上幼儿园的人数。

2. 能正确点数小组同伴人数并说出总数。

3. 知道幼儿园里有老师、小朋友和许多玩具，喜欢上幼儿园。

活动准备

班级点名册，以及记录每个小组来幼儿园的人数的表格。

活动过程

1. 找找小组里没有来到幼儿园的小朋友。

(1)师：我们班的小朋友都是好朋友，好朋友应该关心好朋友，对不对？看一看，你们小组的小朋友都来齐了吗？有没有哪位小朋友没有来呀？

引导幼儿相互关注同组的小朋友，找一找没来的小朋友。

(2)师：你知道你们小组一共有几位小朋友吗？今天来了几位小朋友呢？

引导幼儿进一步了解小组同伴的情况。

2. 记录小组里来上幼儿园的人数。

(1)师：我们每天先点名，再把小组里的小朋友上幼儿园的情况记下来吧！

教师给幼儿点名，引导幼儿再次点数本小组来上幼儿园的人数，并在点名后报告给教师，教师用摆放点子卡片或画笑脸的方式记录在表格上。

(2)师：大家一起来数一数，每个小组今天有几位小朋友来上幼儿园啦？

教师展示表格，引导幼儿数表格中每组的点子或笑脸，然后说一说这个小组来了几位小朋友。

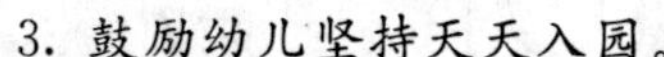

3. 鼓励幼儿坚持天天入园。

师：幼儿园里好玩吗？你喜欢上幼儿园吗？幼儿园里有老师、小朋友，还有许多有趣的玩具。我们每天都要坚持来上幼儿园哦！

（案例提供：江苏省南京市中华路幼儿园　唐晓艳）

2. 引导幼儿在实际操作中感受统计带来的便利。

统计能给人们的生活带来便利，我们的生活离不开统计。比如在生活中，我们时常听到各地蔬菜、鸡蛋、食用油等价格的比较，其价格数据就来源于统计活动。有研究者指出，统计就是要回答不能一眼看出答案的问题。站在超市中，每样货物还有多少，需要进哪些货物，哪些货物受欢迎等等。我们只能列举一二，不能完全回答清楚，因为我们需要全面地收集剩余货物的数量信息，经过整理和分析，才能做出全面的回答，这就是统计。

对幼儿来讲，他们进行统计总离不开在一定情境中对具体物品、材料进行操作，用外部操作活动辅助其内在思维活动。因此，为了支持幼儿完成统计任务，教师一定要适当地创设情境，放置一定种类、一定数量的材料，供幼儿操作。在操作中不断建构对物品分类、物品数据的理解，进而找到问题的答案。

在案例“小超市”中，教师利用“开超市”的游戏情境，提出问题“怎样才能知道超市中每样货物还有多少？需要进什么货呢？”引发幼儿感受统计的必要。在此基础上，教师又提出问题“哪些商品是受顾客欢迎的？如果下次要进货，你觉得应该多进哪些商品呢？”启发幼儿整理和分析所记录的数据资料，并报告自己的发现。在这个案例中，教师充分利用关键的提问，支持幼儿主动思考、解决问题。

案例　小超市(中班)

活动目标

1. 商定给超市商品分类的标准，统计每种商品的数量并能用数字表示。
2. 积极参与游戏场景的布置和材料的收集。
3. 感受统计给游戏带来的便利。

活动准备

师幼共同收集开展超市游戏所需要的柜子、塑料筐等。

活动过程

1. 创设情境、引发兴趣。

(1)师：娃娃家的爸爸妈妈说家里缺少一些用品，要到超市去买。可是我们附近没有超市,怎么办呢?

引发幼儿开设超市的兴趣。

(2)师:超市里需要哪些商品呢?

引导幼儿讨论超市有哪些商品,并鼓励幼儿回去后收集商品带到班中开设超市。

2.讨论分类方法,布置场景。

(1)师:这么多的商品,怎样摆放才能方便顾客选择商品呢?

引导幼儿提出将商品分类摆放。幼儿迁移生活经验,师幼共同讨论分类的方法。如:按日用品、食品分;按洗化用品、饮料、食品分……

(2)师幼共同布置"超市"的游戏场景,按确定的分类标记将材料摆放好。

3.简单统计。

(1)师:顾客到超市买走了商品,超市就需要不停地进货。怎样才能知道超市中每样货物还有多少?需要进什么货呢?

继续引导幼儿讨论,启发幼儿用数字记录表示每种货物的数量。

(2)游戏结束后,请超市的营业员向大家介绍统计的每种商品的数量。

师:今天超市的生意好吗?每种商品还剩下多少?

(3)师:哪些商品是受顾客欢迎的?如果下次要进货,你觉得应该多进哪些商品呢?

引导幼儿根据统计的结果了解受欢迎的、需要多进货的商品。

(案例提供:江苏省南京市中华路幼儿园 贾宗萍)

3. 在其他主题教育活动中自然融入统计的学习经验。

在其他主题教育活动中,教师可以自然融入统计的情况有很多。比如,以"交通工具"为主题的教育活动,教师可以请幼儿说一说"自己早上是怎么来幼儿园的",然后请幼儿想一想,"班里小朋友来幼儿园的方式有哪几种"?启发幼儿将不同的出行方式分一分类,再统计一下"乘坐哪种交通工具来上幼儿园的人数最多"?再比如,以"春游"为主题的教育活动,教师先问幼儿春游他们想去哪里玩,然后将幼儿提出的几个地点画在黑板上,请幼儿投票表决,并数出不同地点得票的多少,最后选定得票最高的地点作为春游目的地等等。教师有意识地提出需要运用统计才能回答的问题,让幼儿思考、解决这些问题。在不断积累学习经验的过程中,幼儿的统计思维意识和能力才能得到不断地发展,实现从量变到质变的飞跃。

案例"魔术师的图形画"是一个"数形结合"的造型活动,包含了多方面的学习经验。特别值得赞赏的是,教师在"魔术师的图形画"以及幼儿使用的绘画纸上精心设计了"不同图形和横线"的一列内容,作为提示线索。为引发幼儿观察和计数图形画中各种不同的图形分别用了多少个,发挥了重要的作用。

案例　魔术师的图形画(中班)

设计意图

用图形作画，很难说清楚它是美术活动还是数学活动。因为在贴画的过程中，幼儿先要关注美术表现的一些特点与要求，而贴完之后的统计，又是对数学知识的一种运用。这样的融合是一种自然巧妙的融合，幼儿的兴趣与能力也在其中得到较好的发展。

活动目标

1. 尝试用常见的几何图形拼贴出一幅完整的图画。

2. 能正确地判断画面上每种图形的数量，并用相应的数字表示，巩固对多种图形的认识。

3. 有一定的图形想象力和动手制作的能力。

活动准备

1. 教具：图形拼贴画图片3—4张。

2. 学具：绘画纸(纸的右边画有常见的图形标记，每个标记旁边还画有一条横线，用于统计数量)，常见图形(圆形、三角形、正方形、长方形、半圆形、椭圆形、梯形)，糨糊、抹布等。

活动过程

1. 魔术师的画。

(1)教师出示几幅由几何图形拼贴的画，引导幼儿欣赏作品，理解作品内容。

师：有一位魔术师可爱画画啦！看，这是他最新的作品。你能看出来是什么吗？魔术师的这幅画和我们平时画的画一样吗？是怎么"画"的呢？

(2)引导幼儿进一步仔细地观察作品，发现这些画是由多种图形拼贴出来的。

师：原来用图形拼拼贴贴也能变成一幅画呀！你想学着魔术师的样子做一幅这样的画吗？

(3)师：你想拼什么呢？需要哪些图形呢？拼的时候你觉得要注意什么呢？

引导幼儿讨论拼贴画的要求，知道先确定自己拼贴的内容，然后选择大小、颜色合适的图形摆好造型，确定后再抹糨糊贴起来。制作时要将主要的图形放在中间，造型可以大一点。

(4)师：魔术师用许多图形拼成了这幅画，我们来数一数，这张图片上有几个正方形？几个圆形？几个梯形？

引导幼儿仔细观察图片上的图形，找出每种图形，并数一数分别有几个。

(5)师：魔术师在画的旁边留了一条，这一条上还有图形和横线，这是什么意思呀？

引导幼儿观察并讨论，了解这里是将每种图形的数量记录下来的地方。请个别幼儿示范用数字印章在该种图形标记的旁边盖上相应的数字。

2. 我的作品。

(1)师：我们每个人都去制作一幅图形画吧！做完了记得数一数，每种图形用了几个，在图形标记旁边记录下来哦！

幼儿制作，教师观察、提醒幼儿先用图形片摆好造型，注意布局与色彩搭配是否合理。引导幼儿完成作品后统计所用的每种图形的数量。

(2)展示幼儿的作品，请幼儿介绍每幅画的内容和统计图形的结果，师幼共同核对检查。对有疑义的结果，引导幼儿再次数一数，找出正确答案。表扬在活动中大胆创作并认真统计的幼儿。

（案例提供：江苏省南京市中华路幼儿园　贾宗萍）

第二节　图表记录

一、图与表的含义

图表泛指直观展示有关信息的一种图形结构，是一种很好地将对象属性数据直观、形象地“可视化”的手段。图与表可以将所收集到的信息进行形象化的呈现，利用点的位置、线段的升降、直条的长短或面积的大小等形式直观地表示事物的数量关系，可以代替冗长的文字叙述，甚至具有文字和言辞无法取代的传达效果。

图表表达具有以下三个特点：(1)信息表达具有准确性，图表对所示事物的内容、性质或数量等信息的表达应该准确无误；(2)信息表达具有可读性，即图表应该简洁直观、通俗易懂，尤其是用于向大众传达信息时更应该如此；(3)图表设计具有艺术性，图表的设计必须考虑人们的欣赏习惯和审美情趣，这也是它有别于文字表达的独特之处。

统计表是对所收集的数据进行初步整理和归类计算后得到的表格，编制表格的基本元素是横线、竖线以及由横线和竖线构成的单元格；而统计图则使用非常丰富的绘图元素，如点、线、面、体、颜色、图案等，将数据信息图像化，因而能够更加直观形象地呈现数据分析的结果。统计图是利用点、线、面、体等绘制成几何图形，以表示各种数量间的关系及其变化情况的工具，它可以使复杂的统计数据简

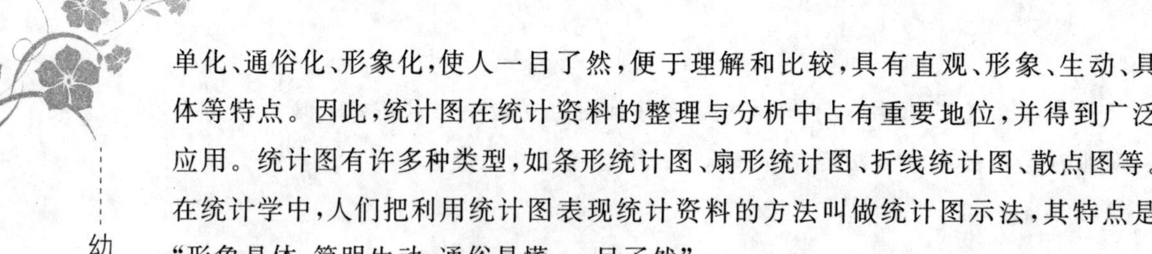

单化、通俗化、形象化，使人一目了然，便于理解和比较，具有直观、形象、生动、具体等特点。因此，统计图在统计资料的整理与分析中占有重要地位，并得到广泛应用。统计图有许多种类型，如条形统计图、扇形统计图、折线统计图、散点图等。在统计学中，人们把利用统计图表现统计资料的方法叫做统计图示法，其特点是“形象具体、简明生动、通俗易懂、一目了然”。

二、幼儿图表能力的发展特点

图表能帮助幼儿解决很多他们在日常生活和游戏过程中遇到的问题。如：统计一周里每天的游戏内容分别是什么，每天有多少小朋友来上幼儿园，大家穿的衣服、鞋子有多少种不同的颜色、种类等等。“图表能力”包括阅读图表信息、解释图表信息含义和制作图表的能力。图表有四种基本类型，即图画、柱状图（或直方图）、折线图和饼状图，幼儿能建构和理解的通常是图画和柱状图。

研究发现，在儿童的日常生活和游戏过程中，他们提出的许多问题都可以通过研究的方式解决，获得的信息也可以通过图表的形式来呈现。一旦儿童开始制作图表，他们就开始独立思考和解决问题，他们可能感兴趣的问题有：班上幼儿的身高、鞋子的大小、最喜欢的食物、最喜欢的颜色、最喜欢的书等，然后针对自己的问题进行相应的研究。制作图表为儿童提供了创造性地运用一些基本的数学技能的机会，如用图画的形式展示量的比较、分类、计数和测量活动的结果。可以说，图表提供了描述和分析数据的工具，是将数学与其他各领域课程整合起来的重要途径。儿童制作的最初的图表是使用真实物品制作出来的，是三维的。接下来，随着儿童的发展，他们可以使用图画和正方形制作图表，可以讨论图表上的结果，并口头描述图表的意义。学前儿童学习建构和理解不同的图表类型要经历三个发展阶段。

阶段一：实物图表。儿童运用真实物品来制作图表，例如使用立方体的积木。在这一阶段，儿童通常只能对两组事物进行比较，而比较的主要基础是一一对应，并将长度和高度可视化。

阶段二：图画图表。儿童可以比较两组以上的物品。另外，儿童会制作更长久的记录，例如将正方形的纸片贴在布告板的白纸上。

阶段三：方格图表。儿童从使用图片过渡到使用表格，他们不再需要真实物品，可以直接使用带有方格的纸。在这个阶段，儿童可以针对自己的问题独立完成任务。[①]

---

① [美]罗莎琳德·查尔斯沃斯(Rosalind Charlesworth). 3—8岁儿童的数学经验[M]. 潘月娟，译. 北京：人民教育出版社，2007：200—208.

一项研究从上海市两所办学质量处于中等水平的幼儿园中随机抽取了中班和大班共120名幼儿作为被试，其中，中班和大班幼儿各60名，男女各半。中班幼儿平均年龄为56.55个月(年龄范围51－62个月，标准差3.534)，大班幼儿平均年龄为68.28个月(年龄范围63－78个月，标准差3.751)。测查工具选用的是格雷厄姆斯等人编制的有关儿童统计思维发展特点的测查题中关于数据表征部分的题目。测查过程为：向被试出示糖果(4颗红色方形糖果，3颗绿色方形糖果，4颗红色圆形糖果，4颗绿色圆形糖果)，要求被试按自己的方式将糖果分类摆放好，并以画图的方式来显示"每种糖果有几个"，即让被试用自己能理解和使用的表征方式来表征目标数据。①

在将幼儿画的"统计图"归类整理之后，发现他们运用了4种不同的方法表征数据，可概括为图画型、数字型、图文结合型以及初级图表型四种类型。(1)图画型：完全用图画的方式如实显示不同类型的糖果及其数量；(2)数字型：只写下最终数得的数字以表征他们将糖果分成了几类、每一类有几颗；(3)图文结合型：采用图画和文字结合的方式来表征数据，用图画表征糖果类型，用数字表征每种糖果的数量；(4)初级图表型：以圆圈、直线、方格等形式区分不同的糖果类型集合，用数字、图画等方式表征每种糖果的数量，采用这类表征方式的幼儿已经有了初步的使用统计图表来表征数据的思维能力。

研究还发现：随着年龄的增长，幼儿逐渐从单纯使用数字或图画表征统计数据过渡到使用图画加文字或初级图表的方式；中班幼儿使用四种表征方式的比率相当；大班幼儿使用初级图表型表征方式的幼儿远多于使用其他三种表征方式的幼儿，而使用图画型表征方式的幼儿所占比率最小。可见，大班幼儿的统计数据表征能力已从图画型和数字型逐渐过渡到图文结合型和初级图表型，这也表明大班幼儿已从具体形象思维向抽象思维转变。②

三、幼儿图表记录教育活动的组织

(一)目标

3—4岁	4—5岁	5—6岁
尝试通过摆放实物等操作活动来表示简单的数量关系。	尝试用图画、数字、图画加数字等方法来表示简单的数量关系。	能用简单的记录表、统计图等表示简单的数量关系。

① 夏娟.中大班幼儿统计数据表征能力的发展[J].幼儿教育(教育科学)，2011(10)：38－42.

② 夏娟.中大班幼儿统计数据表征能力的发展[J].幼儿教育(教育科学)，2011(10)：38－42.

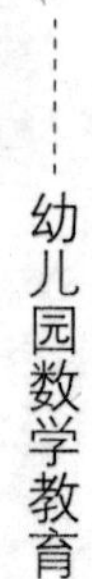

(二)教学建议

1. 引导幼儿在摆放实物、绘画等活动中感受如何表示数量关系。

尽管在《3－6岁儿童学习与发展指南》中,"能用简单的记录表、统计图等表示简单的数量关系"被视为5－6岁幼儿的一项典型表现。但是,根据幼儿图表能力的发展,我们在3－4岁、4－5岁幼儿的活动中仍然可以适当融入实物图表、图画图表等相关的学习经验,二者并不矛盾。在案例"数一数,画一画"中,教师请幼儿寻找彩蛋,并在画有三行蛋形轮廓的白卡片纸上用涂色的方法记录彩蛋的颜色和数量,最后还一起将找到的不同颜色的彩蛋摆放在台阶式架子上。这里既包含了实物图表的学习经验,也包含了图画图表的学习经验。幼儿在这个有趣的活动中将初步感受到如何用实物、图画表示物品的数量关系。

案例 数一数,画一画(小班)

设计意图

图表记录是幼儿数学教育的内容之一,需依据幼儿思维的发展循序渐进地开展。此次活动是依据复活节孩子们寻找彩蛋的传统游戏设计的户外游戏,在幼儿快乐地嬉戏寻找中,融入数学教育,使幼儿边找边数边画,在游戏中体验记录的过程。根据小班幼儿的年龄特点和具体形象的思维方式,采取平涂颜色的方法作为记录的方式,寓教于乐,为幼儿今后发展统计归纳的能力积累感性经验。

活动目标

1. 喜欢参加游戏活动,在活动中能做到专注、细心。

2. 初步感知图表并运用涂色的方法进行记录。

3. 能运用对应的方法比较记录的结果。

活动准备

1. 经验准备:幼儿了解复活节寻找彩蛋的游戏,会从1到5进行点数;认识红、黄、绿三种颜色,掌握平涂颜色的方法。

2. 材料准备:红、黄、绿三种颜色的彩蛋,水彩笔、小布袋、印有三行蛋形轮廓的白卡片纸若干、台阶式小架一个。

活动过程

教师提前布置好游戏场地:将红、黄、绿三种颜色的彩蛋分别放在宽敞、安全的场地里,如草丛中、滑梯下面、大树底下或小推车里。每个地点放置彩蛋1－3个,彩蛋的颜色1－2种。

1. 导入游戏,讲清要求。

师:小朋友们,我们一会儿就要到操场上去寻找彩蛋了,大家一定要仔细地找,找到以后，先数一数有几个彩蛋，是什么颜色的，再用你们小布袋里的水彩笔在这张空白彩蛋卡片上涂好颜色，画的彩蛋一定和你们找到的彩蛋颜色和数量是一样的。（教师有必要重复要求，最后简明提出：先数一数，再画一画。）

幼儿背好小布袋（内装三支彩笔和一张记录卡片）准备出发。

2. 组织游戏，指导记录。

在操场上，幼儿一起说儿歌："小彩蛋，快藏好，我们就要把你找，找到给你画个像。"说完，幼儿分头去寻找彩蛋。教师在组织幼儿游戏时，一方面要注意保护幼儿，提醒幼儿注意安全；另一方面要注意观察幼儿的表现，给予必要的指导。例如：有的幼儿找到后很高兴，忘记画了，教师要提醒他"数一数，画一画"；有的幼儿数得不仔细，教师指导他正确的点数方法；有的幼儿不敢大胆涂色，教师要及时鼓励；有的幼儿涂色时比较随意，教师要指导他们按照记录卡片上的提示，将相同颜色的彩蛋画在同一行。

3. 游戏小结，提升经验。

等全体幼儿找到和画完彩蛋后，教师和幼儿一起将操场上找到的彩蛋放到台阶式架子上，红、黄、绿三色各放一层，幼儿拿着记录卡片来到教师的身边。

师：小朋友一起数一数架子上的彩蛋有多少个。咱们先来数红色的，1、2、3，一共有三个，数数你们卡片上画的红色的蛋有几个？也是三个。咱们再来数黄色的，1、2、3、4，一共有四个，快看看你们卡片上黄色的蛋有几个？四个。好，最后再数一数绿色的蛋，1、2、3、4、5，一共有五个绿色的蛋，你们卡片上有几个绿色的？也是五个。

在这一过程中，幼儿先与教师一起点数架子上的彩蛋，再自己点数卡片上的彩蛋，检查记录的结果。

师：小朋友，看看你们的记录卡片，想一想，哪种颜色的彩蛋数量最多？哪种颜色的彩蛋数量最少？

幼儿利用具体形象的彩蛋记录卡片，用对应比较的方法，可以直观地看出绿色的蛋最多，红色的蛋最少，从而感知、理解记录的作用。

教师小结：小朋友的彩蛋记录卡片可真好，不但可以帮助我们数清楚找到多少彩蛋，还可以让我们知道哪种颜色的彩蛋数量最多，哪种颜色的彩蛋数量最少。今天小朋友又学了一个新本领。

（案例提供：天津市卫生局幼儿园　于颖）

2. 在一日生活的常规性活动中，让幼儿感受图表记录带来的方便。

在一日生活的常规性活动中，我们适当采用图表的形式记录一些信息，并引导幼儿参与图表记录的过程。幼儿在这样的活动中将会不断积累图表记录的感性经验,逐渐建构起图表的概念,并感受到图表记录带来的方便。例如,记录幼儿的出勤情况,教师可在班级外的墙上用大白纸绘制出全班幼儿出勤情况的记录表,幼儿早上入园时,可以在自己名字与对应日期的格子里盖上“笑脸”图章,表示“出勤”。一周后或者一个月后,教师请幼儿回顾本周、本月一共出勤多少天,幼儿在成人的帮助下可以将出勤总天数记录在表格的最后一列。通过阅读图表,幼儿可以说一说自己的出勤情况,与同伴作比较。除“盖章”外,幼儿还可以有许多种参与图表记录的方式。在案例“值日生的工作”中,幼儿用插标记的方式在师幼共同绘制的图表中选择值日生的任务,就是一种非常有益的尝试。

案例　值日生的工作(中班)

活动目标

1. 用插标记的方式清楚地表示值日生的任务分工,统计并确定每项任务的工作人数。

2. 感受图表统计为人们合理分工带来的方便。

3. 理解值日生要做的任务,愿意为集体提供力所能及的服务。

活动准备

绘画纸、笔等。

活动过程

1. 值日生的工作任务。

师:我们都是中班小朋友,会当值日生为集体做事了。但是值日生每天要做几件事?每件事要几个人做适合呢?

师幼共同讨论值日生的工作任务以及人数。如:抹桌椅,给自然角的植物浇水,整理区域材料,分发操作材料,布置和收拾游戏场景,协助老师分发碗和筷子……引导幼儿根据班级实际情况确定每项任务需要几个人完成。

2. 插标记选任务。

师:怎样知道每天每项任务已经有几个人去做了,还有哪些任务需要人去做呢?

引导幼儿讨论、商定将值日生的工作任务绘制成表格。每组的值日生也制作标记,选择任务后幼儿将自己的标记插在表格中,既便于自己记住要做哪些事,又方便其他值日生选择任务。师幼共同绘制表格,制作标记,值日生选择任务并插标记。

3. 用图表统计值日生的工作。

值日生选择完毕后,教师引导幼儿观察表格,用图表的方法将每天几位值日生做了什么事记录下来。

师：看看今天有几位值日生来抹桌子？几位值日生来照顾自然角的花草和小动物？几位值日生帮忙整理区域材料……

一周后，引导幼儿观察图表，看看每天分别有几位值日生做了什么事，最终和幼儿确定每件任务由几名值日生做。鼓励下一周的值日生按每件事确定的人数进行选择和插标记。

（案例提供：江苏省南京市中华路幼儿园　唐晓艳）

3. 让幼儿在具体操作材料的支持下尝试进行图表记录。

图表记录常常与分类整理物品的需要联系在一起。面对一堆杂乱的物品，用实物图表记录其种类与数量非常容易出错，效率也比较低。如果先将物品分类摆放，再数一数每类物品的数量，效率会提高，而且也不容易出错。与此同时，有了具体操作材料的支持，幼儿分类摆放物品的过程，实际上也是对实物图表的一种探索，从分类摆放的物品到在记录单每类物品标记后面用自己喜欢的、简单的方法表示数量，也就是经历从实物图表到图画型图表、图文结合型图表的抽象化图表建构的过程，对幼儿来说这是十分宝贵的学习经历。此外，在案例“收拾文具”中，教师还要注意通过变化操作材料，从文具到图形片，向幼儿提出了具有一定挑战性的迁移运用的任务。

案例　收拾文具(大班)

设计意图

大班幼儿将要上小学了，养成自己整理文具的习惯是十分必要的。在整理文具时，先分类，再数数，能帮助幼儿更准确地统计结果。本活动中的统计方法和程序，都不是教师直接告诉幼儿的，而是提供机会让幼儿自己讨论商量的。当然，一种方法的掌握是需要练习的，因而采取有针对性的小组操作练习，能有效地帮助幼儿达到活动的目标。

活动目标

1. 能用自己喜欢的简单符号记录书桌上各种物品的数量，巩固对数字表示的实际意义的理解。

2. 能细致地进行操作，知道数数时不重复、不遗漏。

3. 知道自己长大了，要养成收拾整理的好习惯。

活动准备

1. 教具：7 个本子、8 块橡皮、9 把尺子、10 支彩笔、图形片、一张记录单。

2. 学具:文具统计单、图形统计单和笔每人一份。

活动过程

1. 文具店的文具。

出示实物材料,引导幼儿观察桌面,鼓励幼儿完整地讲述:有本子、橡皮、彩笔,还有尺子。

师:文具店新进了一批文具,大家一起来看看,都有些什么?

2. 每样东西有几个?

师:东西还真不少!每样东西有几个呢?我们帮文具店记下来吧。看看记录单,你觉得它们表示什么意思?应该记在哪儿?

出示记录单,引导幼儿仔细观察记录单,理解并讲述记录单的意思:记录单上有本子、橡皮、彩笔、尺子的标记,这些标记的后面有空格,表示在空格中记录这几样东西的数量。

师:我们可以用自己喜欢的、简单的方法表示有几个。你想用什么方法表示呢?

启发幼儿用小点子、圆圈、短线或数字等简单的方法表示数量。

师:那我们就帮忙数一数、记一记每种物品的数量吧!

请幼儿每人取一张记录单,用自己喜欢的方法简单记录每种物品的数量。鼓励幼儿细心数,不要遗漏或重复。

师:你们记录的结果是怎样的呢?

鼓励个别幼儿介绍结果,如果幼儿的结果不一样,教师不必做正误的判断。

3. 收拾文具。

(1)师:这些文具都散放在桌子上,真不好数。怎样收拾这些物品,能让我们更清楚地知道每样物品到底有多少呢?

引导幼儿提议将物品分类摆放,然后再数。

(2)师:我们一起来收拾文具吧。

请幼儿示范将桌上相同的物品放一起,进行收拾整理。

(3)请几名幼儿分别示范数某样物品,并在黑板的记录单上进行记录。

师:现在再来数一数每样东西有几个吧。

(4)幼儿检查核对自己的记录结果。

师:现在和你自己的记录结果对照一下,看看你刚才数对了吗?

(5)师:为什么刚才我们自己记录时,有的人会数不正确?而现在都能数正确了呢?

引导幼儿思考、发现将同样的东西放在一起,数起来很清楚方便。

4. 统计图形片。

师:文具店还进了一批图形片,也要请大家帮忙记录一下每种形状有几个。

这次一定要仔细记录清楚哦！

请幼儿每人取一张图形统计单进行统计记录；鼓励幼儿先观察记录图表，了解每种图形记录在什么位置；提醒幼儿点数时仔细认真，用简单的符号边数边记录，最后统计出总数。

（案例提供：江苏省南京市中华路幼儿园　贾宗萍）

4. 在其他主题教育活动中自然融入图表记录的学习经验。

案例以“各种各样的鞋子”为主题，带领幼儿了解生活中常见的各类鞋子，激活幼儿原有的生活经验，同时丰富幼儿关于鞋子的经验。通过组织幼儿给自己最喜欢的鞋子投票，并统计投票结果，教师十分自然地在这类社会常识活动中融入了图表记录的学习经验，这样的设计也使幼儿从活动中所获得的学习经验更加丰富、更加完整。

案例　各种各样的鞋子(大班)

设计意图

每个人一生中要穿许多双鞋子，为什么鞋子要有这么多不同样式呢？探索鞋子的不同，其实就是更好地理解鞋子的作用。本活动在找出鞋子的不同样式之后，又引导幼儿根据不同样式进行分类。这也为幼儿以后有条理地收拾自己的鞋子等生活物品奠定了基础。

活动目标

1. 认识、了解生活中常见的各种各样的鞋子，初步知道它们的名称、结构、制作材料和作用。

2. 能用投票的方法了解大家喜欢的鞋子。

3. 知道鞋子是自己生活的好朋友，要爱护自己的鞋子。

活动准备

各种各样鞋子的实物，皮革、布料、橡胶的图片。

活动过程

1. 猜谜语，导入活动。

师：你们会猜谜语吗？听一听，想一想，这个谜语说的是什么呢？“稀奇古怪两只船，没有桨来没有帆，白天载人四处走，晚上横卧在床前。”

鼓励幼儿根据谜面思考并猜测，引出关于“鞋子”的话题。

2.“我们穿的鞋”。

(1)师:你今天穿的是什么样的鞋子呢?它是什么颜色的?上面有些什么?和好朋友说一说吧!

引导幼儿与同伴一起观察、交流脚上的鞋,了解鞋子的名称、结构、颜色等外形特征。

(2)师:谁愿意向大家介绍一下你穿的鞋子?

鼓励幼儿大胆地在集体面前介绍自己穿的鞋,说清楚鞋子的质地、颜色、花纹以及穿着的感受等。

(3)在幼儿介绍的基础上,师幼共同小结:我们穿的鞋子有的是用布做的,叫布鞋,穿起来很轻便;有的鞋子是用皮革做的,叫皮鞋;有的鞋子也是用皮革做的,但做成了运动鞋的样子,穿着它运动很舒服;有的鞋子只有一种颜色,有的鞋子有好几种颜色,还有的鞋子上面有花纹……

3.“我还知道的鞋子”。

师:在生活中你还穿过或看过哪些鞋子?是在什么时候穿的?

激活幼儿的生活经验进行讲述,引出各种各样的鞋子。教师视情况介绍一些特殊的鞋子,如:雨鞋、芭蕾舞鞋、跑鞋等,丰富幼儿的生活经验。引发幼儿思考:这些鞋子哪儿不一样?了解鞋子的颜色、穿着时间和方法以及制作材料各有不同。

4.“我喜欢的鞋子”。

(1)引导幼儿自己思考。

师:今天我们认识了各种各样的鞋子,知道鞋子的样子、作用、质地、颜色和花纹都有不一样的地方。仔细想一想,你喜欢什么样的鞋子呢?

(2)幼儿取出雪花片,给自己最喜欢的鞋子投票,并相互交流为什么喜欢这双鞋子。

师:我们来给自己喜欢的鞋子投票吧!每人取一个雪花片,到你最喜欢的鞋子面前,把雪花片放在它前面的小盒子里。最后怎么知道什么鞋子最受大家欢迎呢?数一数每双鞋子前面盒子中的雪花片数量就可以判断喜欢它的人数是多少。

(3)教师将每双鞋子前面的雪花片粘贴展示在黑板上。幼儿清点数量,比较多少,找出大家最喜欢的鞋子。

5. 保护鞋子的方法。

师:不同的鞋子可以在不同的时候给我们提供帮助。鞋子是我们的好朋友,你想怎么爱护你的好朋友呢?

幼儿讨论并交流,知道穿着鞋子走路时尽量要小心;不穿的时候要洗干净收起来;不能洗的鞋子要擦干净等等。

(案例提供:江苏省南京市中华路幼儿园　贾宗萍)

第十章 运用数学知识解决问题

为了有效地遏制将数学看成一堆死知识、在数学教育中强调死记硬背和机械训练的现象,20 世纪 80 年代国际数学教育改革提出了"问题解决"的口号,主张数学要服务于各种问题的解决,而绝不仅仅是用来解决传统教材、练习册中"脱离应用情境的简单问题"。在数学教育中,教师要引导学生发现、记录、探索和解决各种数学问题,让学生"直面真实应用情境中的复杂问题",经历积极的思维活动过程。在运用数学知识解决问题的过程中感受数学的有用,同时学习和掌握数学。运用数学知识解决问题主要涉及日常生活中的数学问题和其他领域教育中的数学问题两个方面。

第一节 日常生活中的数学问题

一、数学问题与数学问题的解决

《幼儿园教育指导纲要(试行)》明确提出:"要引导幼儿对周围环境中的数、量、形、时间和空间等现象产生兴趣,建构初步的数概念,并学习用简单的数学方法解决生活和游戏中某些简单的问题。"这充分体现了"以问题解决为中心"的数学教育改革理念。当代数学教育理论认为,问题是数学的心脏,问题解决是儿童早期数学教育的基本目标,数学的真正组成部分是问题和问题解决。[①]

数学问题泛指一切需要运用数学概念、原理、方法等才能得以解决的问题。它一般包含三个方面的内容:已知条件、目标状态以及从已知条件到目标状态的方法或阻碍因素。例如,请幼儿给全家人分发筷子,这就是一个有待解决的数学问题。已知条件是全家人都有谁,筷子放在哪里,每人需要一双筷子等;目标状态是全家人每人都有一双筷子;方法可能涉及人的数量、按人数数出或者计算出筷子的数量、按数取筷子、分发筷子等;阻碍因素可能是每人一双筷子而不是一根筷

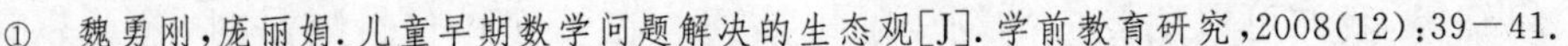

① 魏勇刚,庞丽娟.儿童早期数学问题解决的生态观[J].学前教育研究,2008(12):39-41.

子，而且点数人数时要包含幼儿自己等等。

数学问题解决就是运用有效的方法克服阻碍因素，从已知条件出发到达目标状态的活动过程。它既涉及幼儿头脑中的思维活动，也涉及外部可观察到的一系列行为表现。通常，针对同一个数学问题的解决方法并不是唯一的，我们仍以“为全家人分发筷子”为例。幼儿可以一次取一双筷子，分给一个人后，再去取一双筷子，直到所有人都有筷子为止；也可以一次取出所有的筷子，一双一双地分给每一个人后，再将剩余的筷子送回去；还可以一次取出全家人所需要的筷子数，一双一双地分给每一个人等等。头脑中的思维活动不同，外部行为表现也有所不同。在幼儿园数学教育实践中，我们应当注意观察幼儿数学问题解决的过程，辨别幼儿在外部行为表现上的差异，洞察其内部的思维活动，判断和分析幼儿数学问题解决的不同水平与策略。

二、发现和引入日常生活中的数学问题

数学源于生活又广泛应用于生活，这启示我们进行幼儿园数学教育时可以沿着两条路径进行：一是生活“数学化”；二是数学“生活化”。生活“数学化”是指教师要注意从日常生活中发现数学问题，看到日常生活中的活动情景，联想到其中可能包含的数学经验；数学“生活化”是指教师站在数学领域关键经验的角度，考虑其在日常生活中的具体应用情况，将数学知识还原。无论沿着哪条路径，最终的目的都是一致的，那就是沟通“数学与现实生活”的联系。只有这样，才能使幼儿感受到数学就在身边，感受到数学的趣味和作用，对数学产生亲切感和探究的兴趣。

源于日常生活的数学问题往往具有如下一些特点：一是真实，它是幼儿在生活中真实经历的问题，是幼儿“自己”的问题；二是与具体情境相结合，它不是单纯的抽象符号的运算，而是镶嵌在生活情境之中的，具有生活故事的生动情节；三是个人参与和体验，幼儿亲自参与和体验数学问题解决的过程和结果；四是反复出现，它们可能是反复出现的问题，思考和解决这些问题，幼儿能够切身感受到数学与生活的紧密联系，不断增强运用数学知识解决实际问题的能力。

1. 从幼儿数学的关键经验出发，日常生活中的数学问题主要涉及以下五个方面：

一是发现和记录“数”。生活中很多地方都用到数，数字也随处可见。在不同情境中，数、数字所代表的含义不同。钟表上的数字表示时间，体温计上的数字表示体温，天气预报中的数字表示气温，商品价签上的数字表示价格等等。生活中很多活动也都需要计数和运算，比如拍球、跳绳、滑滑梯时，可以通过数数清楚地知道拍了几下、跳了几下、滑了几下；购买东西时，需要算清钱数等。

二是发现和记录“量”。生活中常见的事物都有多种量的特征，大小、多少、高矮、粗细等，我们可以用相应的词语加以描述。在整理和收拾物品时，还可以按照

物体量的特征进行分类摆放等。比如，整理书柜中大大小小的图书等。

三是发现和记录“形”。生活中各种物品都有其独特的形状，比如蜘蛛网、积木、桌子、电视机、车轮等，物体的这些形状与几何形体之间存在密切的联系，我们可以用表示形状的词语来描述，还可以按形状对物体进行分类整理。

四是发现和记录“时间和空间”。人们总是生活在一定的时间和空间之中的，生活中时时处处离不开时间和空间。比如，幼儿在幼儿园8点钟吃早饭，家长在下午5点接幼儿回家。幼儿从家出发到幼儿园经历了空间位置的变化，一些熟悉的场所，分布在家和幼儿园的不同方位，距离的远近也不同。在体育、音乐、舞蹈活动中，幼儿也总会接触到空间方位和运动方向等。

五是发现和记录“关系”。涉及包含关系（分类）、序列关系（排序与模式）、部分与整体的关系、进行分类计数和数据表征（简单统计与图表记录）等。

2. 从幼儿日常生活的范围出发，日常生活中的数学问题主要涉及以下三个方面：

一是发现和记录幼儿园生活中的数学问题。幼儿园生活是幼儿熟悉的，借助幼儿园生活中的数学素材感知数学，不仅真实而且易于幼儿理解。比如：幼儿班级中每天出勤的人数、幼儿园里建筑的位置、班里座位的排列、户外活动的队列、图书区图书借阅情况的记录、运动会比赛结果的记录等。

二是发现和记录幼儿家庭生活中的数学问题。幼儿虽然来自不同的家庭，但作为同龄的伙伴，居住区域又相对比较集中，不同幼儿的家庭生活往往具有相同或相似的内容。教师通过家访、日常观察和随机交谈等方式，可以从幼儿家庭生活中发现真实存在的数学问题。比如：统计幼儿家里的人数、幼儿父母的手机号码、车牌号码、记录零花钱多少、小区里的楼栋编号和门牌号码等。

三是发现和记录幼儿社会生活中的数学问题。比如：去文具店购买文具花了多少钱、走亲访友乘坐几路公交车、去邮局或银行取号后等待叫号等，在幼儿可能接触到的社会生活中处处有数学。

教师作为有心人要学会用数学的眼光去看待幼儿的生活和幼儿周围的环境，要留心收集幼儿生活中的数学问题，并以适当的方式引入到幼儿园数学教育中。案例“给朋友分礼物”、案例“遵守规则的小司机”和案例“推算保质期”，就分别抓住了给朋友送礼物、停车、购买食品时看保质期等生活现象，找准了“平分”“相邻数”和“推算日期”等数学关键经验，为我们提供了活动设计的范例。

案例　给朋友分礼物（中班）

设计意图

与朋友平分礼物共享快乐，是成人经常会对幼儿进行的社会教育。幼儿习惯

了二等分，如果平分的人数增加了，他们还会分吗？本活动就是基于这样的思考，引导幼儿尝试为3个或3个以上的同伴平分礼物。当然，幼儿可能有不同的平分方法。活动中教师要充分尊重幼儿的策略，提供时间让他们介绍方法以及相互学习。

活动目标

1. 能在问题情境中积极探索，尝试用平均分配的方法为3个或3个以上的同伴分礼物。

2. 能在解决问题的过程中感受数学活动的有趣。

3. 体验分享和获得礼物的快乐。

活动准备

夹子、尺子、铅笔、橡皮、糖果等礼物（每种的数量为3的倍数），篓子若干。

活动过程

1. 猜礼物，激发幼儿活动的兴趣。

(1)教师出示用布盖着的篓子，请幼儿猜礼物，激发幼儿的活动兴趣。

师：六一儿童节要到了，幼儿园给大家送来了一些礼物。猜猜看，会是什么礼物呢？

(2)教师逐一打开盖布，将礼物展示在幼儿面前，和幼儿共同看一看，说一说，礼物有：夹子、尺子、铅笔、橡皮。

(3)教师将放有礼物的篓子分到各组。

师：每人选一种礼物，放在自己面前的小篓子里，然后数一数有几个。

2. 尝试分礼物。

(1)引出分礼物的问题。

师：每人拿了一种礼物，这种礼物的数量也比较多，你是想一个人要，还是愿意和好朋友分享？

(2)启发幼儿思考，鼓励幼儿交流讨论。

师：如果把你的礼物分给三个小朋友，每人分得的还要一样多，应该怎么分？

(3)幼儿尝试分礼物，教师观察幼儿分的方法与结果。

师：每个人都试一试，将礼物分成三份吧！

(4)师：你是怎么分的？每份礼物一样多吗？

教师通过实物投影仪，展示幼儿分礼物的过程，引导其他幼儿了解该幼儿将礼物平分成三份解决问题的过程。

(5)师：还有没有其他的分法呢？

鼓励知道不同分法的幼儿继续介绍三等分的方法，丰富幼儿的经验。

3. 尝试共同分数量较多的礼物。

(1)出示糖果,将糖果放到每组,鼓励小组幼儿集体数糖果,感受糖果数量比较多。

师:大家都很爱动脑筋,老师也给小朋友准备了一些糖果当礼物。这里有多少糖果呢?

(2)引导小组幼儿商量并共同平分糖果。

师:糖果也要大家一起分享。这些糖果怎么分给小组的每个小朋友,让大家分到的糖果都一样多呢?

(3)请幼儿介绍本组的分法,与其他幼儿分享平分的经验。

(案例提供:江苏省南京市中华路幼儿园　贾宗萍)

案例　遵守规则的小司机(中班)

活动目标

1. 通过相邻数的学习经验解决生活中停车的问题,使幼儿熟练掌握 10 以内的相邻数,感受生活中数学的有趣。

2. 遵守规则,按规则停车,体验与同伴合作游戏的快乐。

活动准备

1. 停车场平面图 2 张、数字车位号牌 10 个、数字小汽车胸牌 20 个、藤圈 20 个。

2. 场地:活动室。

活动过程

1. 小朋友扮演小司机,教师带领小司机开着小汽车进入情境。

2. 提出问题。

师:我们的小司机休息一会吧,小汽车要停在哪里?

师:这里不能乱停(出示停车场图),要求是:每个车位的两边只能停它的好朋友,一边只能停一辆车。

3. 解决问题。

(1)教师出示"2"号车位,请小朋友想一想谁是"2"号车位的好朋友。

(2)幼儿回答,教师根据现场幼儿的反应,随机指导。

(3)用上面的方法逐个确定每个车位号。

4. 游戏:遵守规则的小司机。

(1)介绍游戏的玩法:幼儿戴上小汽车胸牌,扮演小司机。教师请小司机看一看车位号,把车停到正确的位置。4—5 名幼儿负责举车位号。

(2)强调游戏的规则:每个车位的两边只能停它的好朋友,一边只能停一辆车。

(3)游戏开始:请没有小汽车胸牌的小朋友来当汽车管理员,手举车位号。先举起一个车位号,小司机停车,根据幼儿的停车表现,教师随机指导。同时可请举车位号的小朋友帮助检查,并说一说两边的小朋友停得对不对。

强化对相邻数的理解和应用,教师根据幼儿停车的位置,利用小朋友身体前后的位置帮助幼儿找到好朋友的位置,解决难点。

根据幼儿在游戏中的表现,再举起一个或同时举起后面的几个车位号,小司机停车。可请能力强的幼儿检查。

幼儿互换汽车,管理员互换车位号,游戏反复进行。

5. 游戏结束,师生共同评价。

活动延伸

可拓展车位牌号(20以内)。

(案例提供:天津市河西区第26幼儿园　赵萍)

案例　推算保质期(大班)

设计意图

食品保质期关系到食品安全,是人们必须要掌握的生活常识。引导幼儿推算保质期,这一活动完全立足于幼儿的生活需要,同时也是幼儿能力可及的范围。因此,这样的活动必然会引发幼儿的兴趣,期待幼儿的积极参与吧!

活动目标

1. 能仔细观察食品外包装上的数字,初步了解它们的作用。

2. 关注生活中常见食品的生产日期和保质期,会选择保质期内的食品。

3. 初步具有食品使用的安全意识,有关心他人和自己的情感。

活动准备

1. 教具:食品包装袋若干、实物投影仪。

2. 学具:"推算蛋糕保质期"压膜操作单(画有标注生产日期和保质期的蛋糕,以及人们食用蛋糕的日期);"推算牛奶保质期"压膜操作单(画有标注生产日期和保质期的牛奶,以及人们食用牛奶的日期)。

活动过程

1. 食品袋上的数字。

(1)师:妈妈要买一些食品,你知道在哪儿买吗? 买的时候要注意什么呢?

鼓励幼儿迁移生活经验进行交流,引导幼儿关注食品包装袋上的数字。

(2)师：包装袋上都有哪些数字呢？我们把它记录下来吧！想一想它们表示什么意思。

引导幼儿边观察自己带来的食品包装袋，边将观察到的数字记录下来，相互交流这些数字表示什么意思。

(3)师：现在谁能向大家介绍一下，这些数字都告诉我们哪些信息？

在实物投影仪下展示幼儿的记录，鼓励幼儿介绍，教师根据实际情况给予补充。教师引导幼儿了解这些数字中，有的表示地址的门牌，有的表示联系方式或电话号码，有的表示食品的重量，还有的表示食品的生产日期和保质期……重点引导幼儿发现每种食品包装袋上都有生产日期和保质期，使幼儿产生研究保质期的想法。

2. 认识食品保质期。

(1)师：为什么每种食品都有保质期，保质期有什么用？

引导幼儿从生活经验入手，说说自己对保质期的了解。

(2)师：我们都知道保质期很重要，如果你到超市买食品，会看保质期吗？你知道在什么时间内吃这个食品是安全的？

引导幼儿用实例介绍自己对生产日期和保质期的关系的认识。如：生产日期是3号，保质期是4天，那3、4、5、6号能吃，7号就不能吃了。

(3)师幼共同小结：买东西时，要先看生产日期，再看保质期，然后从生产日期开始推算，最后看算出来的时间是否超过了今天的时间，再判断这个东西能不能买。

3. 推算食品保质期。

(1)推算蛋糕保质期：根据蛋糕包装上的生产日期和保质期，推算蛋糕是否过期。

推算牛奶保质期：根据牛奶包装上的生产日期和保质期，推算牛奶是否过期。

(2)幼儿操作，教师指导。帮助能力较弱的幼儿用接数的方法推算日子，鼓励能力较强的幼儿又快又准确地算出食品还有几天过期。请个别幼儿介绍自己的操作，其余幼儿帮助检查是否正确。

师：你检查的结果是什么样的？这些蛋糕的生产日期是几号？保质期是几天？它们还能安全食用吗？

（案例提供：江苏省南京市中华路幼儿园　贾宗萍）

第二节　数学与其他领域教育的整合

在本节我们列举了数学与健康、社会、语言、科学、音乐和美术领域教育整合的一些案例，供广大教师参考，并举一反三。

一、与健康领域的整合

案例　勇敢的消防员(中班)

设计意图

在编排本园团体操的过程中，孩子们屡次发生变换队形后不知方位的现象。这种情况的发生，引发了教师对中班数学领域中空间方位识别学习的思考。根据中班幼儿具体形象的思维特点，方位识别能力的习得不能单纯依托在抽象性和严密逻辑性很强的数学领域中完成。因此，这里选择了将枯燥难懂的数学知识与丰富有趣、充满快乐竞争的体育游戏相结合的方法，发展幼儿空间的智能，感知体育游戏中蕴含的数学知识，用整合渗透的方式，提高数学教育的质量。

活动目标

1. 能以自身为中心区分前后方位，能以客体为中心区分上下、前后方位。

2. 感受前后方位的相对性。

3. 愿意遵守体育游戏的规则，并能在游戏中获得乐趣。

活动准备

动物贴纸、楼房背景、场地图、任务卡。

活动过程

1. 游戏开始时教师创设紧急救援的情境，请幼儿扮演消防员紧急集合。排队集合后，每个幼儿识别自己前后都有谁。此环节目的在于让幼儿以自身为中心区分前后方位。

2. 接下来需要幼儿抽取任务卡，消防员从起点快跑出发，跑到背景楼房前要和协助警察(老师扮演)说清楚自己要救助的动物是在彩色窗户的哪个方位？(例如：小兔在蓝色窗的×面)说对了才能将小动物救出，然后折返跑到起点处将小动物放到抢险车上。此环节是锻炼幼儿以客体为中心区分上下、前后的方位。

3. 救助过程结束的时候，教师提问幼儿：你刚才救助的是哪个小动物？现在它的前面是哪个小动物？后面是哪个小动物？救助过的小动物都排坐在抢险车内。此环节是强化幼儿以客体为中心的方位意识。

4. 消防员救助结束，大家再次排队，进行简单的队列变化练习。如：插队、并队、前后转等，教师提问并鼓励幼儿思考，××小朋友在××小朋友的什么地方？通过不断变换自身方位，反复强化幼儿以自身中心辨别前后的能力。

注意事项

1. 游戏开始前，结合中班幼儿的运动特点选择大小适宜的场地，场地贴有指示路标，游戏中携带的操作材料应方便易拿。

2. 教师组织体育游戏时勿偏离数学教育的主题，利用各种游戏情节时刻强化幼儿对空间方位的学习。

3. 教师组织体育游戏的语言要简练、有针对性、声音高昂、节奏紧凑。（尤其是在救援环节，要关注到每个幼儿是否按要求完成任务）保证孩子在玩中学，保证游戏的连贯性。

4. 提前预设各种可能发生的干扰，准备应急方案。如：排除场地上各班的相互干扰等。

指导重点

1. 采用讲解法，在开始的消防员救助情境创设中说清楚游戏的玩法与要求。

2. 运用示范法示范任务卡救援过程，帮助幼儿明晰玩法规则，避免场面混乱或时间拖沓。

3. 鼓励幼儿以角色扮演的方法贯穿游戏始终，激发幼儿参与游戏的积极性。

4. 教师提问要注重规范性，指导语目标指向要明确。例如："你的前面站的是谁？改变位置后，现在你的前面又是谁?"同样，小动物改变位置前后发生了什么变化？（强调位置改变后，前后的景物或人员也会变化）。

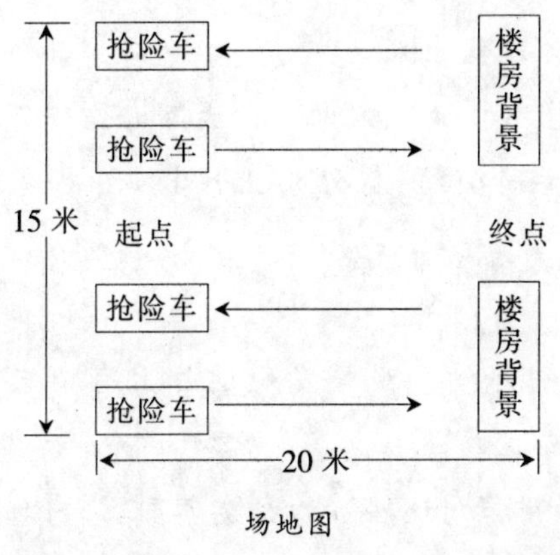

场地图

任务卡

（案例提供：天津市河西区第26幼儿园　余芳欧）

二、与社会领域的整合

案例　图书的不同(大班)

设计意图

随着社会的发展，图书无论从内容到外形都发生了很大的变化。适合不同读者群的图书特点也是不一样的。仔细想一想就不难发现，这一发展变化中也蕴含了数学教育的因素。本活动通过幼儿喜欢的“找不同”游戏，引导幼儿发现不同，根据不同进行分类，而这些做法其实也正好促进了幼儿对图书这一对象的充分认识。

活动目标

1. 通过观察、比较，能发现图书在大小、厚薄等方面的不同。

2. 能细心观察图书的特征，并大胆地表述自己观察的结果。

3. 感受比较发现的乐趣，对图书产生进一步探索的愿望。

活动准备

1. 经验准备：幼儿前期了解图书的制作过程，认识图书的结构。

2. 物质准备：各类图书若干本、实物投影仪。

活动过程

1. 观察发现：图书外形的不同。

(1)引发幼儿的兴趣。

师：你玩过找不同的游戏吗？今天，我们一起来玩一个找不同的游戏。

(2)教师出示几本大小不同的书。给每组一些书，鼓励小组幼儿边观察，边寻找，边讨论。

师：这里有些书，它们哪里不同呢？你能找出来吗？

(3)师：找到哪里不同了吗？每个小组可以请一名幼儿向大家介绍一下哦！

请幼儿说说小组的发现结果，师幼共同小结：从外形上比较，图书有大小不同、厚薄不同、形状不同的特点。

2. 观察发现：图书种类的不同。

(1)展示多种图书的图片，教师重点引导幼儿观察发现图片上有杂志、字典、漫画书、字帖等。

师：仔细看看上面的图书哪里不一样？（幼：这些书的种类不同。）

(2)师：你还见过哪些书？

迁移幼儿的已有经验，鼓励幼儿大胆表述自己的意见和看法。

3. 观察比较：表现内容的方式不同。

(1)师：请你们最后来看看左边的三本书，看看它们有什么不同？

教师打开三本书，请幼儿观察图书的内页。教师重点引导幼儿观察比较三种书，了解书的表现内容的方式不同：一种是只有文字，一种是只有图画，还有一种是图文结合的。

(2)师：你认为这三种书适合谁来读？为什么？

引导幼儿集体讨论，鼓励幼儿各抒己见，大胆地表述自己的理由。

(3)师幼共同小结：知道只有文字的书比较适合大人看，图画书适合小朋友看。

4. 评价总结。

图书有很多种类，能满足不同职业的、有不同需求的、不同年龄的人的阅读要求。有的书适合大人看，如文字比较多的书；有的书全是图画，颜色特别鲜艳，适合小小孩看；有的书既有图又有文字，比较有趣，还能识字，适合小朋友看。

（案例提供：江苏省南京市中华路幼儿园　贾宗萍）

三、与语言领域的整合

案例　有趣的数字"0"(中班)

设计意图

幼儿在生活经验和认知范围内往往会把"0"和"没有"画上等号。但在实际生活中，"0"却有着不同的含义和表现样式。因此，对于幼儿来说，正确认识"0"的含义是非常有必要的一项教学内容。为使幼儿较好地掌握这方面的知识，推荐教师使用讲述文学作品的形式。例如《9和0》这个数学故事构思新颖，丰富的数学知识和有趣的情节画面能引起幼儿的好奇，有利于幼儿拓展自己的思维与经验，进行大胆猜测、想象。

活动目标

1. 理解故事内容，能专心倾听故事。

2. 知道"0"在生活中的意义，了解周围生活中"0"的不同含义。

3. 知道人都有各自的本领，不要看不起别人，也别小看自己。

活动准备

1. 经验准备：学会认读10以内的数字。

2. 物质准备：多媒体课件、图片、黑板。

活动过程

1. 导入部分：激发学习兴趣，引出故事主题。

教师出示拟人化的数字卡片娃娃"0"，组织幼儿进行大胆猜想，引出主题。

师：你们瞧，谁来了？谁来猜一猜，数字娃娃"0"为什么伤心呀？

2. 展开部分：理解故事内容，掌握数学知识。

(1)教师有感情地讲故事，提问简单的问题。如故事的名称、有哪些角色等。

(2)分段播放课件，幼儿欣赏。

师：你觉得它们在干什么？你是从哪里看出来的？看看数字娃娃"0"怎么了？鼓励幼儿结合自己的经验自由讨论，大胆发表自己的观点。

(3)请幼儿边看课件，边完整地欣赏故事。教师根据幼儿对故事的理解进一步提问：数字娃娃们知道"0"的本领那么大，他们会怎样做呢？一开始谁和"0"站

在了一起，变成了什么？到底是“9”大还是“10”大？你是怎么知道的？

3. 结束部分：讨论和总结故事的含义。

通过组织幼儿讨论，逐步得出故事的含义：人都有各自的本领，不要看不起别人，也别小看自己。

活动延伸

鼓励幼儿寻找生活中各种写有“0”的事物，如温度计上的“0”，电话号码中的“0”，门牌号中的“0”，帮助幼儿归纳总结：“0”不只是表示没有，还有其他含义。

故事内容

0、1、2、3、4、5、6、7、8、9十个数字娃娃，排着队做游戏，9当队长。9当了队长就骄傲起来，看不起别的数字娃娃，特别看不起0。

一天，9对0说：“0，你不够资格和我们在一起，你一点用处都没有。”0听了，圆圆的眼睛里泪水汪汪。

这时，1看了很生气，说：“喂，0也是我们的队员，你不应该欺负它！”

“谁让你说话来着？”9大声地说，“瞧你瘦得像根火柴棒，没头没脚的，两个1加在一起，也不过是‘2’。”

0在一边说：“只要我和1在一起，就比你大了。”

“什么？”9跳起来说，“一万个你加在一起，也还是0，你怎么能和我比啊！”

“不信，咱们就比比看！”0说着跑到1的后面去。

“好，比就比。”9气得横眉竖眼地说，“现在就请布娃娃来当裁判！”于是，它们三个走到布娃娃面前。

9抬起大脑袋，指着1和0说：“布娃娃，你评评理，它们两个在一起，能比我大吗？”

布娃娃仔细一看，笑着说：“当然比你大啦！”

布娃娃说：“它们两个在一起就是10。”说着拿出九块积木堆在一起，又拿出十块积木堆在一起，问9：“你瞧，哪一边大？”

9瞪着眼睛，抿着嘴巴，说不出话。

“你说话呀，到底是你9大还是人家10大？你不说就让小朋友来说。小朋友，你们说，是9大还是10大？”

（案例提供：天津市卫生局幼儿园　李红艳）

四、与科学领域的整合

案例　小伞兵降落大比拼(大班)

设计意图

大班幼儿已经开始有竞赛的意识了，他们希望竞赛是公平公正的，所以对竞赛中的各种条件有所关注。在本活动的大比拼中，小伞兵位置的差异、辅助物的重量差异等，都会影响比拼结果。本活动中没有直接告诉幼儿应该怎么做、要注意什么，而是通过探索让幼儿自己发现，同时鼓励幼儿自己调整。发现和调整的过程，就是运用数学解决问题的过程，也是幼儿能力不断提升的过程。

活动目标

1. 学习用长条纸制作“小伞兵”，通过操作知道“小伞兵”是旋转下降的。

2. 尝试通过调整分叉口的长度、分叉“小翅膀”的折叠角度以及添加辅助物等多种方法改变“小伞兵”的降落速度。

3. 能大胆地讲述自己的发现与探索过程。

活动准备

1. 教具：做好的小伞兵范例，“小伞兵”制作图示。

2. 学具：手工纸(尺寸约10厘米×4厘米左右，每人一张)；夹子、油泥等每人一份。

活动过程

1. 制作“小伞兵”，引起幼儿活动兴趣。

(1)师：有一种运动是从高高的空中落下的，需要很大的勇气，猜猜是什么运动？

引导幼儿根据自己的经验理解是跳伞运动。

(2)师：瞧！“小伞兵”往下跳啦！看看它是怎样下落的？你们也想做小伞兵吗？

教师出示范例并示范玩法，激发幼儿制作“小伞兵”的兴趣。引导幼儿观察、发现“小伞兵”是飘着、转着下落的。

(3)师：“小伞兵”怎么做呢？仔细地看清图示，试着制作一个“小伞兵”吧！

教师出示制作图示，幼儿取纸看图示制作，教师重点引导幼儿发现图示中两个箭头的不同方向，明确要沿箭头方向折叠来制作“小伞兵”。

(4)师：玩玩你的“小伞兵”，看看它是怎样下落的？

幼儿自由玩“小伞兵”，教师引导幼儿仔细观察“小伞兵”的降落方式，发现“小伞兵”从高处往下落，是旋转着飘落下来的。

2.“小伞兵”比赛，感受降落速度的差异。

(1)师：是不是所有“小伞兵”的下降速度都一样？怎样比较？

师幼讨论、小结：每个“小伞兵”下降的速度不一样，比较时两个“小伞兵”的位置一样高，还要同时松手使其下落。

(2)师：怎样知道“小伞兵”是不是在一样的高度开始降落呢？

引导幼儿想办法。如：将“小伞兵”靠在一起后再松手降落；以墙或窗上的水

平线作为标准，将“小伞兵”对齐该水平线后再松手降落等。

(3)幼儿自由结伴比较“小伞兵”的降落速度。引导幼儿要先确定“小伞兵”降落前所处的位置高度是一样的。

师幼共同小结：同伴间把“小伞兵”放在同一高度同时下落，落地的速度是不一样的。

3. 改变“小伞兵”的降落速度。

(1)师：小伞兵的下降速度不一样，为什么会有的快，有的慢呢？我们有什么办法能改变它们的降落速度呢？

引导幼儿将分叉的开口撕大，或者将翅膀向上或向下折叠，调整后再次尝试，与同伴交流调整后的速度变化。

(2)师：这些是什么？它们可以用来改变小伞兵的下降速度吗？怎么用？你们去试一试吧！

教师出示辅助物，引导幼儿尝试用油泥或其他辅助物固定在“小伞兵”的末端上，调整后再次尝试，与同伴交流调整后的速度变化。

(3)师：你觉得怎样做能让“小伞兵”降落得更快？

鼓励幼儿介绍探索结果，知道固定在“小伞兵”末端的物体越重，它的降落速度就越快。

师幼共同小结：还有很多方法可以改变“小伞兵”的降落速度，小朋友可以继续去探索，去尝试。

（案例提供：江苏省南京市中华路幼儿园　贾宗萍）

五、与音乐领域的整合

案例　两只小小鸭(小班)

设计意图

这首歌曲轻快活泼，同时又能表现小鸭子的调皮可爱，很适合小班幼儿学习。要学会唱一首新歌，离不开反复练习。但幼儿在反复练习唱歌的过程中，往往会产生疲劳情绪。本活动在设计时，还将两只小小鸭替换成三只、四只……虽然只是一字之差，却会给幼儿不同的感受，在唱歌时能保持较长时间的兴趣。

活动目标

1. 初步熟悉歌曲《两只小小鸭》的旋律，理解歌词内容，学唱歌曲。

2. 能在动作的提示下较准确地唱出亲吻的象声词。

3. 初步体验与同伴说悄悄话的乐趣。

活动准备

小鸭手偶2个、3—5只小鸭的图片、歌曲《两只小小鸭》和《谁饿了》。

活动过程

1. 复习歌曲《谁饿了》。

师：这是什么歌曲？我们一起来用好听的声音唱一唱吧！

教师弹奏歌曲，引导幼儿说出歌名，鼓励幼儿用好听的声音面带微笑唱歌。

2. 游戏“说悄悄话”，引发幼儿的兴趣。

鼓励幼儿相互间说说悄悄话。

师：我们跟自己的好朋友说说悄悄话吧。怎样说不会被别人听见？我们来试一试。

3. 学习歌曲《两只小小鸭》。

(1)出示手偶，教师示范唱歌曲一遍。

师：你们看看这是什么小动物啊？我们听听它在唱什么好听的歌？

(2)通过提问帮助幼儿理解歌词内容。

师：你们听到歌里唱了什么？有几只小小鸭？它们在干什么？

(3)师：我们和小鸭子一起唱歌吧！

在音乐的伴奏下，幼儿唱歌。第1—2遍引导幼儿熟悉音乐的旋律，轻声跟着教师一起唱歌；第2—3遍鼓励幼儿用好听的声音唱歌，教师的声音可以适当降低，到最后让幼儿独立地唱歌。

(4)尝试在动作的提示下唱出第八拍的亲吻声。

师：谁能来试试小鸭子亲亲小嘴巴的声音是什么样的？我们一起把小手变成小鸭的嘴巴唱唱亲吻的声音吧。

4. 继续练习歌曲。

师：许多小鸭听到歌声，都想来一起说悄悄话。看，来了几只小鸭？应该怎么唱呢？

教师分别出示3只小鸭、4只小鸭、5只小鸭的图片，引导幼儿先点数鸭子的数量，然后再根据小鸭数量的变化改变歌词第一句“×只小小鸭”，多次练习唱歌曲。

5. 尝试根据歌词内容创编简单动作。

(1)师：小鸭子的嘴巴是什么样的？走起路来是什么样的？我们一起来说一说，做一做动作吧！

教师鼓励幼儿根据歌词内容做出相应的动作，并大方地表演给大家看。

(2)尝试在歌曲的悄悄话处和同伴说说悄悄话。

师：我们和旁边的好朋友说说悄悄话吧，什么时候说悄悄话呢？唱到“说句悄

悄话"的时候对着好朋友做说悄悄话的动作。

6. 歌曲表演。

师:谁想和你的好朋友们来表演小鸭子呢?

鼓励幼儿根据图片上鸭子的数量,与相同数量的好朋友一起进行歌曲表演。

(案例提供:江苏省南京市中华路幼儿园　贾宗萍)

六、与美术领域的整合

案例　美丽的花(小班)

设计意图

用撕贴的方法表现小花,活动的过程中幼儿都在动手操作,能满足他们好动的需求。而无论撕的形象怎样,都可以想象成一朵朵小花,贴到花盆上,能满足幼儿成功的体验。按颜色贴小花,这一要求符合生活实际。教师一个简单的要求,就将数学教育内容自然地融入到美术活动中。

活动目标

1. 学习简单的撕纸,尝试用撕、贴的方法,表现花的不同形态。

2. 迁移对颜色使用的经验,能够对红、黄、蓝三原色进行适当的搭配。

3. 对美工活动有一定的兴趣,能初步享受撕贴活动的快乐。

活动准备

1. 教具:教师制作好的三盆不同颜色的花的范例。

2. 学具:印有花盆、花茎和叶子图案的白底纸若干,宽 2 厘米左右的红、黄、蓝、绿、紫色的纸条若干,糨糊每组两份,抹布每组两块。

活动过程

1. 导入活动,引起幼儿的兴趣。

(1)师:小朋友们,你们还记得上次我们在幼儿园里找到的花吗?它们是什么样子的?有什么颜色?

幼儿自由回答,迁移幼儿的已有经验,激活幼儿对花儿颜色的经验,知道花儿有红色、黄色、蓝色,每盆花有一种颜色。

(2)师:今天,老师带来了一些花,想把我们的活动室打扮得漂亮些,看看都有些什么颜色的花。

教师出示范例,引导幼儿观察范例,说一说花有红、黄、蓝三种颜色。

2. 教师出示各种彩条,引起幼儿制作的兴趣。

(1)师:可是只有三盆花不够怎么办呢?你们愿意帮帮忙,一起动手把幼儿园打扮漂亮吗？

引发幼儿制作的兴趣。

(2)师：这儿有一根什么颜色的彩条？怎么样才能把它变成小花呢？

教师出示彩条，鼓励幼儿猜测制作的方法。

(3)师：谁愿意来试一试，把这根红色的彩条变成小花呢？

请一名幼儿示范，教师引导其他幼儿仔细看。

(4)师：小小纸条手中拿，长长尾巴手中藏，轻轻一撕变朵花，花儿开在花茎上。

教师边念儿歌边示范，鼓励幼儿空手和教师一同练习撕纸的方法。

3. 幼儿操作，教师指导。

师：你们也想变出一盆美丽的花吧！我们一起动手来做做吧！做的时候，先想好做一盆什么颜色的花，就拿什么颜色的彩条。

幼儿每人取一张白底纸，教师鼓励幼儿边念儿歌边操作，教师用“红花开了、黄花开了”等语句激发幼儿对颜色的敏感度。

帮助能力弱的幼儿正确掌握撕贴的方法。引导能力强的幼儿制作花时注意花朵之间不能太挤也不能太松。鼓励幼儿完成一盆花的制作后，再换一种颜色制作另一盆花。

4. 作品评价，幼儿相互欣赏。

(1)师：花儿真多呀！我们把同一种颜色的花儿放在一起吧！

教师鼓励幼儿根据范例的颜色，将自己制作的相同颜色的花贴在黑板上。引导幼儿说一说“这里都是×颜色的花”。

(2)师：你们看，有这么多美丽的花，你最喜欢哪一盆？

幼儿相互欣赏，学习同伴做得好的地方。

（案例提供：江苏省南京市中华路幼儿园　贾宗萍）

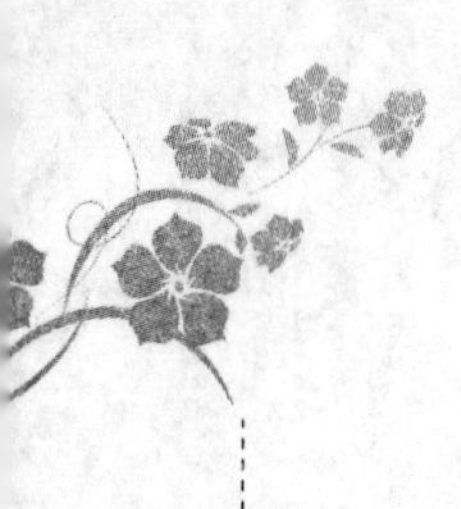

参考文献

课程教材研究所数学课程教材研究开发中心.现代数学概论[M].北京:人民教育出版社,2003.

高向斌.小学数学教学与研究[M].北京:人民教育出版社,2011.

[美]罗莎琳德·查尔斯沃斯.3－8岁儿童的数学经验[M].潘月娟,译.北京:人民教育出版社,2007.

[美]R·W·柯普兰.儿童怎样学习数学:皮亚杰研究的教育含义[M].李其维,康清镳,译.上海:上海教育出版社,1985.

林嘉绥,李丹玲.学前儿童数学教育[M].北京:北京师范大学出版社,1994.

台中市爱弥儿幼教机构.甘蔗有多高?——幼儿测量概念的学习[M].南京:南京师范大学出版社,2004.

张乃云.幼儿长度测量概念之研究[D].台南:台南大学,2007.

柳涛.重量与质量[J].南京师范学院学报(自然科学版),1980(1).

高荣生,付佑全.3－6岁幼儿长度和容积守恒能力发展的实验研究[J].四川师范学院(自然科学版),1982(4).

陈蕙菁.以概念图探究国小三年级学童温度概念的概念学习[D].台北:台北师范学院,2001.

邹兆芳.幼儿数学新编[M].上海:上海三联书店,2005.

[苏]A.M.列乌申娜.学前儿童初步数概念的形成[M].曹筱宁,成有信,朴永馨,译.北京:人民教育出版社,1982.

[美]米歇尔·格雷夫斯.理想的教学点子1:以核心经验为中心设计日常计划[M].林翠湄,译.南京:南京师范大学出版社,2009.

王文忠,方富熹.幼儿分类能力发展研究综述[J].心理学动态,2001,9(3).

魏勇刚,尹荣,庞丽娟.儿童模式认知的推理机制[J].心理科学,2010,33(3).

史亚娟.论模式能力及其对儿童数学认知能力发展的影响[J].学前教育研究,

2003(7/8).

周淑惠.幼儿数学新论——教材教法[M].台北:心理出版社,1995.

杨铮铮.4—5岁儿童模式与排序能力发展的研究——城市与农村儿童的比较[D].上海:华东师范大学,2007.

林泳海,周葱葱.3.5—6.5岁儿童式样认知发展的实验研究[J].心理学探新,2003,23(85).

史亚娟,庞丽娟,陶沙,等.3—5岁儿童模式认知能力发展的研究[J].心理发展与教育,2003(4).

刘静和,王宪钿,张梅玲,等.儿童在数及数学上对部分与整体关系认识的发展[J].心理学报,1982(3).

林嘉绥.儿童对部分与整体关系认识发展的实验研究——4—7岁儿童数的组成和分解[J].心理学报,1981(2).

黄瑾.学前儿童数学教育[M].上海:华东师范大学出版社,2008.

常宏.3—6岁儿童平面几何图形组合能力的发展研究[D].上海:华东师范大学,2009.

金浩.学前儿童数学教育概论[M].上海:华东师范大学出版社,2000.

中国社会科学院语言研究所词典编辑室.现代汉语词典[M].北京:商务印书馆,2005.

中华人民共和国教育部.义务教育数学课程标准(2011年版)[Z].北京:北京师范大学出版社,2012.

夏娟.5—7岁儿童统计思维的发展研究[D].上海:华东师范大学,2011.

魏勇刚,庞丽娟.儿童早期数学问题解决的生态观[J].学前教育研究,2008(12).

后 记

本套教材的编写集合了上世纪末本世纪初从南京师范大学学前教育专业毕业的一大批年轻的大学教师和长期在幼儿教育第一线工作成绩斐然的优秀幼儿园教师。

担任主编的是南京师范大学教授、博士生导师许卓娅，并与严仲连、袁宗金、田燕、王银玲、吴巍莹和张玉敏六位博士分别承担各分册的编写工作。数学分册编者是王银玲博士。

担任数学分册案例编写的幼儿园团队有：南京市中华路幼儿园、天津市河西区第26幼儿园、天津市卫生局幼儿园和天津市河西区第18幼儿园。具体负责案例组稿和统稿的是：幼儿园特级教师贾宗萍、中学高级教师卢荣、幼儿园高级教师于颖和周菁。具体参与案例编写的是：南京市中华路幼儿园贾宗萍、唐晓艳、钱震。天津市河西区第26幼儿园胡静文、李津津、郑宇、魏金妍、王静、李辉、墨培、赵萍、余芳欧。天津市卫生局幼儿园王莹、周丽、霍卉、李艳华、孙博、于萍、吕津、杨国瑾、李红艳、于颖。天津市河西区第18幼儿园王蓓、周菁、李晓红、朱光、王彬、李朝杰、李耀竹、王俊、周卫红、冯俊平、高秀丽和杜金艳。研究生邢毓平、孙丽梅、张程和王嫚也参与了前期的资料收集和整理工作。

在此一并表示感谢！

南京师范大学教育科学学院

许卓娅

2013年8月31日